中学数学项目式学习的
Zhongxueshuxue Xiangmushi Xuexi De Lilun Yu Shijian
理论与实践

张彬 著

甘肃教育出版社

图书在版编目（CIP）数据

中学数学项目式学习的理论与实践 / 张彬著.
兰州：甘肃教育出版社，2024.10. -- ISBN 978-7
-5423-5891-2

Ⅰ．G633.602
中国国家版本馆CIP数据核字第2024BC8630号

中学数学项目式学习的理论与实践
张　彬　著

责任编辑　李冰紫
助理编辑　谢修平
封面设计　陈　萍

出　　版　甘肃教育出版社
社　　址　兰州市读者大道568号　730030
电　　话　0931-8436489（编辑部）　0931-8773056（发行部）
传　　真　0931-8435009

发　　行　甘肃教育出版社　　印　刷　兰州人民印刷厂
开　　本　787毫米×1092毫米　1/16　印　张　16.25　插　页　2　字　数　270千
版　　次　2024年10月第1版
印　　次　2024年10月第1次印刷
书　　号　ISBN 978-7-5423-5891-2　　定　价　56.00元

图书若有破损、缺页可随时与印厂联系：0931-7365634
本书所有内容经作者同意授权，并许可使用
未经同意，不得以任何形式复制转载

前　言

　　21世纪初开启的第八次基础教育课程改革持续至今，随着教育部《关于全面深化课程改革落实立德树人根本任务的意见》的颁布，改革进入到了深化阶段。深化阶段的课程改革强调以学科核心素养为纲，基于学科核心素养的教学不同于落实"双基"的教学，素养不能仅仅依靠重复训练就可习得。学生素养的培育也不仅仅通过课堂上"自主、合作、探究"就能形成的，形式上的热闹激发的只是学生的浅层兴趣，教学内容上若缺乏实际价值则使学生的学习动力无以为继。进入新发展阶段，教育现代化建设的新使命要求我们进行教育综合改革实验，破解难题。如何从基础教育内涵发展和提高质量的关键领域、关键环节、关键问题入手开展探索研究，如何从教与学的变革方式入手聚焦课堂教学改革，成为迫切需要。

　　当下，世界各国都在强调学生"核心素养"，但如何落实和发展以及评价学生的核心素养？这应该是教育部门、一线学校教师和管理人员及教育研究者需要深入思考的问题。纵观各国对"核心素养"内涵的界定来看，其核心都聚焦在教育的本质上，即回归人的教育。对于人的教育则要着眼于教学上，以往的教学大多以"教师教、学生学"的形式展开，而现阶段则是需要一种能让学生预先融入创设的环境，运用已掌握的各学科基础知识，综合解决实际问题或任务，在经过深度思考与交流协作之后，将学习成果展示分享等，更加注重培养学生"过程性"经验的教学模式，诸多研究者也在此方向上做出了贡献。其中，项目式学习这种新兴的教与学的方式越来越引起人们的关注，其理论和实践成果更是不间断地丰富起来。项目式学习，英文名称为Project Based-learning，简称PBL。"项目式学习"中的"项目"一词是管理科学中"项目"在教学领域的发展、延伸和运用。项目式学习在近几年受到了教育界的广泛关注，已然成为当前教育改革背景下教学研究的一个热点话题，并作为培养学生学科核心素养的重要载体在国家课程标准中被提出。中小学生在项目式学习中，可以通过一定时长的小组合作方式，解决一个真实世界中复杂的、具有挑战性的问题，或完成一项源自真实世界且需要深度思考的任务。在解决问题或完成任务的过程中，通过精心设计、规划和实施等，逐步培养和提升21世纪学生的必备品格与关键能力，包括习得知识、掌握可迁移技能、塑造缜密的思维方式、树立正确的价值观等。因此，项目式学习是适合培养中小学生核心素养的教学模式之一。

2022年，《义务教育课程方案（2022年版）》颁布，基本原则中的第5条强调"倡导'做中学''用中学''创中学'"；随着《普通高中数学课程标准（2017年版2020年修订）》和《义务教育数学课程标准（2022年版）》的颁布，"积极开展主题化、项目式学习等综合性教学活动"，"初中阶段综合与实践领域，可采用项目式学习的方式，以问题解决为导向，整合数学与其他学科的知识和思想方法，让学生从数学的角度观察与分析、思考与表达、解决与阐释社会生活以及科学技术中遇到的现实问题"。新一轮国家课程标准的颁布为中小学各学科开展项目式学习创设了很好的契机。

本书重点探讨了中学数学项目式学习的理论与实践。全书分为理论篇和实践篇，理论篇有六章，实践篇有两章。全部书稿由张彬老师撰写，付强老师提供部分案例，在此特别鸣谢。本书梳理国内外有关项目式学习的相关理论，并通过中学数学项目式学习实践案例的解析，明晰现状和今后发展的落脚点，为现今教育改革背景下如何有效提升教育教学质量提供参考。

目 录

理论篇

第一章　绪论 …………………………………………………………… 003
　一、研究背景 ………………………………………………………… 003
　二、研究缘起 ………………………………………………………… 007
　三、研究意义 ………………………………………………………… 011
第二章　核心素养视域下的基础教育数学课程改革 ………………… 015
　一、课程标准：以核心素养为纲 …………………………………… 016
　二、教科书：落实学科核心素养的重要载体 ……………………… 021
　三、课堂教学：核心素养落地的关键环节 ………………………… 027
第三章　项目式学习相关研究 ………………………………………… 036
　一、项目式学习研究综述 …………………………………………… 036
　二、国内外大规模数学素养测评研究 ……………………………… 095
第四章　项目式学习相关理论基础 …………………………………… 131
　一、项目式学习的相关理论基础 …………………………………… 131
　二、初中数学项目式学习的测评框架建构 ………………………… 139

三、初中数学项目式学习的试题研制 ·················· 150

第五章　项目式学习中的驱动性问题分析 ················ 163
　　一、研究设计 ································ 163
　　二、数据的统计与分析 ·························· 166
　　三、结论与启示 ······························ 171

第六章　高中数学教科书中数学建模内容比较研究 ········ 178
　　一、问题提出 ································ 178
　　二、研究设计 ································ 181
　　三、结果分析 ································ 187
　　四、研究结论 ································ 191
　　五、讨论与启示 ······························ 194

实践篇

第七章　初中数学项目式学习的案例开发 ················ 199
　　一、问题的提出 ······························ 199
　　二、初中数学跨学科项目式学习设计流程 ············ 200
　　三、启示 ··································· 208

第八章　初中数学项目式学习案例解析 ·················· 210
　　一、"数与代数"领域 ··························· 210
　　二、"图形与几何"领域 ························· 227
　　三、"统计与概率"领域 ························· 238

理 论 篇
LI LUN PIAN

第一章 绪 论

一、研究背景

21世纪初开启的第八次基础教育课程改革持续至今，随着教育部《关于全面深化课程改革落实立德树人根本任务的意见》的颁布，改革进入到了深化阶段。深化阶段的课程改革强调以学科核心素养为纲，基于学科核心素养的教学不同于落实"双基"的教学，素养不能仅仅依靠重复训练就可习得。学生素养的培育也不仅仅是课堂上"自主、合作、探究"就能落地的，形式上的热闹激发的只是学生的浅层兴趣，教学内容上若缺乏实际价值则使学生的学习动力无以为继。因此，以素养为纲的教学是要将学生从孤立的知识点教学中抽离出来，置身于真实情景中，站在一个更宏观的视角，重新审视解决实际问题需要的知识以及知识之间的联系，由此深度且持续地激发学生的学习动力。

然而在21世纪，世界都在关注学生"核心素养"的同时，如何落实和发展以及评价学生的核心素养？这就成为教育部门、一线学校教师和管理人员及教育研究者需要深入思考的问题。纵观各国对"核心素养"内涵的界定看来[1][2][3][4]，

---

[1] OECD. The Definition and Selection of Key Competencies: Executive Summary [EB/OL]. http://www.oecd.org/pisa/35070367.pdf,2005-05-27.

[2] The European Parliament and the Council of the European Union. Recommendation of the European Parliament and of the Council of 18 December 2006 on Key Competences for Lifelong Learning[J]. Official Journal of the European Union,2009,(8).

[3] UNESCO,Rethinking Education[M].UNESCO,2015. 41、40、10.

[4] 褚宏启. 核心素养的概念与本质[J].华东师范大学学报(教育科学版),2016,(1).

其核心都聚焦在教育的本质上，即人的教育。对于人的教育则要着眼于教学上，以往的教学大多以"教师教、学生学"的形式展开，而现阶段则是需要一种能让学生预先融入创设的环境，运用已掌握的各学科基础知识，综合解决实际问题或任务，在经过深度思考与交流协作之后，将学习成果展示分享等，更加注重培养学生"过程性"经验的教学模式，诸多研究者也在此方向上做出了贡献，如单元整体教学[1]、项目式学习[2]、问题式学习[3]等教学模式脱颖而出。其中，项目式学习在近几年受到了教育界的广泛关注，已然成为当前教育改革下及教学研究的一个热点话题。项目式学习作为培养学生学科核心素养的重要载体在国家课程标准中被提出。那么什么是"项目式学习（Project-based Learning）"？项目式学习的源头最早可以追溯至杜威的"做中学"以及杜威的学生克伯屈的设计教学法（project method）。国内外的一些学者也对项目式学习进行了界定。Adderley[4]指出"基于项目的学习"有别于基于问题的学习和探究性学习的关键点在于问题的解决和产生最终成果，这一点也得到大多数学者的认可[5]。也有学者用"它是一种让学习者沉浸在情景中的、真实的学习环境中的有效方法"加以

---

[1] 刘徽."大概念"视角下的单元整体教学构型——兼论素养导向的课堂变革[J].教育研究,2020,41(6):64-77.

[2] Owens A D,Hite R L.Enhancing student communication competencies in STEM using virtual global collaboration project based learning [J]. Research in Science & Technological Education, 2020,38(3):1-27.

[3] Surur M,Degeng I N S,et al.The effect of problem based learning strategies and cognitive styles on junior high school students'problem-solving abilities[J].International Journal of Instruction,2020,13(4):35-48.

[4] Adderley, K.et al.Project Methods in Higher Education. SRHE working party on teaching methods: Techniques group.[J]. Guildford, Surrey: Society for research into higher education,1975.

[5] Blumenfeld, P.C., Soloway, E., Marx, R.W, Krajcik, J.S., Guzdial, M. & Palincsar, A. Motivating project-based learning: sustaining the doing, supporting the learning [J]. Educational Psychologist ,1991,26, 369-398.

概括说明①②③。中小学生在项目式学习中，可以通过一定时长的小组合作方式，解决一个真实世界中复杂的、具有挑战性的问题，或完成一项源自真实世界经验且需要深度思考的任务。在解决问题或完成任务的过程中，通过精心设计项目作品、规划和实施项目任务等方式，逐步培养和提升21世纪学生的必备品格与关键能力，包括习得知识、掌握可迁移技能、塑造缜密的思维方式、树立正确的价值观等。因此，项目式学习是适合培养中小学生核心素养的教学模式之一。

随着《普通高中数学课程标准（2017年版2020年修订）》和《义务教育数学课程标准（2022年版）》的颁布，要求"积极开展主题化、项目式学习等综合性教学活动"④"初中阶段综合与实践领域，可采用项目式学习的方式，以问题解决为导向，整合数学与其他学科的知识和思想方法，让学生从数学的角度观察与分析、思考与表达、解决与阐释社会生活以及科学技术中遇到的现实问题"⑤。我们发现，"如果说百年前设计教学法的一个核心特征是倡导学科间的整合，那么当下项目式学习所呈现的重大差异就是，它在国内的官方亮相并不是从跨学科开始的，而是从学科进入，从学科课程标准层面上获得它的合理性"。

基于学科的项目式学习设计，存在着两条设计路线：作为明线的"做项目"主线和与之并行的基于学科的"学术性探究"线。项目化学习的独特价值在于它为学科知识建构与迁移提供了独特的、不同于传统学科教学方式的"养

---

①Grant, M.M., & Branch, R. M., Project-based learning in a middle school: Tracing abilities through the artifacts of learning[J].Journal of Research on Technology in Education, 2005, 38(1), 65-98.

②S.Hsu.Using case discussion on the web to develop student teacher problem-solving skills[J].Teaching and Teacher Education, 2004, 20(7), 681-692.

③G.Scott, L.E.Leritz, M.D.Mumford.The effectiveness of creativity training: A quantitative review[J].Creativity Research Journal, 2004, 16(4), 361-388.

④中华人民共和国教育部.义务教育课程方案(2022年版).[M].北京:北京师范大学出版集团, 2022:14.

⑤中华人民共和国教育部.义务教育数学课程标准(2022年版)[M].北京:北京师范大学出版集团, 2022:77-78.

分"[1]。好的项目设计应该在设计之初就指向学科标准或核心概念的理解与运用,不仅要有现实生活的具体情境,还要有课堂之外的真实受众。项目为学生提供了一个真实的、引人入胜的情境,在探究现实问题和完成真实作品的过程中,学生的批判性思维能力、问题解决能力、语言表达能力都得到发展[2]。项目式学习的两条设计路线必须依靠好的驱动性问题才能层层推进,Krajcik 和 Shin[3]以及帕克等人[4][5]都强调项目式学习课程应该以一个驱动性问题为动力。Krajcik 和马姆洛克纳曼解释说:"一个设计得很好的驱动性问题是使得学生和教师在整个项目中详细阐述、探索和回答的问题。"[6]由此可见,驱动性问题在项目式学习中起着关键性的支架作用。设计项目式学习的关键即是找到联结真实世界和知识世界的核心问题,该问题应该在极大的程度上突破理论和实践之间的藩篱。因为缺乏应用性的知识,学习只是枯燥的形式符号,如果学习的内容没有实际价值,不论学习形式如何花样百出,课堂也只是一个热闹的空中楼阁。项目式学习旨在从学习内容上入手,尽可能地拉近知识学习与现实世界间的距离,减少学生对于知识的疏离感,由此激发的学生兴趣、调动的学生合作才是真兴趣、真合作。本书将对国内外有关项目式学习(Project-based Learning)的文献进行梳理,明晰现状和今后发展的落脚点,为现今教育改革后

---

[1] 林莉,袁晓萍.基于学术性探究的学科项目化学习设计与实施——以小学数学"校园数据地图"项目化学习为例[J].上海教育科研,2021(1):83-87.

[2] 王淑娟.美国中小学项目式学习:问题、改进与借鉴[J].基础教育课程,2019(11):70-78.

[3] KRAJCIK J S, SHIN N. Project-based learning.[M]// SAWYER R K.(Ed). The Cambridge handbook of the learning sciences(2nd ed.). New York: Cambridge University Press,2014:275-297.

[4] PARKER W C, MOSBORG S, BRANSFORD J, et al. Rethinking advanced high school coursework: Tackling the depth/breadth tension in the AP US government and politics course[J]. Journal of Curriculum Studies, 43(4), 2011:533-559.

[5] PARKER W C, LO J, YEO A J, et al. Beyond breadth-speed-test: Toward deeper knowing and engagement in an advanced placement course [J]. American Educational Research Journal, 50(6), 2013:1424-1459.

[6] KRAJCIK J S, MAMLOK-NAAMAN R. Using driving questions to motivate and sustain student interest in learning science [M]// TOBIN K (Ed.). Teaching and learning science: A handbook.Westport. CT: Praeger.2006:317-327.

如何有效提升教育教学质量提供参考。

二、研究缘起

进入新的发展阶段，教育现代化建设的新使命要求我们进行教育综合改革实验，破解难题。如何从基础教育内涵发展和提高质量的关键领域、关键环节、关键问题入手开展探索研究，如何从教与学的方式变革入手聚焦课堂教学变革，成为迫切需要。信息社会飞速发展，项目式学习这种新兴的教与学的方式越来越引起人们的关注，其理论和实践成果更是不间断地丰富起来。项目式学习，英文译为 Project-Based learning，简称 PBL。"项目式学习"中的"项目"一词是管理科学中"项目"在教学领域的发展、延伸和运用。在实际应用过程中项目式学习有很多种称呼，如"项目式教学""基于项目的学习""专题式教学"等。其中，"基于项目的学习"及"项目式学习"这两种说法较为广泛。

2022 年，《义务教育课程方案（2022 年版）》（以下简称《新课标》）颁布，基本原则的第 5 条中强调了"倡导'做中学''用中学''创中学'"，《新课标》中也强调了用项目式学习的方式落实课程改革的内容。新一轮国家课程标准的颁布为中小学各学科开展项目式学习提供了很好的契机。已有的中小学项目式学习实践探索也为项目式学习进一步落实进课堂指明了方向。2021 年 7 月，北京师范大学中国教育创新研究院启动了"指向核心素养的项目式学习区域整体改革"项目，项目分别在北京丰台和海淀、山西晋中、上海黄浦、浙江温州 5 个区域率先启动。初中语文、数学、物理、化学、生物、历史、地理、道德与法治 8 个学科专家团队承担了各学科项目式学习的培训指导、组织管理与实践引领等活动。这样的实践探索，为继续深化课程改革指出了一条创新路径。在国家课程标准和中小学课堂之间，专家团队和中小学教师携手并进，专家团队从国家课程标准出发，站在宏观的理论视角，探索课标落地的路径；中小学教师从课堂实际出发，在师生、生生互动中迸发出实践的智慧。两条路线齐头并进，终会在途中相遇，探索出一条中小学教师开展项目式学习的系统化支持路径。

实践的探索和政策的引领都指明了初中数学课程改革的新方向，但是初中学段涉及重要考试——中考。中考作为指挥棒一直引领着初中数学的课堂改革，项目式学习如果不进入测评，那么它在实践中的探索将变成昙花一现。因此，明确初中数学项目式学习的内涵、测评框架、测评工具及初中学生的实际表现，成为项目式学习落实进初中数学课堂教学的突破口。

（一）政策导向：项目式学习是课程改革的主要突破口

从中华人民共和国成立到现在，我国一直都在探索和推进一系列的基础教育课程改革，可以说，新中国基础教育开始之时，也就是基础教育课程改革开始之时，从未间断。本世纪初，中国开启的课程改革，我们称之为第八次基础教育课程改革，至今已经持续20余年，比前七次任何一次课程改革时间更久、影响更深远。第八次基础教育课程改革以2001年《基础教育课程改革纲要》的颁布为起点，国家层面统一颁布了课程方案和课程标准。和20世纪90年代的课堂教学相比，本次课程改革旗帜鲜明地指出了"教师主导、学生主体"，课堂形式也由"满堂灌"改为"自主、合作、探究"。回顾这20余年的课堂教学变化，课程改革的如上理念已深入到一线教师脑海中。自2014年3月，教育部《关于全面深化课程改革落实立德树人根本任务的意见》的颁布，第八次基础教育课程改革进入到了深化阶段，开启了以核心素养为纲的课程改革新时代。深化阶段的课程改革强调以学科核心素养为纲，基于学科核心素养的教学不同于落实"双基"的教学，素养不能仅仅依靠重复训练就可习得。学生素养的培育也不仅仅是课堂上"自主、合作、探究"就能落地的，形式上的热闹激发的只是学生的浅层兴趣，教学内容上若缺乏实际价值则使学生的学习动力无以为继。因此，以素养为纲的教学是要将学生从孤立的知识点教学中抽离出来，置身于真实情景中，站在一个更宏观的视角，重新审视解决实际问题需要的知识以及知识之间的联系，由此深度且持续地激发学生的学习动力。项目式学习作为培养学生学科核心素养的重要载体在国家课程标准中被提出。

《中共中央 国务院关于深化教育教学改革全面提高义务教育质量的意见》和《国务院办公厅关于新时代推进普通高中育人方式改革的指导意见》均提到

"探索基于学科的课程综合化教学，开展研究型、项目化、合作式学习。"并且随着《普通高中课程方案（2017年版2020年修订）》和《义务教育课程方案（2022年版）》的颁布，要求"积极开展主题化、项目式学习等综合性教学活动"[①]，"初中阶段综合与实践领域，可采用项目式学习的方式，以问题解决为导向，整合数学与其他学科的知识和思想方法，让学生从数学的角度观察与分析、思考与表达、解决与阐释社会生活以及科学技术中遇到的现实问题"[②]。我们发现，"如果说百年前设计教学法的一个核心特征是倡导学科间的整合，那么当下项目式学习所呈现的重大差异就是，它在国内的官方亮相并不是从跨学科开始的，而是从学科进入，从学科课程标准层面上获得它的合理性"[③]。因此，探索学科内部项目式学习的测评框架将成为课程改革的主要突破口。

（二）理论突破：项目式学习是国际数学教育研究的前沿热点

项目式学习是世界教育的大趋势，有核心素养就有项目式学习。项目式学习最早的源头可以追溯至杜威的"做中学"以及杜威的学生克伯屈的设计教学法（project method）。近年来，使用较广泛的是巴克教育研究所关于项目式学习的界定："学生在一段时间内通过研究并解决一个真实的、有吸引力的和复杂的问题、课题或挑战，从而形成对重要知识和关键能力的理解。项目式学习的重点是学生的学习目标，包括基于标准的内容以及如批判性思维、问题解决、合作和自我管理等技能。"[④]设计项目式学习的关键即是找到联结真实世界和知识世界的核心问题，该问题应该在极大的程度上突破理论和实践之间的藩

[①]中华人民共和国教育部.义务教育课程方案(2022年版)[M].北京:北京师范大学出版集团,2022:14.

[②]中华人民共和国教育部.义务教育数学课程标准(2022年版)[M].北京:北京师范大学出版集团,2022:77-78.

[③]夏雪梅.从设计教学法到项目式学习:百年变迁重蹈覆辙还是涅槃重生?[J].中国教育学刊,2019,(04):57-62.

[④]Buck Institute for Education.What is PBL?[EB/OL].http://www.bie.org/about/what_pbl.2014-3-1/2016-2-21.

篱。因为缺乏应用性的知识，学习只是枯燥的形式符号，如果学习的内容没有实际价值，不论学习形式如何花样百出，课堂也只是一个热闹的空中楼阁。项目式学习旨在从学习内容上入手，尽可能地拉近知识学习与现实世界间的距离，减少学生对于知识的疏离感，由此激发的学生兴趣、调动的学生合作才是真兴趣、真合作。

基于学科的项目式学习设计中，存在着两条设计路线：作为明线的"做项目"主线和与之并行的基于学科的"学术性探究"线。项目式学习的独特价值在于它为学科知识建构与迁移提供了独特的、不同于传统学科教学方式的"养分"[①]。好的项目设计应该在设计之初就指向学科重要标准或核心概念的理解与运用，不仅要有现实生活的具体情境，还要有课堂之外的真实受众。项目为学生提供了一个真实的、引人入胜的情境，在探究现实问题和完成真实作品的过程中，学生的批判性思维能力、问题解决能力、语言表达能力都得到发展[②]。

项目式学习的内涵是学科常态化的教学模式，是育人标准、教学内容、学习方式、评价方式四维一体的系统变革。项目式学习是从学习方式切入，但切入上层的是育人标准、教学内容，下推的是学习方式评价方式。四维一体必须同时推进才能实现我们期待的、我们要做的项目式学习。项目式学习实际上要建立一种新型的教学结构，这种结构的核心要素互为支撑，互为因果。只有把这个结构建立起来，才能实现有生命力的项目式学习。因此，探索项目式学习的结构要素将进一步延展和深化"做中学"的理论。

(三) 现实困惑：初中数学项目式学习面临大量现实困境

我国国家文件、课程标准针对项目式学习都有明确的要求和导向。在变革育人方式上，提出了强化学科实践，并提出了一个路径——"做中学""用中

[①] 林莉,袁晓萍.基于学术性探究的学科项目式学习设计与实施——以小学数学"校园数据地图"项目式学习为例[J].上海教育科研,2021,(01):83-87.
[②] 王淑娟.美国中小学项目式学习:问题、改进与借鉴[J].基础教育课程,2019,(11):70-78.

学""创中学"。将这句话拆解，可以发现它代表学习的三个层次："做中学"：发现问题→解决问题；"用中学"：建构知识→运用知识；"创中学"：内化迁移→实践创新。

尽管新课标中提到了用项目式学习的方式开展综合与实践领域的教学，初中教师也在教学中进行了尝试。但项目式学习不同于其他知识相对明确的领域，例如"数与代数""图形与几何""统计与概率"等，这些领域由于知识相对明确，所以便于测评，也便于教师进行课堂教学。尽管项目式学习在一线开展得如火如荼，但由于初中学段涉及重要考试——中考，初中数学项目式学习在评价中没有明确的地位，所以一线教师不好把握项目式学习在课堂教学中的落实程度。而且项目式学习的开展一般要占用较多的课时，师生经历完整的设计、实施、评价的环节，往往需要线上线下同步进行，评价的相对模糊使得项目式学习在初中数学课堂的落实缺乏方向性。因此，需要明确项目式学习如何测评，才能在一线课堂上更好地落实教学。

三、研究意义

（一）理论意义

杜威于20世纪初提出了实用主义教育理论，他把儿童的直接经验认定为教材的基本源泉。实用主义强调儿童是中心，教师在儿童成长过程中是助手和引路人。杜威倡导以儿童为主体的教学实践，即在"做中学"。他打破传统教育的旧"三中心理论"，创立了新"三中心理论"，关注儿童的兴趣、经验和需求，强调儿童发展的主动性、创造性。基于项目的学习有两个主要特征：①它的整个过程与学生的真实世界密切联系；②它的学习过程是学生自己主动建构的过程，最终形成的是符合自己认知的知识体系。杜威的实用主义"三中心理论"分别从经验、儿童、活动三个方面进行了论述，他认为，"一切的知识来源于经验"，所有教育方式要以儿童为中心，并开展以活动为中心的教育方式来让学生在"做中学"和"学中做"。基于项目的学习也折射着杜威"三中心理论"的影子，这种学习模式同样强调学生要在"做中学"，通过不同的探究活动，最终以作品的形式完成对学科知识的学习。[①]项目式学习中，学生是主体，教师是学生学习的指导者和点拨者。在项目式学习中以学生为主体，师生共同参与学习交流，教师在和谐的氛围中引导学生进行探究学习，尊重学生的意见和探究成果。本研究是对实用主义教育理论的延伸和拓展。

在项目式学习观念中，学生像成人一样，有尊严需求、成就需求、幸福需求，这三个需求是人必要的需求。第二个观念是，学生像成人一样有愿望、有能力，他能解决真实问题，做出真实贡献。如果教学得当，项目得当，任何学生在做项目时很快就能感受到他是一个人，他有一种尊严感，他已经为解决真实问题、为他人、为社会多多少少做了他能做的一点点事了。学生的生活有着独立的价值。基于这样的理解，项目式学习的解决方案是：1.减少虚拟，增加真实，让学生直面成长需求和社会需要；2.用做事的方式给学生解决问题、贡献社会、证明自己存在价值的机会；3.还要实现四个一体化：输入和输出一体化，学习与应用一体化，获取与贡献一体化，权利与责任一体化。

在项目式学习观念中，学校是学生的社会，我们需要拆掉横亘在学校与社会、学校与真实生活之间的观念之墙，为学生提供完整真实的生活课堂。社会是学校的课堂。项目式学习认为，凡有知识与能力发生的地方，就可能有学习发生，就可能是项目，就可能是课堂。项目式学习语境下，老师的新任务包括：1.发现课程内容与真实问题、真实需求之间的关联，基于课程标准找出真实问题和真实需求；2.对问题、需求进行打磨提炼，转化为学习项目；3.组织、引导学生实施项目；4.评价、点拨、指导学生的项目实施过程和结果。

（二）实践意义

自从经济合作与发展组织提出核心素养之后，欧盟、联合国教科文组织、世界经济论坛等国际组织以及许多发达国家都提出了自己的"核心素养"，核心素养逐渐成为当今世界各国课程改革的风向标和主基调。在核心素养视域

[①] 约翰·杜威.民主主义与教育[M].北京:中国轻工业出版社,2014: 56–57.

下，知识或信息不再是孤立存在的，孤立、零散、脱离情境的知识无助于问题的解决。发展核心素养意味着掌握运用知识解决问题的能力，特别是在真实情境中有效解决问题的能力，也意味着基于核心素养的数学教育，追求的是由原来的重视认知层面的知识习得转化为重视情境之中的知识运用。学生发展核心素养的现实诉求使得数学教育改革及其课堂转型势在必行，必须基于核心素养并跳出传统问题设计模式，让学生对现实问题进行分析、凝练、设计解决方案等，使学生逐渐找到建立数学模型解决问题的路径，并在此过程中培养学生的关键能力和必备品格。应时代要求，学科教学改革迫在眉睫。

核心素养的提出是一次跨时代的变革，是全世界课程改革的趋势。课程改革的历程可以通俗地概括为：从让学生"有什么"到学生"能什么"的变革，最后落到"能干什么"，通过"能干什么"检验学生"有什么"。"能"的内涵是：在做事中形成的做过事、想做事、能做事的素养。只有做过事了，才能想做事、能做事，这就是素养。一个人如果没有"想"的状态，谈不上素养，必须是想过、做过，最后能做，才是素养。这种变革把育人要求落实为：我们希望学生不仅仅是"有什么"，更多的是一种心智态度、精神面貌。核心素养的重要特点是整体性。整体性表现在：学习对象的整体性，即真实问题、真实任务、真实境况；学习内容的整体性，即知识、能力、价值观的融通和应用；学习过程的整体性，即融合三维，完整地做完整的事；学习结果的整体性，即学习产品与成果、进步与发展。

因此，落实核心素养目标的最好载体和路径是项目式学习。落实核心素养就要让学生做完整的事，完整地做事，概括起来就是做一件有始有终的事，也就是让学生做一个项目。这个项目是有教育意义的、能解决实际问题的事。项目式学习就是要让学生在做事中实现知识、能力、价值观的融通与获得，通过做事来完成所有的学习任务。从先学后用到做中学、用中学，是学习的一次深刻变革。过去学生是先在课堂上通过听老师的讲解学习知识，学了以后去用，现在是做中学、用中学。

学习首先是生命需求，是成长需求，做项目是满足学生的生命需求和成长需求。应试是手段，"为将来"是成长的自然结果，不是此时此刻把当下成长放下，而先去考虑未来成功。越是对当下成长负责，就越是对未来成功负责；牺牲未来成功的最好办法就是无视当下成长。所有的教育教学行为都是想着将来如何，而忘记了此时此刻的学生状态如何。项目式学习就是把学生当成人，让学生对当下成长负责，对此时此刻负责，这就是我们的信念和价值追求。真正的学习是让学习者能体会到学习自身的意义和价值。如果学习者在学习的时候想的是中考高考，想的是将来，那不是学习，而是训练。我们追求的项目式学习就是要让学习者在此时此刻感受到学习的意义、学习的价值。

项目式学习是把学习当作目的的，这个目的怎么体现呢？就是用项目去撬动学生的探究欲、挑战欲、成就欲；用项目的完成满足学生的好奇心、成就感、尊严感。这两点非常重要，一个项目如果达不到这两个标准，那么项目就是失败的。如果单纯为了考试学习，我们认为这个项目是功利性的，这不是真正满足学生成长需求的项目。项目最终的目的是彰显学习的性质，学习自身就是目的。好的成绩源自动力为本、压力为辅的学习，而我们现在的学习本末倒置，是压力为主、动力为辅，这样的学习事倍功半。好的学习中压力应该是辅助性的，根本的动力来自学生对学习的热情。本研究旨在为项目式学习在实践中的落地指明方向。

第二章 核心素养视域下的基础教育数学课程改革

从中华人民共和国成立到现在，我国一直都在探索和推进一系列的基础教育课程改革。整个课改的过程可以梳理为如表 2-1 的时间轴。20 世纪初，中国开启的课程改革，是第八次基础教育课程改革，至今已经持续 20 余年，比前七次任何一次课程改革的时间更久、影响更深远。第八次基础教育课程改革以 2001 年《基础教育课程改革纲要》的颁布为起点，和以往的一线课堂相比，本次课程改革旗帜鲜明地提出了"教师主导、学生主体"，课堂形式也由"满堂灌"改为"自主、合作、探究"，"素质教育"的课改理念深入到了一线教师脑海中。自 2014 年 3 月，教育部颁布了《关于全面深化课程改革落实立德树人根本任务的意见》，第八次基础教育课程改革进入到了深化阶段，开启了以核心素养为纲的课程改革新时代。

表 2-1 八次基础教育课程改革

时间	主要内容
第一次课改(1949—1952)	师承苏联，有了第一套中小学教材
第二次课改(1954—1957)	人教社自编，启动 12 年制第二套中小学教材
第三次课改(1958—1960)	第三套中小学教材，10 年制
第四次课改(1961—1964)	落实双基，第四套中小学教材，12 年制
第五次课改(1977—1980)	全日制中小学学制十年，小学五年，中学五年
第六次课改(1982—1984)	第六套中小学教材，以思想品德取代原来的政治课，恢复历史课、地理课
第七次课改(1985—2000)	"义务教育—高中"两阶段设计，第七套中小学教材
第八次课改(2001—至今)	强调"三维目标"，国务院提出要"深化教育改革，全面推进素质教育"

针对第八次基础教育课程改革深化阶段的探讨，本文以数学学科为例，从课程标准、教科书以及课堂教学三个视角展开论述。

一、课程标准：以核心素养为纲

与其他教育政策文件相比，课程标准不只是宏观上的指导，更是一线教育工作者开展教学的一本详细的"指南"，需要人人持有、常常对标。如果不去细细研读这份指南，就很容易因为教学行为方式不匹配，而无法把新时代的育人目标落到实处。2018年1月，教育部颁布了《普通高中课程标准（2017年版）》；2022年3月，教育部颁布了《义务教育课程标准（2022年版）》。随着新一轮高中和义务教育阶段课程标准的颁布，第八次基础教育课程改革进入到了以核心素养为纲的全面深化阶段。

（一）核心素养的由来

核心素养是针对21世纪的挑战所提出的全新的以人才培养为目标的教育概念，国际经济合作与发展组织、欧盟、联合国教科文组织等先后开展对核心素养的研究，受其影响，全球正式掀起基于核心素养的教育改革热潮。核心素养一词，最早出现在经合组织（OECD）支持的一项研究中。1997年，OECD启动"素养的界定与遴选：理论与概念基础"（Definition and Selection of Competencies: Theoretical and Conceptual Foundations）活动，首先使用了"素养"一词。此时，还没有使用"核心素养"。1997年正值新世纪交替之际，世界上很多国家都在思考一个关键问题——面向新世纪，我们的教学改革将走向什么方向？在这一背景下，OECD开始研究这一课题，并于2003年发布研究报告《核心素养促进成功的生活和健全的社会》（Key Competencies for a Successful Life and a Well-Functioning Society），明确了"核心素养"一词。OECD的系列研究为很多国家的教育改革人士提供了指引，并产生了很大的影响。于是，2005年，OECD发布《核心素养的界定与遴选：行动纲要》（The Definition and Selection of Key Competencies: Executive Summary），以增强核心素养应用于教育实践的可操作性。

之后到第二个阶段，受到 OECD 研究项目的影响，2002 年 3 月，欧盟在研究报告《知识经济时代的核心素养》中首次使用了"Key Competencies"，并认为"核心素养代表了一系列知识、技能和态度的集合，它们是可迁移的、多功能的，这些素养是每个人发展自我、融入社会及胜任工作所必需的"。2006 年 12 月，欧洲议会和欧盟理事会通过了关于核心素养的建议案《以核心素养促进终生学习》（Key Competences for Lifelong Learning）。2010 年，欧盟理事会与欧盟委员会联合发布报告《面向变化的世界的核心素养》（Key Competences for a Changing World），"Key Competences"出现了 381 次，真正成为"关键词"。

我国进入中国特色社会主义新时代，随着国际竞争日益激烈，党和国家对优秀人才的需要比过去任何时候都更为迫切。在世界各国的影响下，我们国家也提出了核心素养。2012 年 11 月 8 日，党的十八大首次提出"把立德树人作为教育的根本任务"。之后，教育部及国务院等发布的一系列文件，开始明确提出核心素养。2014 年 4 月 8 日，教育部发布《教育部关于全面深化课程改革落实立德树人根本任务的意见》，提出"教育部将组织研究提出各学段学生发展核心素养体系，明确学生应具备的适应终身发展和社会发展需要的必备品格和关键能力"。2016 年 9 月 13 日，《中国学生发展核心素养》发布，把学生核心素养划分为 6 个方面、18 个要点，并把学生核心素养界定为"学生应具备的，能够适应终身发展和社会发展需要的必备品格和关键能力"。具体见表 2-2。

表 2-2 中国学生发展核心素养

文化基础	人文底蕴	人文积淀
		人文情怀
		审美情趣
	科学精神	理性思维
		批判质疑
		勇于探究

续表：

		乐学善学
自主发展	学会学习	勤于反思
		信息意识
		珍爱生命
	健康生活	健全人格
		自我管理
		社会责任
	责任担当	国家认同
社会参与		国际理解
		劳动意识
	实践创新	问题解决
		技术运用

（二）学科核心素养

2017年9月，中共中央办公厅、国务院办公厅印发《关于深化教育体制机制改革的意见》，明确要求在培养学生基础知识和基本技能的过程中，强化支撑终身发展、适应时代要求的关键能力的培养[①]。2018年1月，普通高中新课程方案和课程标准发布。此次修订工作于2013年启动，历时四年完成。高中新课程方案和新课标要求"着力发展学生的核心素养"。基础教育课程改革从1961年的重视"双基"（基础知识和基本技能），到2001年的重视"三维目标"（知识与技能、过程与方法、情感态度与价值观），再到2016年的重视"核心素养"，整个课改的脉络清晰明确。

由此可见，随着课程改革的不断深入，人们越来越关注对人才的培养，落到实处就是对学生核心素养的培养。但在教学实践中发现，一线课堂的实际情况与要求存在落差，是非常割裂的。因此，之后便有了学科核心素养。2020年5月，《教育部关于印发普通高中课程方案和语文等学科课程标准（2017年版

[①] 中共中央办公厅 国务院办公厅印发《关于深化教育体制机制改革的意见》[EB/OL].http://www.moe.gov.cn/jyb_xwfb/s6052/moe_838/201709/t20170925_315201.html.

2020年修订）的通知》[①]中，各学科对核心素养作出了详细的解读，见表2-3。2022年4月，《教育部关于印发义务教育课程方案和课程标准（2022年版）的通知》[②]中，同样也颁布了各学科的核心素养，见表2-4。不论是高中课程标准，还是义务教育课程标准，以核心素养为纲成为贯穿基础教育课程始终的要求。

表2-3　2017版高中课标各学科核心素养

课程	培育的核心素养
语文	语言建构与运用、思维发展与提升、审美鉴赏与创造、文化传承与理解
数学	数学抽象、逻辑推理、数学建模、直观想象、数学运算、数据分析
英语	语言能力、文化意识、思维品质、学习能力
物理	物理观念、科学思维、科学探究、科学态度与责任
化学	宏观辨识与微观探析、变化观念与平衡思想、证据推理与模型认知、科学探究与创新意识、科学态度与社会责任
生物	生命观念、科学思维、科学探究、社会责任
历史	唯物史观、时空观念、史料实证、历史解释、家国情怀
地理	人地协调观、综合思维、区域认知、地理实践力
政治	政治认同、科学精神、法治意识、公共参与

---

① 教育部关于印发普通高中课程方案和语文等学科课程标准（2017年版2020年修订）的通知［EB/OL］.http://www.moe.gov.cn/srcsite/A26/s8001/202006/t20200603_462199.html.

② 教育部关于印发义务教育课程方案和课程标准（2022年版）的通知［EB/OL］.http://www.moe.gov.cn/srcsite/A26/s8001/202204/t20220420_619921.html.

表 2-4　2022 版义务教育课标各学科核心素养

课程	培育的核心素养
道德与法治	政治认同、道德修养、法治观念、健全人格、责任意识
语文	文化自信、语言运用、思维能力、审美创造
历史	唯物史观、时空观念、史料实证、历史解释、家国情怀
英语（日语、俄语）	语言能力、文化意识、思维品质、学习能力
数学	会用数学的眼光观察现实世界、会用数学的思维思考现实世界、会用数学的语言表达现实世界
地理	人地协调观、综合思维、区域认知、地理实践力
科学	科学观念、科学思维、探究实践、态度责任
化学	化学观念、科学思维、科学探究与实践、科学态度与责任
物理	物理观念、科学思维、科学探究、科学态度与责任
生物	生物观念、科学思维、探究实践、态度责任
体育与健康	运动能力、健康行为、体育品德
信息科技	信息意识、计算思维、数字化学习与创新、信息社会责任
艺术	审美感知、艺术表现、创意实践、文化理解
劳动	劳动观念、劳动能力、劳动习惯和品质、劳动精神

(三) 数学学科核心素养

从小学到初中到高中，数学学科核心素养凝练起来就是"三会"："会用数学的眼光观察现实世界，会用数学的思维思考现实世界，会用数学的语言表达现实世界，"[①]这"三会"包含着数学的眼光、数学的思维和数学的语言。数学的眼光即是抽象和直观，数学的思维即是推理和运算，数学的语言即是模型

[①] 中华人民共和国教育部.普通高中数学课程标准(2017 年版)[M].北京:人民教育出版社，2018:6-9.

和数据。当然，由于学段的不同，孩子思维发展的阶段不同，数学学科核心素养将有程度深浅的划分，我们进行一个对比，见表2-5。通过表2-5的分析可见，对于数学学科核心素养的渗透体现了逐级递进、螺旋上升的原则。在不同的学段，针对数学学科核心素养，对学生有不同的要求。例如，小学只需要学生具备模型意识，初中则需要学生具备模型观念，高中需要学生掌握数学建模。学生数学学科核心素养的渗透必须有一个长期的循序渐进的过程，必须经过教师有意识的潜移默化的启发，学生才能真正领悟。为此，在教学中，教师要把握好渗透数学学科核心素养的契机，让学生充分经历积累基本活动经验的过程，通过观察、探索、实验等多种形式的探究活动让学生领悟基本数学思想，逐步点化学生的数学学科核心素养。

表2-5　数学学科核心素养在不同学段的体现

数学学科核心素养	小学阶段	初中阶段	高中阶段
数学的眼光：抽象、直观	数感 量感 符号意识 几何直观 空间观念	抽象能力 几何直观 空间观念	数学抽象 直观想象
数学的思维：推理、运算	推理意识 运算能力	逻辑推理能力 运算能力	逻辑推理 数学运算
数学的语言：模型、数据	模型意识 数据意识	模型观念 数据分析观念	数学建模 数据分析

二、教科书：落实学科核心素养的重要载体

教科书作为课标和一线课堂之间联系的纽带，是实现数学课程目标、发展学生数学学科核心素养的重要载体。《普通高中数学课程标准（2017版）》中明确提出了六大数学学科核心素养。数学学科这六大核心素养如何在教科书中落实？各版本的高中数学教科书中均做了创新性的尝试。下面我们以湖南教育出版

社的高中数学教科书（以下简称湘教版教材）为例，来分析一下"数学建模"这一核心素养是如何在教科书中体现的。

（一） "数学建模"在教科书中的体现

湘教版教材有个重要的特点，即高度关注数学建模活动与数学探究活动的实施。教材通盘谋划数学建模活动的设计，在必修第一册第四章、第五章的函数应用部分，强调运用所学知识解决实际问题，让学生初步体验数学建模；在必修第二册设置第六章"数学建模"介绍数学建模的意义、方法，并围绕丰富多样的现实问题，引导学生经历数学建模的全过程；在选择性必修中结合主题内容适时设计数学建模活动，帮助学生在有声有色的数学建模过程中逐渐形成和发展数学核心素养，在潜移默化中发展学生的问题意识和创新意识[①]。

《普通高中数学课程标准（2017年版）》对数学建模活动的内容要求为："在实际情境中从数学的视角发现问题、提出问题、分析问题、构建模型、确定参数、计算求解、检验结果、改进模型，最终解决实际问题。"湘教版教材中数学建模内容主要有两种分布形式：一种是在各个章节中，由问题引入、例题、练习、习题的栏目形式呈现，主要分布在函数领域、代数与几何领域，具体内容见表2-6、2-7；一种是数学建模专题。

---

① 张景中,胡旺.2019版普通高中数学(湘教版)教科书的主要特色[J].基础教育课程，2019.7(上).

表 2-6　函数部分数学建模内容

	章节		数学律模内容
必修第一册	第二章	2.1	P32 问题 2、例 2、P40 例 9、例 10,P41 练习 1、2、习题 8、9、12、13
		2.3	P49 问题,P54 例 7、例 8,例 9,P56 练习 1、2 习题 6、9、10 P60 习题 7、13、14、15、17
	第三章	3.1	P68 例 3,P71 练习 1、2,P73 例 5,P76 习题 10
		3.2	P85 习题 8,P89 练习 11、13
	第四章	4.1	P105 例 1、例 2、练习 1、2,P109 例 6,P110 习题 3、4
		4.3	P117 例 9、练习 4,P122 习题 7、8、9、21
		4.5	P139 练习 1、例 3,P142 练习、习题 4、5、7、8 P147 练习 4、17、18、22、26
	第五章	5.5	P194 例 1、例 2,P196 练习 2、习题 3、4、5 P202 习题 12,13
必修第二册	第二章	2.1	P73 例 9
		2.2	P81 习题 10
		2.3	P89 例 7,P91 习题 8,P97 习题 16
选择性必修第一册	第一章	1.1	P6 例 3,P10 习题 11、12
		1.2	P18 例 7,P20 习题 8
		1.3	P24 例 3、练习 4,P30 例 3,P32 练习 4
		1.4	P49 习题 12、20、21、23
选择性必修第二册	第一章	1.1	P4 例 4,P7 例 6、例 7,P10 练习 2、3,P14 习题 8
		1.2	P17 例 1
		1.3	P38 例 8、例 9、例 10,P40 练习 1、2、3、习题 7, P47 习题 8、19

表 2-7　代数与几何部分数学建模内容统计

章节			数学建模内容
必修第二册	第一章	1.3	P17 例 3
		1.4	P30 习题 11
		1.6	P49 例 9、例 10、例 11，P51 练习 1、2，习题 8、9
		1.7	P55 例 3、例 4，P58 练习 2、3，习题 2、3、5、6 P63 习题 12、13、23
	第四章	4.3	P155 例 8，P157 例 9
		4.5	P183 例 3、练习 1、3，P187 例 5，P189 例 6、练习 1、2、3 习题 4、6，P200 习题 19、20
选择性必修第一册	第二章	2.3	P79 习题 11
		2.5	P90 习题 9
		2.6	P97 习题 17
	第三章	3.2	P120 习题 3
		3.2	P130 习题 6
		3.5	P149 例 1、例 2，P152 例 3，P154 练习 1、2，习题 1、2、3、4、5、6、7、8，P163 习题 11，P165 习题 17
选择性必修第二册	第二章	2.4	P105 习题 11

（二）基于知识点呈现方式的分析

数学建模内容的知识点包括数学建模的定义及一般步骤、数学建模的主要过程等，将知识点的呈现方式分为知识导入（相关知识点的引入性文字或图示）、知识体验（知识点引入前的思考活动）、知识表征（知识点以概念、定理或证明过程呈现）、知识讲解（知识点推导过程）、知识应用（例、习题）、知识拓展（知识延伸）6 部分[1]，作为分析的维度。

在知识导入方面，教材用了 3 个案例引导学生感悟数学建模活动，即雨中行走速度和淋雨量的关系，足球比赛中的最佳射门位置，蜜蜂构筑六角柱体巢

---

[1] 叶立军，傅勉.中日"直线与圆的位置关系"教材内容比较研究[J].中学数学杂志.2020，(12)，31-35.

穴的原因。知识表征方面，教材通过解决生活中的实际问题，以流程图（见图2-1）的形式呈现了数学建模的一般步骤。在练习中，用课题报告表（见表2-8）的具体格式对数学建模活动的主要过程进行了文字表征。知识体验和知识应用方面，教材所选题材前后呼应，体现知识的直接应用。例如，最佳视角案例后的练习题为估计隧道长度和足球射门的最佳位置，主要运用代数与几何领域的知识；曼哈顿距离案例后的练习题为确定中心医院的位置和公路设计最小费用问题，主要运用函数领域的知识；人数估计案例后的练习题为气象观测站调整方案，主要运用统计与概率领域的知识。知识讲解方面，教材以自由落体运动方程的发现过程为例，归纳得出数学建模的定义及一般步骤。知识应用方面，教材在相应环节后设置两个练习，学以致用。知识拓展方面，教材设计了最佳视角、曼哈顿距离、人数估计三个案例，强化建模的两个主要过程，即模型建立与求解、模型的进一步讨论。

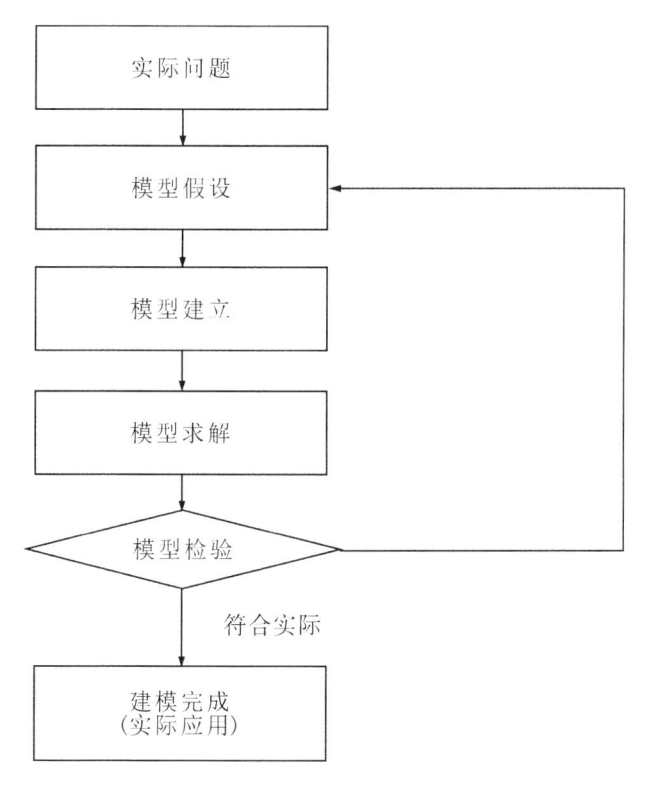

图 2-1　数学建模基本过程

表 2-8　测量课题报告表

测量课题报告表

项目名称：_____　　　　　完成时间：_____

1.成员与分工	
姓名	分工

2.测量对象

3.测量方法（说明测量的原理、测量工具、创新点等）

4.测量数据、计算过程和结果（可以另外附图或附页）

5.研究结果(含误差分析)

6.工作感受

（三）基于问题情境的分析

湘教版教材中数学建模内容除了必修二第六章"数学建模"单独成章外，还以函数模型、概率模型、方程、不等式及向量模型等形式融入到其他章节中。数学建模的现实背景来源广泛，涉及多个领域，包括生活、自然科学、环境科学和社会科学等，体现了数学在解决实际问题中的重要作用。

1.从生活情境上来看，包括人们的工作、学习、娱乐、社交、家庭、衣食住行等。例如，最佳视角的案例，体现了数学建模内容与人们的生活息息相关。

2.从自然科学情境上来看，涉及了物理、化学、生物、医学等多个领域，也体现了当下所提倡的热点教育思潮——STEM教学思想。教材比较注重数学在物理研究中的重要作用，与物理相关的现实情境的比重是最大的。例如，万有引力定律的发现案例、伽利略用数学建模的方法发现自由落体运动方程的案例等。

3.从环境科学情境上来看，包括气温、气候、自然灾害等。例如，气象观测站调整方案的案例。

4.从社会科学情境上来看，涉及了经济学、心理学、社会学等社会科学情境。例如，马尔萨斯人口模型的案例。这些问题与人们的生活密切相关，通过这些关于社会方面情境的设置，可以加强学生的社会责任感。

从上述对湘教版教材中关于"数学建模"模块的分析可以看出，学生发展核心素养的现实诉求使得数学教育改革及其课堂转型势在必行，教师必须基于核心素养并跳出传统问题设计模式，让学生对现实问题进行抽象、分析，设计解决方案，使学生逐渐找到建立数学模型解决问题的路径，并在此过程中培养学生的必备品格和关键能力。

三、课堂教学：核心素养落地的关键环节

数学学科核心素养如何在教学中落地呢？课堂教学必须结合学科核心素养发生相应的变化。我们以2015年人教版小学数学教材为例说明。人教版小学数学教材编写的"数学广角"单元，以贯彻思想方法为根本目标，是培养学生核心素养的优良阵地，其能够培养学生学会学习、健康生活、实践创新、人文底蕴、科学精神等方面的核心素养。对数感、量感、符号意识等学科核心素养的培养几乎体现在"数学广角"的每一个内容中。"数学广角"单元以其特有的全面性、综合性、独特性，以及能够培养学生思维理性、严谨求实等素养，具有其他教学内容不可替代的育人价值。"数学广角"内在地彰显了当前核心素养的重要价值追求，其立足于生活实际，注重落实数学思想方法，以数学活动为主要形式，是数学核心素养培育的重要载体。通过基于核心素养的"数学广角"教学研究，我们能够对核心素养在课堂教学中的落地情况有更深入的认识。这个栏目的具体内容如表2-9所示。

表 2-9　"数学广角"的教学对于学生数学核心素养的培养

教学内容	对应数学核心素养	具体关联
搭配(一)	符号意识 运算能力	符号意识： 不论是 2 件衣服配 3 条裤子，还是 2 种饮料配 3 种面包，搭配方案总数都是 2×3。反过来，2×3 还可以是其他各式各样事物的搭配方案总数。这样的抽象概括是小学生能够理解并能加以应用的。 运算能力： 一是加法原理：完成一件事，有几类方法，那么完成这件事的方法总数等于各类方法数的和。 二是乘法原理：完成一件事，必经几个步骤，那么完成这件事的方法总数等于各步骤方法数的积。显然，加法原理强调"分类"，因此又叫做"分类计数原理"；乘法原理强调"分步"，因此又叫做"分步计数原理"。
推理	推理意识	推理意识：在对教材中例 1 的探究活动中理解推理的含义、渗透推理思想，解决相关问题。
集合	符号意识 运算能力	符号意识：集合思想是一种朴素的数学抽象。将具有同类特征的事物抽象成集合，具体对象抽象成元素。 运算能力："集合"这一内容引入了集合的并、交、差三种运算，能够帮助学生更加透彻地理解四则运算的算理。
搭配(二)	符号意识 推理意识 运算能力	同搭配(一)
优化 (沏茶问题 烙饼问题 田忌赛马)	推理意识 模型意识 运算能力 符号意识	①烙饼问题 推理意识：在解决了"烙 3 张饼怎样最省时"的问题后，推理烙 4 张饼，5 张饼……n 张饼，怎样安排最节省时间。 运算能力：饼的张数 烙饼的次数 …… 模型意识：根据解决烙饼实际问题，得出在例题情境下：当 $n>1$ 时，n 张饼烙 n 次。 ②沏茶问题 推理意识：综合多种沏茶顺序，结合流程图，推理出最优方案。 ③田忌赛马 符号意识：将马速用字母表示，如齐王的马速分别为 X、Y、Z，田忌的马速为 x、y、z；得出 $X>x>Y>y>Z>z$。

续表:

教学内容	对应数学核心素养	具体关联
鸡兔同笼	推理意识 模型意识 运算能力 几何直观	推理意识:画图、列表等方法中先作情况假设,然后通过数据比较,调整鸡、兔的只数,最终得出结论,是完整的推理过程。 模型意识:通过研究"鸡兔同笼"得出数学模型,解决更多问题。 运算能力:分步计算及用方程法计算。 几何直观:通过画图表示鸡和兔,想象具体情境,培养直观想象能力。
植树问题	推理意识 模型意识 几何直观	推理意识:从"两端都种"的情况推理出"只种一端"、"两端都不种"等情况的结论。 模型意识:通过解决"植树问题"得出数学模型——封闭或不封闭路线上点与间隔的相等、+1、−1 三种关系。 几何直观:结合线段图或示意图,解决"植树问题"及其他类似问题。
找次品	推理意识 模型意识 符号意识 直观想象	推理意识:利用天平平衡原理,通过逻辑推理过程"假如平衡,那么……""假如不平衡,那么……"得出结论。整个问题解决过程学生需要清晰地给出逻辑推理过程。 模型意识:综合得出一般性的解决方法,"把 n 个物体尽量平均分成三份"。 符号意识:理解"找次品"中的天平是抽象的数学化天平。 直观想象:树形图、流程图等的应用,能够培养学生的直观想象能力。
数与形	模型意识	模型意识:建立等差数列 1,3,5,……和正方形数的关系;建立等比数列的一般简便求法。
鸽巢问题 (抽屉原理)	模型意识 符号意识	模型意识:通过学习得出一般化模型,即把 (kn+1) 个或更多本书任意放进 n 个抽屉,那么一定有一个抽屉中放进了至少 (k+1) 本书。 符号意识:在概括具体问题,如 7 本书放入 3 个抽屉的结论时,需要一定的抽象思维能力;在发现某一实际问题可以运用抽屉原理时,进而分辨什么是书、什么是抽屉的过程中,也离不开抽象思维。

下面结合人教版"数学广角"单元,谈谈从以下三方面着手将学科核心素养落实进课堂教学的方法。

(一) 知识内容的"再创造"

弗赖登塔尔也强调数学再创造。弗赖登塔尔认为,"对学生和数学家应该同样看待,让他们拥有同样的权利,那就是通过再创造来学习数学,而且我们希望这是真正的再创造,而不是因袭和仿效"[①],他强调的是学生数学学习过程中主观意义上的直接创造。教育数学的再创造关注数学成果本身内容、结构的再优化。迄今为止,一共进行了8次基础教育课程改革。尽管实施了一些改革,却仍然没有改变数学"难"的问题。其实数学教育面临的困难是多方面的,其中重要的一个方面就是数学本身难学。小学数学教材中的概念、法则、公式、性质等作为有"形"的知识点在教材中都有明显的呈现方式,而蕴含其中的数学学科核心素养作为一种无"形"的软知识散见于各单元各章节中。怎样解决数学本身的"难"?显然,只靠数学教育的研究不可能完全解决数学难学的问题。如果是数学知识本身有难度,就应当进行数学知识上的再创造,使数学适应教育的需要。

人教版的"数学广角"单元,正是通过对数学知识的再创造,将难以落实的数学学科核心素养,融入到学生喜闻乐见的生活场景中。因此,教师在备课阶段应该努力挖掘隐含在教材中的这条"暗线",在教学时,常常思考本单元要渗透哪些数学学科核心素养,怎样渗透,渗透到什么程度。教师要做到这一点,应该在更高的站位下看待小学数学教材,至少知道初中数学、高中数学教材中,相应的数学学科核心素养是通过哪些素材来呈现的。

如人教版六年级上册"数学广角"中的"数与形",主旨是通过数形结合找到规律,建立数与形的联系,借助几何直观解决问题,给学生逐步渗透直观想象素养。按照教育数学三原理,第一步,"在学生头脑里找概念"。在小学教材中,数形结合的例子很多,比如之前的"数学广角"内容中,从三年级用维恩图表示集合的交集,四年级用直观图表示烙饼的过程,到五年级用线段图

---

① 弗赖登塔尔.作为教育任务的数学[M].陈昌平,唐瑞芬,等译.上海:上海教育出版社,1995:109—110.

探索植树问题的规律,无不渗透着直观想象的素养。第二步,"从概念里产生方法"。教材中2个例题(如图2-2),例题1先给图形再给算式,借助图形解决抽象的或是不好解释的数学问题。例题2先给算式再给图形,教材编写者的意图是需要老师教会学生将数的规律用简单、直观的图形呈现出来。深入挖掘这两道例题,从数与形的概念中产生方法,其实就掌握了数形结合教学的两条实践路径,即引导学生"由形感数"和"以数悟形"。

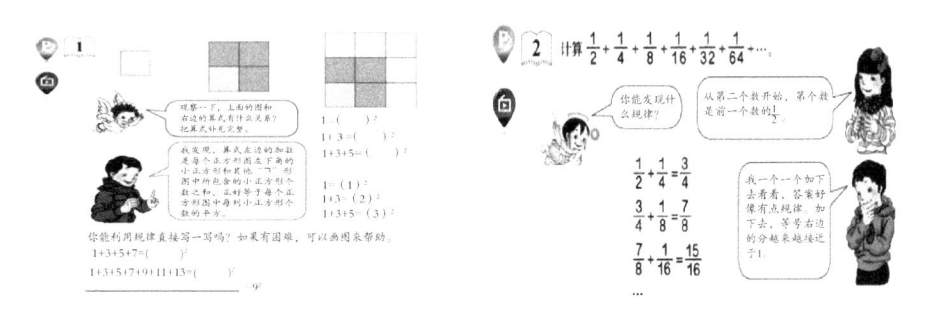

图2-2 六年级上册第八单元例题1和例题2

第三步,"方法要形成模式"。讲解例题1时先给学生呈现正方形的图形,引导学生由图形感知的数应该是正方形边长的平方,这即是"由形感数"。讲解例题2时先给出算式$\frac{1}{2}+\frac{1}{4}+\frac{1}{8}+\frac{1}{16}+\frac{1}{32}+\frac{1}{64}+\cdots$,然后可以给不同的小组分发圆形、正方形或长方形纸片,引导学生用折纸的方法折出每个分数,然后将求和后的部分涂上阴影,让学生感受加数越多,阴影部分越接近于整个图形,这即是"以数悟形"。形成模式后就需要多加练习。练习题的选择均可以从这两个角度切入去引导学生,着实培养学生的数学抽象和直接想象的数学素养。

(二)个体学习强调活动经验的积累

在许多学校里,数学被教成一代传一代的固定不变的知识体系,他们不把几何定理、三角公式和代数方法这些人造的东西看成研究数学的产物,而看成就是数学本身[①]。学生为了应对考试而学习数学,失去了自由的思考,而数学

---

① 张景中.什么是"教育数学"[J].高等数学研究,2004,(6):2-6.

的本质就是思考的充分自由。学生的思考一定要通过充分的活动经验来积累。数学需要突破传统思想和数学常识而获得进一步的发展，也需要在数学直观的基础上进一步抽象、概括、演绎推理。数学是系统化了的常识，常识要成为数学，必须经过提炼和组织凝聚成一定的法则，这些法则在高一层里又成为常识，再一次被提炼、组织，如此不断地螺旋上升，以至于无穷[①]。这事实上说明了数学知识的来源、数学知识是什么的问题。数学知识是对学生已有经验的改造。

以学生数学概念学习为例，我们知道，概念学习不能从抽象定义出发，而应该从具体事例出发，通过感知、抽象其共同本质属性，并概括到同类事物中，这样才能理解概念的内涵、掌握概念的本质。由此，概念教学应采取归纳式，让学生用概念形成的方式学习概念，其中的核心是感知、归纳同类事物的共同属性，在抽象、概括出本质属性后再给出定义，这是获得数学研究对象的基本过程，教学中必须把握好这个过程。"数学广角"中的一些案例，可以让学生通过角色扮演体会知识的生成过程。数学是思维的体操，教师一定要给足学生思考的时间，切忌生搬硬套、和盘托出、脱离实际等适得其反的做法。

人教版四年级上册"数学广角"中"优化"问题是生活中经常会遇到的问题，例如如何利用有限的空间使储存量更大，使用哪些交通工具出行时间最短等，这些思想成了数学中的一门分支——运筹学，体现的是优化的思想。优化的思想来源于生活，且能实实在在地为生活提供便利。这样的课程内容，更多的应该让学生亲自去体验、总结经验并上升到数学模型。尽管课堂时间有限，也不能放弃课堂活动的设计。教师在课堂上可以采用可实现的活动形式让学生积累活动经验。比如，"沏茶问题"可以提供给学生茶壶、水杯、茶叶等相应的模具，让学生虚拟地感受一下实际操作的过程；"烙饼问题"可以用平底锅的模具代替平底锅，用正反两面颜色不同的圆形纸片代替饼，然后分小组，让同学们虚拟地去烙一烙；"田忌赛马"问题，可以创设类似的问题情境，将班里的男女生各抽出速度不同的三人，在已知百米速度的情况下，让每位"小指

[①] 弗赖登塔尔.作为教育任务的数学[M].陈昌平,唐瑞芬,等译.上海:上海教育出版社,1995:109-110.

挥官"设计不同的出场方案,在不确定另一方出场方案的情况下,这个开放的问题情境不仅涉及"优化"的内容,还涉及一些"博弈论"的思想,本节课的内容也得到了相应的拓展和升华。学生在积累活动经验的过程中,数学学科核心素养也被逐步点化。

(三) 同伴学习强调共同解决问题

美国数学家哈尔莫斯曾经说过:数学的核心应该是越过这些表面知识的内在问题、思想和方法,并且问题是数学的心脏,思想是数学的灵魂,方法是数学的行为。"数学广角"单元素材均来源于生活,将生活中的问题高度抽象、概括成数学问题,让学生学会用数学的眼光去观察、用数学的思维去思考、用数学的语言去表达。虽然教材中的问题情境是很好的落实数学学科核心素养的素材,但是怎么用好这些问题情境,使得学生能够真正通过解决问题而提升素养,这是一线老师应该深入思考的问题。笔者建议,一线教师在数学教学中,推导过程必须通俗易懂,不仅使学生容易理解,还便于记忆,并多举例子,促进学生不但知其然,而且知其所以然。同时可以采用一题多问、一题多解、稍微改变题设和结论等方式研究一类题,探索一类问题的解法,从而不断激活学生的数学思维,培养学生数学思维的灵活性,进一步深化数学素养。教师设置问题时应该尽可能地开放,一个开放的问题情境有助于学生大胆地去放手探索,更能激发学生求知的兴趣,且会有更多精彩的课堂生成。当然这需要教师具有较高的教学机智,面对课堂上生成的创新点能及时回应学生并给予指导。始终要明确的是,"数学广角"单元里丰富多彩的问题情境,一定不是为了给予学生方法论的指导去记住模型的结论,而是要助推学生进行数学思考,并提升思维品质。

如人教版五年级上册"数学广角"中"植树问题"的主旨是让学生经历从实际问题出发建立数学模型的过程。例题1(见图2-3)要求学生在线段两端及其上种树的问题。教材给出了具体的解题思路和对策,层层递进,启发作用明显。教材分三个层次进行了呈现。第一个层次先由男生说出很多学生容易出错的情况——直接除,接着由女生的质疑引出可以用画图的方法来进行验证,小精灵的提示"100 m 太长了……"渗透了化繁为简的化归思想。第二个层次是学生用示意图和线段图解决问题的过程,用示意图给出了 20m 栽树的完整过程,用线段图提示了 25m 栽树的部分过程,为学生总结规律奠定基础。第三个层次是引导学生用简洁的语言来概括此类问题的一般规律:两端都植树时,植树的棵树比间隔数多 1,并运用它解决数值更大的问题。教学时教师通过设置一个开放的空间,在长 20m 的小路一边栽树,每隔 5m 栽一棵树,一共要栽多少棵树?让学生自主探究这是一条怎样的小路,引导学生自己发现植树问题的三种情况,让学生体会数学来源于生活。

图 2-3 五年级上册第七单元例题 1

在解决"棵数"和"间隔数"这两个数量关系的过程中,让学生通过摆一摆、画一画、算一算的活动,积累基本活动经验,感悟数学基本思想。在重点研究了"两端都栽"的基础上,放手让学生自主探索"只栽一端"和"两端不栽"所蕴含的规律,通过解决问题建立数学模型。再出示生活中丰富的问题模型，让学生进一步理解植树问题的本质，即"棵数"与"间隔数"这两个量之间的关系。教师设置开放的问题情境，让学生从探究一条小路的三种情况出发，完整地经历了问题解决的全过程，使这一类问题的呈现方式更加丰富，拓展了学生的认知空间，给了学生一双用数学的眼光看世界的眼睛，数学学科核心素养得到了全面深化。

综上所述，如何将学科核心素养落实进课堂教学？这需要我们再创造直观、生动、内容丰富、有浓厚趣味的数学内容，让学生充分积累活动经验，并且提供给学生有通用效能的解题方法与解题模式，以帮助学生更好、更容易地理解和掌握数学的基本知识和基本技能，并学会数学的思维，进而增强学生的综合能力。

本文以数学学科为例，从课程标准、教科书、课堂教学三个微观视角分别论述了第八次基础教育课程改革深化阶段的变化。改革还在继续，随着课程改革在教学实践中的持续推进，一线课堂一定会迸发出创新的活力。

第三章　项目式学习相关研究

一、项目式学习研究综述

（一）有关项目式学习的文献统计分析

1. 国外文献统计分析

在"web of science"数据库以主题，时间界定为1975—2022年，搜索项目式学习相关文献，检索发现有76886篇相关文献，涉及上百个学科领域，由此也看出基于项目式学习理念的研究热度很高，自1975年项目式学习正式被提出并于次年用于开发开放大学的相关课程[①]，在当时的文献中描述到所谓项目式学习最早起源于杜威对于"经验"的论述，在杜威看来教育应该以经验为基础。而众多学者对"经验"的认识和探索一直以来都是着眼在高等教育领域。由于对文献进行检索后发现，以"Project-based Learning"为主题检索会出现有关"Learning"的文章，导致文献数量过大，因此在该主题的前提下，再以"Project-based Learning"为标题进行检索，共检索出2317篇相关文献，共涉及115个学科领域，其中排名前三的学科领域分别是：教育研究（Educational Research），1781篇文献；工程学（Engineering），637篇文献；计算机科学（Computer Science），601篇文献。由于本研究属于教育领域，故本研究只针对"教育研究"中的项目式学习的文献进行二次检索分析。

---

①Morgan, A. The development of project-based learning in the Open University[J].Programmed Learning & Educational Technology，1976，13(4):55-59.

论文关键词是文章主题的概括和研究重点的提炼,能够承载论文最主要、最核心、最重要的信息[①]。故对教育研究领域内 1781 篇参考文献中的关键词频次统计分析,如图 3-1 所示。

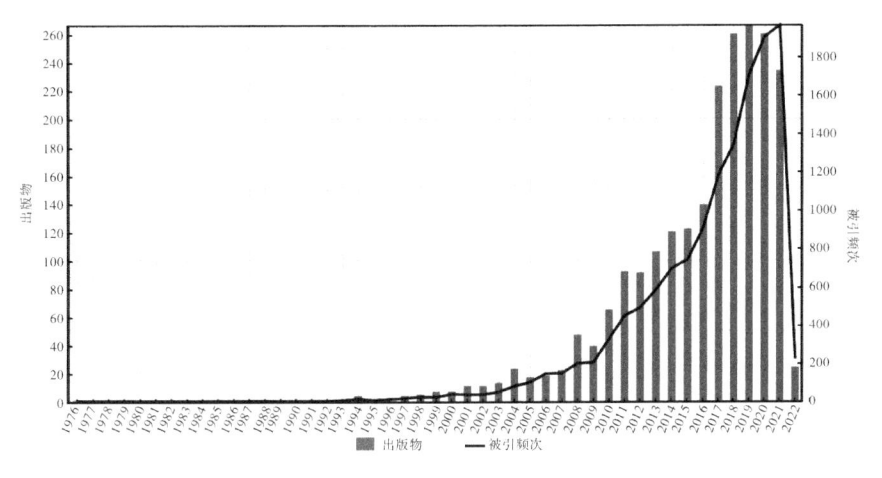

图 3-1　国外项目式学习相关研究年份的被引频次和出版物分布

2. 国内文献统计分析

由于项目式学习在国外一直以来都是针对高等教育领域,直到 STEM 的出现,才逐步引入中小学阶段,因此我国针对项目式学习的研究比较晚。自 21 世纪提出发展学习素养能力以来,加上我国基础教育的新一轮课程改革,项目式学习才逐步被国内研究者所青睐,所以在中国知网以关键词"项目式学习"为主题进行精确搜索时发现,我国最早对项目式学习的论文出现在 2003 年。以"项目式学习"为关键词在中国知网数据库进行初级检索,发现我国最早对项目式学习的研究开始于 2001 年,后呈现出逐年递增的趋势。到 2023 年,以"项目学习"和"项目式学习"为主题在知网上进行检索,结果超过一万条,其中以涉及中等教育、初等教育学科的论文最多。从 2011 年到 2023 年,近十几年来发表的关于项目式学习的文章逐年攀升,2017 年之后随着《课程标准》与课程目标的广泛提出,关于项目式学习的研究上升趋势明显。相关研究的总体趋势如图 3-2 所示。

---

①宋姝锦.文本关键词的语篇功能研究[D].上海:复旦大学,2013.

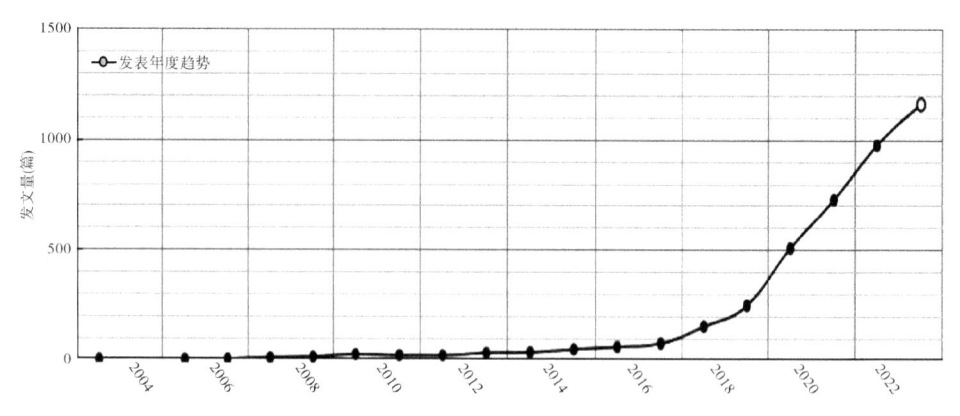

图 3-2　国内项目式学习相关研究总趋势

通过对文献的梳理发现，我国项目式学习研究也涉及基础教育与中等职业教育、高等教育、工程技术（自科）等多个领域。以基础教育与中等职业教育为主导，结合本研究的研究对象为中学，在进行二次检索时加入"初中、中学"后，通过对文献的梳理排查，最后共检索出 437 篇参考文献。再将时间界定为 1979—2020 年，并通过逐一排查，以确保分析的文献与本研究相关，最后共搜集到相关文献 274 篇，相关研究的总体趋势如图 3-3 所示。

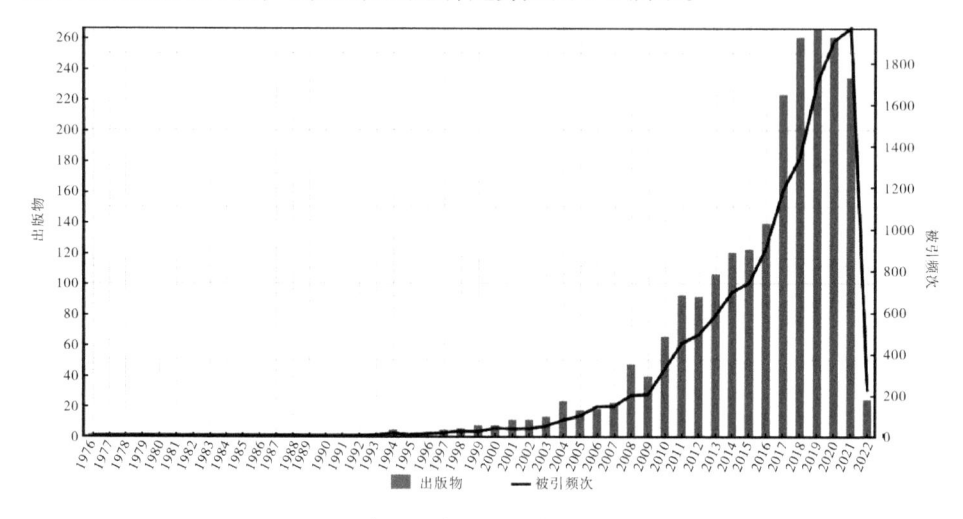

图 3-3　国内有关中学项目式学习相关研究总趋势

由图 3-2、3-3 可知，我国对项目式学习的研究虽起步较晚，但关注度越来越高，而在关注的学段方面，大部分为高等教育和职业教育。但自新一轮课程改革之后，研究者将注意力放在了初中阶段，比较重视对问题研究、项目式学习以及综合与实践活动的研究。近些年虽然重视对项目式学习的研究，但关于中学项目式学习的研究较少。

通过关键词分析和相关论文主题分析，我们总结出"中学项目式学习"教育领域的研究热点。排名靠前的关键词为项目式学习、信息技术、项目式教学、自主学习、课程教学等，这些高频关键词反映了我国40多年来中学项目式学习研究领域的热点。

梳理国内文献，可以发现，最开始我国对于项目式学习的认识是落脚在职业教育与高等教育这种专业性较强的领域内，自2012年教育部印发《国家教育事业发展第十二个五年规划》开始，我国就已明确以落实人的全面发展为教育发展的道路，由此我国的教育研究就逐步转移到学生的全面发展上了，进而项目式学习也在基础教育阶段被广泛关注。2018年开始，有关项目式学习的研究成为热门话题，研究文献也开始呈现出直线上升的趋势。通过梳理项目式学习的文献，我们明确了项目式学习的由来和发展趋势，接下来我们将对国内外中学阶段的项目式学习文献进行梳理，明确研究者关注的是项目式学习的哪些方面，给予我们什么启示。

（二）项目式学习的文献分类

通过文献分析发现，国内关于项目式学习研究主要涉及"模式研究""学科应用研究"和"评价研究"等方面。

1. 模式研究

项目式学习在我国的研究起步较晚。截止到2023年，我国学者对项目式学习的研究主要包括其内涵与要素、特征与理论基础、实施程序等方面。杨洁指出项目式学习的特点是让学习者围绕具体的学习项目，利用优质的资源，不断通过实践探索和体验来达到获取知识和促进能力提升的目的[1]。刘云生的观点是项目式学习是信息社会中的重要学习模式，其特征有：学习情景具体真

---

[1] 杨洁.多元智力理论视野下的项目式学习[D].上海:上海师范大学,2004.

实，学习内容综合开放，学习途径多样协同，学习手段数字化、多样化以及信息化①。刘景福和钟志贤认为选定项目、制定计划、活动探究、作品制作、成果交流、活动评价是项目式学习的基本步骤；内容、活动、情境和结果是项目式学习的组成要素②。杨晓娟则在研究中指出项目式学习的五个特征：选题基于真实生活，具有具体的操作环节，注重多元化成果评价，强调科学的师生定位和知识技能的综合③。曹坚则是将项目式学习的特征整合到化学课程当中，认为项目式学习可以培养高中生终生学习的能力，并将项目式学习的模式归为三点：其一是将知识点与社会生活中的化学问题联系起来，确定真实性问题的化学项目主题；其二是要注重多学科之间的相互融合；其三则是要强调小组之间的合作交流学习④。

2. 评价研究

教学评价是教学中不可或缺的一环，对项目式学习进行评价研究，在基于项目的学习中，教师可以通过测试练习、学习作品展示、设计相关内容针对性的评价表、过程记录表、组内或组间互评表和学生自我评价表进行相应的评价⑤。项目式教学是开展工学结合教学模式的重要方法，其课程学习评价必须体现出以职业能力为本位⑥。目前有关项目式学习的研究不是特别多，但已形成了较为成熟的理论基础。在已有研究中，研究者在构建项目式学习的评价指标体系

---

① 刘云生.项目式学习——信息时代重要的学习方式[J].中国教育学刊,2002(01):36-38.
② 刘景福,钟志贤.基于项目的学习(PBL)模式研究[J].外国教育研究,2002(11):18-22.
③ 杨晓娟.基于项目式学习模式的初中写作教学探究[D].贵阳:贵州师范大学,2021.
④ 曹坚.项目式学习模式对高中生终身学习能力的影响研究[D].长沙:湖南师范大学,2020.
⑤ 李志河,张丽梅.近十年我国项目式学习研究综述[J].中国教育信息化,2017(16):52-55.
⑥ 彭荣利.项目式教学中课程学习评价体系的探讨[J].湖南工业职业技术学院报,2013,(2):90-91.

时主要从学习过程[1][2]、课程重构、STEM课程教学[3]以及基于学生核心素养[4][5]等视角进行论述。强枫、张文兰将层级分析法和德尔菲法用于课程重构的项目式学习评价体系，这对促进学科课程与项目教学的有机融合提供了可能[6]。彭飞娥认为项目式学习的教学评价是形成性评价，评价标准常常是教师和学生共同制定，并十分注重学生的自我评价[7]。唐雅慧指出在对项目式学习进行评价时要结合项目式学习的理论基础和自身特征，遵循发展性、主体性、过程性以及多元化的评价原则[8]。邵伟琳在信息技术项目课程中利用信息科技平台，使学生能在平台查询过程评价及成果评价的成绩，充分发挥评价的导向和激励作用[9]。余明华、张治、祝智庭发表的论文《基于学生画像的项目式学习评价指标体系研究》中将项目式学习评价的关注点集中在学生解决问题的能力上，从不同维度的外在表现上设计观测指标，采用表现性的评价方法[10]。

由此可见，项目式学习评价强调主体多元、内容全面、标准合理和方法多样。虽然通过文献查阅发现已有研究虽构建了项目式学习评价指标体系，但是主要从课程或项目管理的视角出发，较少对学生的能力思维进行评价。

---

[1] 刘焱锋.基于网络的项目教学法学习评价研究[D].武汉：华中师范大学,2014.
[2] 唐雅慧.网络环境中项目式学习评价指标体系研究[D].重庆：西南大学,2013.
[3] 李露.基于项目式学习的STEM课堂教学评价指标体系构建研究[D].武汉：华中师范大学,2019.
[4] 姜佳言.核心素养导向下项目式学习表现性评价设计与应用研究[D].海口：海南师范大学,2019.
[5] 匡莉敏.素养导向的项目式学习课程质量评价的案例研究[D].上海：华东师范大学,2017.
[6] 强枫,张文兰.基于课程重构的项目式学习评价指标体系探究[J].现代教育技术,2018,28(11):47-53.
[7] 彭飞娥.基于项目式课程的学习评价——以英语项目式学习为例[J].教育信息技术,2014(06):18-22.
[8] 唐雅慧.网络环境中项目式学习评价指标体系研究[D].重庆：西南大学,2013.
[9] 邵伟琳.基于项目的中学信息科技学习平台的设计与实践[D].上海：华东师范大学,2009.
[10] 余明华,张治,祝智庭.基于学生画像的项目式学习评价指标体系研究[J].电化教育研究,2021,42(03):89-95.

3. 课程研究

近十年来，国内基于项目式学习的应用较为广泛，包括中小学教育、职业教育、高等教育等各个阶段。学者更多地将关注点放在对项目式学习实施和应用的研究上，其中项目式学习在职业教育领域的应用相关研究最多，基础教育领域的文章相对较少，在初高中学科教学中的应用最广，相关研究最多。项目式学习实施应用研究主要是将项目式学习的理论和模式应用在数学、英语、化学等具体的学科中，研究者通过搜集经典的教学案例找到项目式学习与某一学科的最佳结合方式，从而提升学生的综合素质。比较有代表性的如：张明芳将项目式学习应用到英语语言学课程中，可以激发学生对英语语言学课程学习的内在动机[①]。毕丽娇将项目式学习引进小学语文教学中，研究表明项目式学习能够激发小学生深度阅读兴趣，锻炼小学生的阅读素养[②]。侯肖、胡久华在化学常规教学课堂中实施项目式学习，将项目式学习与课程内容整合，学生亲身实践，深度参与到问题解决的过程中，培养学生的实践、创新能力[③]。李洪忠将项目式学习应用到数学课堂，采用小组式学习的圆桌模式，让学生开展小组自主探究式学习，提升学生的思维能力[④]。通过检索数学项目式学习课程研究的相关资料发现，相比其他学科，我国针对数学学科的项目式学习课程研究较少，在初中数学中开发项目式学习课程的有关研究论文仅有6篇。

4. 我国的项目式学习研究主要存在的问题

（1）研究领域分布不均。国内的项目式学习在职业教育与高等教育领域展开的研究较多，多集中于语言类、理工类、计算机等学科，人文社科的应用研究相对较少。而在基础教育领域，项目式学习多以综合实践课程的形式开展，

---

① 张明芳.项目式学习在英语语言学教学中的应用研究[J].河北师范大学学报(教育科学版),2012,14(08):89-91.

② 毕丽娇.项目式学习在小学语文阅读教学中的应用[J].科教文汇(中旬刊),2020(03):113-114.

③ 侯肖,胡久华.在常规课堂教学中实施项目式学习——以化学教学为例[J].教育学报,2016,12(04):39-44.

④ 李洪忠.基于数学核心素养培育的项目式学习研究[J].中国教育学刊,2019(12):76-78.

在中学数学课程中的实践应用研究极少。

（2）研究深度不够。大多数研究仍只浮于表面，对于项目式学习实施中的问题和实施效果的研究缺乏深度剖析。在证明项目式学习对学生成绩有效果的评估中，仍是以标准化学业考试成绩为依据，缺乏针对学生形成性评价的研究。研究者在研究项目式学习时会遇到一些普遍性的问题，如师资力量不足、学校的管理配套设施跟不上、课程整体设置不合理、评价模式单一等问题，但没能提出切实可行的问题解决方案，因此有关项目式学习问题与对策的研究很少。此外，教师作为项目式学习实施的设计者，很少有论文涉及教师角色及教师专业发展的研究。

（3）对项目式学习的支持研究不足。与常规教学相比，项目式学习对学生的自我导向学习能力要求更高，学生需要多样化的学习支持才能完成一项有挑战性的综合项目。学生需要教师的策略指导、学习平台的搭建和学习支架的设计来帮助他们完成项目，教师同样需要相应的技术支持来设计指导和监控学生的学习过程。

综上所述，我国对项目式学习教学实践的研究还处于一个逐渐探索完善的时期，对项目式学习教学模式的研究才刚刚开始。开展项目式学习教学模式的学校在国内并不普遍，教师采用项目式学习在课堂中教学的实践经验并不丰富。如何让项目式学习与教学有效融合，提高课堂教学效果，还需要进行深层次的研究。推动项目式学习在中学的教学与应用还需要教育工作者的持续关注。

（三）项目式学习的内涵及外延

1. 项目式学习的定义

项目式学习，也称为基于项目的学习，或者项目教学法、设计教学法等，英文简写为 PBL（Project-based learning）。项目式学习的起源和发展都始于欧洲，目前国外项目式学习的相关理论研究和实践均较为成熟。项目式学习最早起源于实用主义，杜威受到实用主义哲学理念的影响，提出"经验"在人的发展中的重要性，其学生克伯屈 1918 年在哥伦比亚大学学报上首次提出项目式学习这个概念，他的文章 The Project Method① 成为项目式学习研究的开山之作。1996 年美国国家研究委员会也提出"通过做有意义和真实的科学来学习科学"，并要求实施该标准的学校要让学生通过积极参与对他们来说有趣和重要的探究来学习科学。在过去的一百多年里，项目式学习一直受到教育界的关注，也随着社会背景的变化不断变化。

1918 年克伯屈在 The Project Method 中并没有给出定义，只是提出了两个问题：一是在教育思维中，这里提到的术语后面是否有一个有效的观念或者概念能被大家感知到？二是如果我们同意前面的内容，那么"项目"这个词是否恰好划定了我们期待中的概念？这两个问题涵盖了有关"项目方法"整体范畴的问题，既包括了历史，也包括了它在实践中的应用②。1921 年克伯屈给出了定义："项目式学习是自愿的活动——从自愿决定目的，指导动作，并供给动机的活动。"1922 年帕克在文章中给出项目式学习最简明的定义："学生项目是由学生计划的实践活动单元。"道格拉斯认为："教学中的项目就是一个学生以自然且贴近生活的方式进行的活动单元；在活动过程中，学生以一种目的性很强的精神来达到确定的、有吸引力的、似乎也是可以达到的目标。"

Solomon 使用过程性的方法对项目式学习的内涵进行描述：项目式学习中，学习者以小组的形式解决基于课程的跨学科并具有一定挑战性的真实难题；学习者决定解决问题的方法以及需要采取的活动——收集大量的信息，综合、分析、进而衍生出知识；这样的学习因为与真实事物相连而具有实际价值——掌握例如合作及反思这类的成熟技巧；最后，学生阐述自己习得的知识，评价者对其习得的量以及交流的程度进行评估；整个过程中，教师承担着指导者与建议者的角色，而非指示管理学生的学习③。John Thomas 提出：项目式学习需要复杂的任务，基于挑战性问题的解决过程，学生进行设计、问题解决、决策或

---

① Frey, K.The project method[J].Thessaloniki, Kyriakidis. (in Greek).1986.
② 罗伯特·M·卡普拉罗.基于项目的 STEM 学习[M].赵中建,译.上海:上海科技教育出版社,2016.1.14.
③ Gwen Solomon. Project-Based Learning: a Primer [J]. Technology & Learning, 2003, (1): 1-3.

者调查活动；整个过程中要充分发挥学生的自主性，项目式学习最终以产品或者陈述等形式结束[1]。巴克教育研究所认为：一套系统的教学方法，它是复杂、真实问题的探究过程，也是精心设计项目作品、规划和实施项目任务的过程。在这个过程中，学生能够掌握所需的知识和技能[2]。

刘景福和钟志贤认为：项目式学习是以学科的概念和原理为中心，以制作作品并将作品推销给客户为目的，在真实世界中借助多种资源开展探究活动，并在一定时间内解决一系列相互关联着的问题的一种新型的探究性学习模式[3]。高志军等认为项目式学习，就是学习过程围绕某个具体的学习项目充分选择和利用最优化的学习资源，在实践体验、内化吸收、探索创新中获得较为完整和具体的知识，形成专门的技能和得到充分发展的学习[4]。胡庆芳和程可拉认为：项目式学习是一种教和学的模式，这种模式集中关注于某一学科的中心概念和原理，旨在把学生融入有意义的任务完成的过程中，让学生积极学习并进行自主知识建构，以学生生成的知识和培养起来的综合能力为最高成就目标。[5]杨洁提出：项目式学习是一种创建学习环境并让学生在环境中建构个人知识体系的方法。它允许教师将各种教与学的策略综合到项目的规划和实施过程中，帮助学生开发各种智力。[6]

因此，对项目式学习的定义目前学术界并没有达成完全统一的认识。通过证据梳理发现，大多学者会选取一些特征来描述项目式学习概念。根据选取特征的特点、对"项目"的理解及概念属性的界定，可将项目式学习概念分为教学、学习、课程三种视角。

---

[1] John W. Thomas.A REVIEW OF RESEARCH ON PROJECT-BASED LEARNING [J]. The Autodesk Foundation, 2000.
[2] 巴克教育研究所.项目式学习教师指南[M].任伟,译.北京:教育科学出版社,2008.
[3] 刘景福,钟志贤.基于项目的学习(PBL)模式研究[J].外国教育研究,2002,(11):18.
[4] 高志军,陶玉凤.基于项目的学习(PBL)模式在教学中的应用[J].电化教育研究,2009(12):92-95.
[5] 胡庆芳,程可拉.美国项目研究模式的学习概论[J].外国教育研究,2003,30(8):18-21.
[6] 杨洁.多元智力理论视野下的项目式学习[D].上海:上海师范大学,2004.

(1)教学视角的项目式学习概念

教学视角的项目式学习主张"项目"是一个源自现实世界的主题任务。根据 HART 等人的研究，可将项目任务根据学科之间整合的深度和广度分为学科任务（学科内密切相关的概念或主题整合，如数学中的代数与统计）、窄跨学科任务（同一学科领域中不同学科整合，如生物和化学）和宽跨学科任务（不同学科领域整合，如文学与数学），或根据参与人数要求分为小组独立任务与学生团体任务[①]；"项目式学习"则是一种以源自现实世界的主题任务为中心，引导学生围绕项目任务开展探究或调查，强调学生在参与复杂的、现实世界的主题任务和开发现实世界的产品并向观众展示或演示产品的过程中，获得知识与提高技能的一种系统性或探究性的教学方法[②③]。

(2)学习视角的项目式学习概念

学习视角的项目式学习认为，"项目"由一个驱动问题和一个最终的产品组成，旨在让学生通过参与探究或调查活动而产生一系列创造行为[④]；"项目式学习"则是一种以问题和产品为中心，旨在让学生通过设计真实的产品促使学生长时间地参与项目，并通过小组合作与自主学习等方式开展探究与调查，在问题解决、应对真实挑战的过程中获得各种有趣和复杂的经验以及知识技能，进而在问题解决和产品设计的过程中实现知识的意义建构并发展高阶思维

[①] HART J L. Interdisciplinary project-based learning as a means of developing employability skills in undergraduate science degree programs [J]. Journal of teaching and learning for graduate employability, 2019, 10(2): 50-66.

[②] ALEMEN N, ÖZER KESKIN M. The effect of the project-based learning approach on the academic achievements of the students inscience classes in Turkey: a meta-analysis study[J]. Education and science, 2015, 40(178): 255-283.

[③] GUO P, SAAB N, POST L S, et al. A review of project-based learning in higher education: student outcomes and measures [J]. International journal of educational research, 2020, 102(5): 1-13.

[④] RAHMAWATI A, SURYANI N, AKHYAR M, et al. Technology-integrated project-based learning for pre-service teacher education: a systematic literature review [J]. Open engineering, 2020, 10(1): 620-629.

技能的学习方式[1][2]。

(3)课程视角的项目式学习概念

课程视角的项目式学习主张"项目"是一种课程设计方法,并将项目与课程开发工作相结合,将项目视作课程的主要组成部分,旨在让学习者遇到和熟悉该学科的核心概念[3][4];"项目式学习"则是主张整合真实生活与核心概念知识,将原有课程内容项目化以形成包括课程内容、课程目标、课程实施、课程评价等方面重构的项目式课程,这是一种整合了以问题为中心和以学习者为中心课程设计的混合或融合课程[5]。

综上所述,从教师的角度看,项目式学习是一种教学方式,有其特殊的教学原则、流程、关注的要点。从学生的角度看,项目式学习也是一种学习方式,学生在学习中有明确的任务、评价标准,与通常情况下的课堂学习差异较大。从课程的角度看,项目式学习是基于活动的,在学习或者教学中要基于活动进行,不同于通常情况的基于知识的教学和学习。表面上看学生是利用知识完成了任务要求,形成了项目作品,但是从教育的视角看,是利用项目活动完成了知识的学习和教学。项目学习具有多种内涵,其内涵会随着情境的不同、研究目标的不同而发生改变。通过分析学生在项目式学习试题上的作答,以推

---

[1]FERREIRA V G,CANEDO E D. Design sprint in classroom:exploring new active learning tools for project-based learning approach[J]. Journal of ambient intelligence and humanized computing,2020,11(3):1191-1212.

[2]BALEMEN N, KESKIN M Ö. The effectiveness of project-based learning on science education:a meta-analysis search [J].International online journal of education and teaching,2018,5(4):849-865.

[3] VASILIENE-VASILIAUSKIENE V,VASILIS-VASILIAUSKAS A,MEIDUTE-KAVALIAUSKIENE I,et al. Peculiarities of educational challenges implementing project-based learning[J]. World journal on educational technology: current issues,2020,12(2):136-149.

[4]JUEBEI CHEN,ANETTE KOLMOS,XIANGYUN DU. Forms of implementation and challenges of PBL in engineering education:a review of literature[J]. European journal of engineering education,2021,46(1):90-115.

[5]KORKMAZ G,KALAYCI N. Theoretical foundations of project based curricula in higher education [J].Çukurova üniversitesi egitimfakültesi dergisi,2019,48(1):236-274.

测学生在项目式学习过程中的表现，研究者在此将项目式学习界定为一种学习方式。在测试中，主要使用巴克教育研究所关于项目式学习的界定："学生在一段时间内通过研究并解决一个真实的、有吸引力的和复杂的问题、课题或挑战，从而形成对重要知识和关键能力的理解。项目式学习的重点是学生的学习目标，包括基于标准的内容以及如批判性思维、问题解决、合作和自我管理等技能。"[1]

2. 项目式学习的结构要素

Larmer 等[2]认为，一个好的项目包含两个标准才是有意义的：一是对个人有意义；二是可以实现一个教育目标。他从一个好的项目应该有什么标准的角度确定了有意义项目的 7 个基本要素：学生需要知道学习目标和任务，一个具有目标感和挑战性的驱动性问题，学生具有发言权和选择权，项目应该让学生有机会发展 21 世纪的技能，问题解决要有探究性和持续性，要有反馈和修正，公开展示的产品。巴克教育研究所[3]从实践设计的角度提出项目设计的 7 个要素：具有挑战性的问题或疑问，持续的探究，项目的真实性，学生的发言与选择，反思，评价与修正，公共制品。

综上所述，项目式学习有 5 个最基本的共性要素，分别是情境、内容、活动、评价和结果。在项目式学习中，情境包括物理的实体环境和由信息技术构建的虚拟环境以及问题所在的真实情境，情境的创设是为了让学生在真实的环境中进行探究性学习并提供学习者学习所必要的学习工具和支持服务等。项目式学习内容指推动项目进行的驱动性问题，驱动性问题是所要学习内容的载体，其一定是生活中的真实问题，具有开放性、衍生性等特征，驱动性问题的提出需要根据学生的兴趣和需求并在一定条件下可以转化为学习目标。项目式

---

[1] Buck Institute for Education.What is PBL?[EB/OL].(2014-03-01)[2023-08-31].http://www.pblworks.org/what-is-pbl.

[2] LARMER J, MERGENDOLLER J R. Seven essentials for project-based learning[J]. Educational Leadership,2010,68(1):34-37.

[3] Buck Institute for Education. Gold standard PBL: essential project design elements[EB/OL]. https://www.pblworks.org/what-is-pbl/gold-standard-project-design.

学习中的活动指学习者利用技术工具或理论方法解决驱动性问题的过程，完成活动的过程即是学习者主动探究的过程，学习者在完成活动的过程中学习知识与技能，深度理解知识。项目式学习评价是持续不断的，贯穿项目式学习始终。项目式学习评价内容是学习成效，包括对知识的理解、成绩以及高阶思维品质，强调对学习过程的评价，尤其是对项目成果的评价；评价结果需要及时反馈给学习者，使学习者修正自己的学习。项目式学习结果是产生丰富的学习成果，学习成果包括报告、模型、理论、产品、作品等，学习者在完成项目、产生成果的过程中掌握技能方法，提高学习能力和协作意识，能够运用到终身学习中。此外，Chang等[1]通过长达两年的研究发现，团队协作在项目式学习中至关重要，并且在后续实验中发现学生们对项目式学习的满意度很高。

结合以上研究可以发现，项目式学习基本要素有真实情境、驱动性问题、协作性活动、反思评价和项目成果，在此基础上，根据不同学者在实践中的发现，项目式学习还具有一些带有特性的要素，如"脚手架"、同伴反馈、自我调节等。此外，在项目式学习中，还需要提供丰富的资源和材料支持学习者的学习。对一个项目式学习的概括性描述是：针对一个现实生活中的开放性问题，教师提供真实的情境、丰富的资源以及可变的"脚手架"，学习者通过团队协作的方式进行探究学习，并最终呈现出一个具有完整项目、作品、成果的活动。

3. 项目式学习的影响因素

通过证据梳理发现，项目式学习受到背景因素、学生因素、教师因素的综合影响。

（1）影响项目式学习有效性的背景因素

项目式学习开展的背景因素包括学段、学科、学生人数、实验时间、信息技术、学科内容、学生类型等，这些因素对项目式学习的有效性起到调节作

---

[1] CHANG L C, LEE G C. A team-teaching model for practicing project-based learning in high school: collaboration between computer and subject teachers [J]. Computers & Education, 2010,55(3):961-969.

用，即这些因素会影响项目式学习对学生作用有效性的强弱。①学段方面：基础教育阶段的效应值普遍大于高等教育阶段的效应值。②学科方面：造成最高影响的学科领域不同，但在某个学科领域内各个学科并无显著性差异，如科学领域内物理、化学、生物之间无显著差异。造成学科领域影响不同的原因可能是文献检索的时间范围不同，Chen 等的研究纳入 1998—2017 年文献，张文兰等的研究纳入 2008—2018 年文献。③学生人数和实验时间方面：项目式学习在越少的学生人数、越长的实验时间的因素调节下对学业成就更有效。④信息技术方面：项目式学习中技术使用得越多，对学业成就越有效。⑤学科内容可能对项目式学习的有效性具有调节作用，尤其在素养发展上。例如，项目式学习对数与代数内容的非智力层面有积极的潜在影响，对统计与概率内容的学习表现与统计态度有直接影响[①]。⑥学生类型可能对项目式学习有效性具有调节作用。例如，项目式学习对社会经济地位低下、学习中等或学业不良学生的概念理解、动机、态度、学业成就上表现出积极效果[②③④]。

（2）影响项目式学习有效性的学生因素

学生是项目式学习的主体。学生的项目经验、小组合作、基于项目的学习能力等因素是项目式学习实施的基础保障，直接影响了学生的项目参与、学习目标的达成和成果的质量等方面。①项目经验因素：对项目及其过程的经验影响了对项目的理解与参与[⑤]。②小组合作因素：和谐的人际关系、讨

[①] 何声清.国外项目学习对数学学习的影响研究述评[J].外国中小学教育，2017(6)：63-71.

[②] FERREIRA V G, CANEDO E D. Design sprint in classroom: exploring new active learning tools for project-based learning approach[J]. Journal of ambient intelligence and humanized computing, 2020, 11(3): 1191-1212.

[③] LEGGETT G, HARRINGTON I. The impact of project based learning (PBL) on students from low socio-economic statuses: a review[J]. International journal of inclusive education, 2021, 25(11): 1270-1286.

[④] 夏雪梅.在学科中进行项目化学习：学生视角[J].全球教育展望，2019，48(2)：83-94.

[⑤] HEITMANN G. Project-oriented study and project-organized curricula: a brief review of intentions and solutions[J]. European journal of engineering education, 1996, 21(2): 121-131.

论的积极参与、人员的合理分工等影响了小组合作的质量、项目的进展及成果的反思与评价[1][2]。③基于项目的学习能力因素：能否将项目任务要求与学习目标合理匹配，能否根据项目的驱动性问题生成指向问题解决的且有意义的科学问题，能否将探究或调查的结果或数据转化成观点及产品，能否将项目探究或调查与课堂上的知识或技能学习合理平衡，能否将技术合理使用，能否将教师提供的资源、材料与项目相结合等因素影响了项目参与质量及学习目标的达成[3][4][5]。

（3）影响项目式学习有效性的教师因素

教师是项目式学习的主导者[6]。教师对项目式学习的认知、情感与能力决定了项目式学习设计与实施的质量，对项目式学习的有效性起到主导作用。①认知因素：先验知识（以学生为中心的教学策略、学习支架知识等）[7]和对项目式学习的理解（内涵、特征、设计流程、实施阶段等）[8]是教师设计与实

---

[1] FERREIRA V G, CANEDO E D. Design sprint in classroom: exploring new active learning tools for project-based learning approach [J]. Journal of ambient intelligence and humanized computing, 2020, 11(3): 1191-1212.

[2] KOKOTSAKI D, MENZIES V, WIGGINS A. Project-based learning:a review of the literature [J]. Improving schools,2016,19(3):267-277.

[3] HASNI A, BOUSADRA F, BELLETêTE V, et al. Trends in research on project-based science and technology teaching and learning at K-12 levels: a systematic review [J]. Studies in science education, 2016, 52(2): 199-231.

[4] KOKOTSAKI D, MENZIES V, WIGGINS A. Project-based learning:a review of the literature [J]. Improving schools,2016,19(3):267-277.

[5] HELLE L, TYNJÄLÄP, OLKINUORA E. Project-based learning in post-secondary education—theory, practice and rubber slingshots[J]. Higher education, 2006, 51(2): 287-314.

[6] 金志远,郑亚力."主导与主体"关系视域下的项目化学习论析[J].教育科学研究,2021(6):60-65.

[7] FERREIRA V G, CANEDO E D. Design sprint in classroom: exploring new active learning tools for project-based learning approach [J]. Journal of ambient intelligence and humanized computing, 2020, 11(3): 1191-1212

[8] HASNI A, BOUSADRA F, BELLETêTE V, et al. Trends in research on project-based science and technology teaching and learning at K-12 levels: a systematic review[J].Studies in science education, 2016, 52(2): 199-231.

施项目式学习的前提。②情感因素：教师观念是否以学为中心，教师是否认同"项目课程的设计者、项目学习中的顾问和合作者、项目的评价师"等角色直接影响教师对项目式学习的认同与执行[①]。③能力因素：教师的项目选择、项目和课程材料的整合、驱动性问题的设计、学习活动设计等项目式学习设计能力和小组合作的组织与监控、课堂管理、提供合适的支架与资源等项目式学习实施能力决定了项目式学习质量[②③④⑤]。

综上所述，项目式学习的有效性不仅要关注对学生的积极效果表现，还要关注背景因素、学生因素、教师因素对有效性的多维影响。如果只关注项目式学习的"积极效果"，就可能会产生因学校、学段、学科、学生、教师等因素差异出现的"效果失效"风险，从而使很多教师对项目式学习的有效性产生怀疑。

4. 项目式学习的实施效果

通过对项目式学习的实施效果进行梳理发现，研究主要涉及项目式学习对教师的各种挑战、学生的学习成绩、学习态度、元认知技能的获取和运用的理论、影响项目式学习的效果因素以及项目式学习的课程开发等内容。针对项目式学习实施效果的研究集中在学生、教师以及课程三个方面。

---

①JUEBEI CHEN, ANETTE KOLMOS, XIANGYUN DU. Forms of implementation and challenges of PBL in engineering education: a review of literature[J]. European journal of engineering education, 2021, 46(1): 90–115.

②HASNI A, BOUSADRA F, BELLETêTE V, et al. Trends in research on project–based science and technology teaching and learning at K–12 levels: a systematic review [J]. Studies in science education, 2016, 52(2): 199–231.

③JUEBEI CHEN, ANETTE KOLMOS, XIANGYUN DU. Forms of implementation and challenges of PBL in engineering education: a review of literature[J]. European journal of engineering education, 2021, 46(1): 90–115.

④LEGGETT G, HARRINGTON I. The impact of project based learning (PBL) on students from low socio economic statuses: a review [J]. International journal of inclusive education, 2021, 25(11): 1270–1286.

⑤HELLE L, TYNJÄLÄ P, OLKINUORA E. Project–based learning in post–secondary education—theory, practice and rubber slingshots[J]. Higher education, 2006, 51(2): 287–314.

(1)基于学生视角的项目式学习实施效果

在项目式学习的开发和实施阶段，学生才是衡量其效果的重要因素，由此研究者将注意力放在了项目式学习对学生学习成绩、学习态度以及元认知技能的获取和运用理论的影响上。

多项研究表明，学生在创建和完成项目时会投入到学习中，尤其是他们在学习重要的生活技能时，例如解决问题、时间管理、责任感和协作[1][2][3][4]，由此克劳斯[5]研究发现学生在参与项目式学习时，能够学习到重要的生活技能，包括灵活性、组织力、自我控制、任务启动、时间管理和元认知。其他研究人员也说明使用项目式学习的益处，例如学生成绩、创造力、动机和团队合作。Barak[6]对大学一年级化学专业学生进行了一项研究，发现基于项目的实验组的表现优于对照组，对照组的成员采用传统的教科书内容进行教学。通过研究发现基于项目的小组在期末考试中得分更高，并"增强了他们对化学概念、理论和分子结构的理解"。周研究者[7]对参加项目式学习课程的 20 名大学一年级工

---

[1] Hall, W., Palmer, S., & Bennett, M. A longitudinal evaluation of a project-based learning initiative in an engineering undergraduate programme[J]. European Journal of Engineering Education, 2012, 37, 155-165.

[2] Starobin, S. S., Chen, Y., Kollasch, A., Baul, T., & Laanan, F. S.The effects of a pre-engineering project-based learning curriculum on self-efficacy among community college students[J]. Community College Journal of Research and Practice, 2014, 38, 131-143.

[3] Wolff, S. J. Design features of the physical learning environment for collaborative, project-based learning at the community college level[J]. St Paul, MN: National Research Center for Career and Technical Education, University of Minnesota. 2003.

[4] Zhang, K., Peng, S. W., & Hung, J. Online collaborative learning in a project-based learning environment in Taiwan: A case study on undergraduate students' perspectives[J]. Educational Media International, 2009, 46, 123-135.

[5] Krauss, J., & Boss, S. Thinking through project based learning: Guiding deeper inquiry[J]. Thousand Oaks, CA: Corwin. 2013.

[6] Barak,M., & Dori,Y.J. Enhancing undergraduate students' chemistry understanding through project-based learning in an IT environment[J].Science Education. 2005, 89, 117-139.

[7] Zhou, C. Integrating creativity training into problem and project based learning curriculum in engineering education[J]. European Journal of Engineering Education, 2012, 37, 488-499.

程专业的学生进行了定性研究。他发现学生们认为创造力对于帮助他们设计项目、成为更有效的团队成员以及提高学习动力非常重要。帕尔默和霍尔[1]对工程专业的学生进行了一项调查，询问他们有关现阶段实行的项目式学习课程的相关体验，发现学生喜欢团队合作，也认为项目式学习在现实世界中的应用很重要，宁愿做项目工作也不愿参加考试，喜欢接触专业的工程工作，由此也引出教师在项目式学习中给学生带来的帮助和支持。Jolly[2]在采访了土木、化学和环境工程学院的20名毕业生后，也得出学生参加项目式学习的课程会提升学生的管理技能、时间管理能力、信心、沟通技巧和系统思维等的结论；除此之外，学生还提及不是所有的项目课程对他们而言都有所提高，而是在于课堂中教师的作用。

综上所述，项目式学习确实是一种有效的教学方法，只要学生参与相关项目，就能不断激发和启发学生自主学习，然而需要注意的是任何教学方法都存在缺陷，但教学的主要目的就是让学生主动参与学习讨论，让学生享受探索自己感兴趣话题的自由，那么在教学过程中，教师就担当了向导，指导学生主动融入项目式学习的课程中，由此教师在项目式教学活动中的作用就值得研究讨论。

(2)基于教师视角的项目式学习实施效果

尽管项目式学习在教育改革者中很受欢迎，但并非所有教师都欣然接受这种教学方式。Watkins和Biggs[3]曾尖锐地评论说，许多从海外引进到香港的创新就像被拒绝的器官移植。项目式学习作为西方国家的一种新型教学方式，预计会遭到与西方文化背景不同的本土教师的质疑甚至抵制。一项研究[4]表明，

---

[1] Palmer, S., & Hall, W. An evaluation of a project-based learning initiative in engineering education[J]. European Journal of Engineering Education, 2011, 36, 357-365.

[2] Jollands, M., Jolly, L., & Molyneaux, T. Project-based learning as a contributing factor to graduates' work readiness[J]. European Journal of Engineering Education, 2012, 37, 143-154.

[3] Watkins, D., & Biggs, J. B. The paradox of the Chinese learner and beyond. In D. Watkins & J. B. Biggs (Eds.), Teaching the Chinese learner: Psychological and pedagogical perspective[J]. Hong Kong: Comparative Education Research Centre, 2001: 3-23.

[4] Tse, S. K., Lam, W. I., Lam, Y. H., & Loh, E. K. Y. Learn to read: The performance of Hong Kong primary 4 pupils in PIRLS 2001[J]. Hong Kong: Hong Kong University Press. 2005.

虽然官方推荐以学生为中心的教学实践，但大多数香港中文教师仍采用教师主导的方式向学生解释教材。他们的不情愿是可以理解的。新实践与他们当前的实践或他们作为学生时自己学习和体验的方法几乎没有相似之处。虽然基于项目的学习对学生的好处已经有了一定的进展和研究证明，但很少有人会认为，促成其在当地环境中成功实施的关键因素取决于教师使用这种新教学方法的动机。如果教师自己有强烈的动机在课堂上进行实验和改进，那么基于项目的学习将有更好的机会带来预期的好处，例如提高学生的积极性。

Lam，Sf 等人[1]调查了在项目式学习中教师内在动机与学生内在动机之间的关系，提出无论是通过教学实践、建模或期望形成的机制，教师内在动机与学生内在动机正相关。教师内在动机在教师的教学实践以及学生的内在动机中起着重要作用，因此必须了解在使用新教学方法时是什么有助于激发教师的内在动机。促进教师内在动机的个性和情境因素都应包括在未来的调查中。

通过研究发现开展项目式学习的重要因素还是在于教师的内在机制，那么如何让教师更好地掌握项目式学习的内涵和意义，是接下来的重点问题。在谈及这个问题前，可以先分析一下项目式学习的过程。在项目式学习中的项目规划和实施是一项非常耗时的活动，需要非常注意细节，有许多方面需要仔细考虑[2]。在规划阶段，教师应考虑场地的特点，并确保各小组有足够的工作空间，而不会分散彼此的注意力。在这个阶段，教师控制过程，但学生也可能参与其中。克鲁格等人[3]强调了教师行为的重要性及其对终身学习的长期影响。他们的研究表明，与在规划过程中支持学生相比，教师在激发对新主题的兴趣方面取得了更大的成功。研究者提出，教师指导在项目式学习的实施中很重要。然

---

[1] Lam, Sf., Cheng, R.Wy. & Ma, W.Y.K. Teacher and student intrinsic motivation in project-based learning[J]. Instr Sci, 2009, 37, 565.

[2] Habók A. Implementation of a project-based concept mapping developmental programme to facilitate children's experiential reasoning and comprehension of relations[J]. Eur Early Childhood Educ Res J. 2015, 23(1):129–142.

[3] Klug J, Krause N, Schober B, Finsterwald M, Spiel C. How do teachers promote their students' lifelong learning in class development and first application of the LLL Interview[J].Teach Teach Educ, 2014, 37: 119–129.

而，除非教师接受足够的培训，否则很难做到这一点。除了理论培训，教师还需要实践培训才能充分发挥这种方法的潜力[1]，而且项目式学习方法对职前教师解决问题的能力、学习成绩以及他们对教学职业的看法具有积极影响[2][3]。尽管越来越多的文献证明了将项目式学习整合到教师教育中的优势，但只有少数研究在教学实践的背景下关注了项目式学习。值得注意的是教学实践才是教师教育的关键组成部分，可以为未来的教师进行实地工作做好准备[4][5]，并且也是日后教学的主要经验来源[6][7][8]。研究表明，基于项目式学习的实习对职前教师产生积极影响，因为它提供了有意义的社会、认知和自身经验，从而对他们的专业发展、对项目式学习教学法原则的态度的改善以及项目式学习的高效实施都会有所帮助[9]。由此大部分研究者也建议要想发展项目式学习，就应该从教师的角度进行培训。在培训中有学者提出：职前教师在项目式学习培训实践的过程中大多伴随着积极的情绪体验，这与职前教师在教学中实施项目式学习方

---

[1] Wu S, Meng L. The integration of inter-culture education into intensive reading teaching for English majors through project-based learning[J]. US-China Foreign Lang, 2010, 8(10): 26-37.

[2] Alrajeh, T. S. Project-based learning to enhance preservice Teachers' teaching skills in science education[J]. Univ J Educ Res, 2021, 9(2), 271-279.

[3] KOKOTSAKI D, MENZIES V, WIGGINS A. Project-based learning: a review of the literature[J]. Improving schools, 2016, 19(3): 267-277.

[4] Ohana, C. Extended field experiences and cohorts with elementary science methods: Some unintended consequences[J]. Journal of Science Teacher Education, 2004, 15(3), 233-254.

[5] Bhattacharyya, S., Volk, T., & Lumpe, A. The influence of an extensive inquiry-based field experience on pre-service elementary student teachers' science teaching beliefs[J].J Sci Teach Educ, 2009, 20(3), 199-218.

[6] Beeth, M. E., & Adadan, E. The influences of university-based coursework on field experience[J]. kJ Sci Teach Educ, 2006, 17(2), 103-120.

[7] Bhattacharyya, S., Volk, T., & Lumpe, A. The influence of an extensive inquiry-based field experience on pre-service elementary student teachers' science teaching beliefs[J].J Sci Teach Educ, 2009, 20(3), 199-218.

[8] Varma, T., & Hanuscin, D. L. Pre-service elementary teachers' field experiences in classrooms led by science specialists[J]. J Sci Teach Educ, 2008, 19(6), 593-614.

[9] Tsybulsky, D. The team-teaching experiences of pre-service science teachers implementing PBL in elementary school [J]. J Educ Teach, 2019, 45(3), 244-261.

法的教学能力的发展正相关。也由此说明了应该将项目式学习的注意力放在教师身上。

Habók 等人[1]研究发现，教师大多认为自己的任务是激励、塑造个性和传递价值观。在项目式学习中，控制学生在初级教师中最为重要。此外，在项目实施过程中，教学、社会和情感教育以及评估的作用都被置于后台。在传统教学中，教师在激励学习者和传递价值观方面的作用也被认为与教育作用一样重要。教师将自己视为教育者而不是促进者。在项目工作中，教师很少关注对学生的监督，主要由专家教师解决。但在项目式学习中教师仍然努力在课堂上发挥主导作用。

（3）基于课程教学视角的项目式学习实施效果

根据 Simmons 等人[2]的说法，课程是一个动态过程，其中涉及教师落实政策以帮助个别学生取得成功。可以看到，课程不是从业者通过"勾选框"方法不加批判地交付的产品[3]，而是一个意义构建和情境化实践发展的过程[4]。课程涉及对从政策到实践的意义建构的理解[5][6]，并且课程与教学法和评估密切相关，并在建设性方面保持一致，而一般采用项目式学习教学时，教师充当的是

---

[1] Habók, A., Nagy, J. In-service teachers' perceptions of project-based learning[J]. Springer Plus 2016, 5, 83.

[2] Simmons, J., and J..MacLean. Physical Education Teachers' Perceptions of Factors That Inhibit and Facilitate the Enactment of Curriculum Change in a High-Stakes Exam Climate [J]. Sport, Education and Society, 2018, 23 (2):186–202.

[3] Priestley, M., and G. J. J. Biesta. Reinventing the Curriculum: New Trends in Curriculum Policy and Practice[J]. London: Bloomsbury Academic. 2013.

[4] Ketelaar, E., D. Beijaard, H. P. A. Boshuizen, and P. J. Den Brok. Teachers' Positioning Towards an Educational Innovation in the Light of Ownership, Sense-Making and Agency [J]. Teaching and Teacher Education, 2012, 28: 273–282.

[5] Blignaut, S. Teachers' Sense-Making and Enactment of Curriculum Policy [J]. Journal of Education. 2008, 43 (1): 101–125.

[6] M.rz, V., and G. Kelchtermans. Sense-Making and Structure in Teachers' Reception of Educational Reform. A Case Study on Statistics in the Mathematics Curriculum [J]. Teaching and Teacher Education, 2013, 29: 13–24.

学生在课堂上自己开展活动的教练或促进者[1]。教师不仅仅是传授新的信息——直接控制学生工作的发展，而是向学生展示要解决的适当问题，帮助他们识别问题，获取多种资源，提供解决问题所需的工具，然后提供解决问题过程中所需的反馈和支持，并进行评估。学生的参与和结果，目的是帮助他们掌握解决问题的技能[2]。

然而，根据阿伦兹在《学会教学》一书中的说法，"项目式学习方法有五个阶段，每个阶段都需要教师的行为[3]"，即：

首先，"引导学生解决问题"意味着在课程开始时，教师应传达学习目标，对课堂采取积极态度，并描述对学生的期望，然后他们应该详细解释项目式学习方法的步骤。

第二，"组织学生远距离学习"是指项目式学习教学法要求教师培养学生的协作能力，帮助学生解决阅读课文中的问题。教师还必须帮助学生计划他们的调查和报告任务。

第三，"协助独立和小组调查"是指学生独立地、成对地或分小组地调查课程中的每一个问题。教师鼓励学生收集数据并进行实际实验，直到他们完全理解问题情境的维度。目的是让学生收集足够的信息来创造和构建他们的想法。一旦学生收集了足够的数据，就想要提出假设，用他们正在研究的现象进行实验，就会找到解决方案。

第四，"在开发和展示成果阶段"，成果不仅仅是书面报告，还可以包括反映问题情况的录像带、建议的解决方案、包含问题情况或其解决方案的模型等。在这个阶段教师可以组织展览学生解决问题的全过程。

最后，"分析和评估解决问题的过程"是指有一些探究活动的目的是帮助学生分析和评估他们的思维过程。

---

[1][2] Mathews-Aydinli, J. Problem-based learning and adult English language learners [J]. Washington, DC: Center for Adult English language Acquisition, Center for Applied Linguistics, 2007:1-8.

[3] Arends, R. Learning to Teach (9th ed.) [M]. New York: McGraw-Hill. 2012.

另一方面，在项目式学习方法课中，学习过程通过使用真实的案例情景来构建，以促进批判性思维和想法的形成[1]。在课堂上，学生们在老师的指导下，在小组讨论中学习。他们发现了个人和群体的需求，并批判性地将发现应用到案例场景中[2]。项目式学习的教学不仅是发现问题、解决问题的方法，更重要的是通过协作探究创造学生通过有效互动建构知识的机会[3]。

上述项目式学习中问题解决过程有助于学生加深对新知识的理解，更好地保留知识[4][5]。此外，上述过程还进一步推动了学生技能的提高，包括解决问题、自主学习、团队合作、语言、管理和学习[6][7][8]。White H 在 2001 年解释道，在项目式学习方法中，"学生与同学一起解决复杂而真实的问题，这有助于发展内容知识，如问题解决、推理、沟通和自我评估技能"[9]。因此，这一过程至关重要，因为这是在以问题为基础的课堂上真正学习的地方。在项目式学习教学法中，学生应该对自己所掌握的知识认真负责，同时学习如何与他人合作学习，理解自己想做什么，并强调批判性思维技能[10]。

随着项目式学习研究的推进，研究者将注意力聚焦在如何将基于项目式学

---

[1] Kuiper, R.A., & Pesut, D. Promoting Cognitive and Meta-cognitive Reflective Reasoning Skills IN Nursing Practice: Self-regulated Learning Theory[J]. Journal of Advanced Nursing, 2004, 45(4), 381–391.

[2] Dolmans et al. Problem-Based learning: Future challenges for Educational practice and Research Medical Education[J]. 2005, 39(7), 732–741.

[3] Lain et al. Students' Perspectives on Problem-Based in a Transitional Doctor of Physical Theraphy Program[J].Journal of the Scholarship of Teaching and Learning, 2010, 10(3), 128–144.

[4] Moore et al. The influence of the new pathway curriculum on Harvard Medical Students[J]. Academic Medicine, 1994,69, 983–989.

[5][6] Norman, G.R..& Schmidt, H. The psychological basis of problem-based learning: A review of the evidence [J].Academic Medicine, 1992, 69(9), 557–565.

[7] Tan, O. S. Problem-based Learning innovation: Using problems to power learning in the 21st century[J]. Singapore: Gale Cengage Learning. 2003.

[8] Uden, L., Beaumont, C. Technology and problem-based learning [J]. London: Information Science Publishing. 2006.

[9] White H. Problem-based learning[J]. Speaking of Teaching, 2001, 11(1), 1–7.

[10] White, H. B. Dan tries problem-based learning: A case study (No. 15)[J]. 1996.

习的职业教育和高等教育课程放在中小学课程开发中。David Armstrong 等人就提出一种基于项目式学习的服务学习，它可以为学生提供在课堂内外学习的机会，开展具有学习和社区行动目标的项目[1][2]。研究提出将本科生环境科学课程中所涵盖的课程与高中生进行合作，在此基础上，使用PBL解决相关项目，并提供这些问题、解决问题所需的材料，以及高中教师的笔记和支持材料。这些支持材料包括对问题背后的思考过程的解释，以及课堂实施PBL活动的指导方针和建议，以及实验组所需的材料。由此，通过为中学班级创建PBL活动，不仅可以巩固本科生的基础科学知识，还可以促进高中课堂的PBL活动，培养学生的沟通和领导技能。

总体而言，项目式学习实施效果表现在促进学业成就和促进学生素养发展两个方面。项目式学习促进学业成就的证据表明，项目式学习对学业成就的积极效果受到学科领域、学段水平、样本数量、实验时间、信息技术使用等因素的调节作用影响[3][4][5][6]。促进学生素养发展的证据包括：概念理解、基本技能、

---

[1] Discoll, A.,Holland, B., Gelmon, S.,Kerrigan, S. An assessment model for service learning: comprehensive case studies of impact on faculty, students, community and institution [J].MJCSL,1996, 3(1), 66–71.

[2] Jagla, V. M.,Furca, A.,Strait, J. R. Service Learning Pedagogy: How Does it Measure Up?[J]. Information Age Publishing: Charlotte, NC, 2015.

[3] ALEMEN N, ÖZER KESKIN M. The effect of the project-based learning approach on the academic achievements of the students inscience classes in Turkey: a meta-analysis study [J]. Education and science, 2015,40(178):255-283.

[4] BALEMEN N, KESKIN M Ö. The effectiveness of project-based learning on science education: a meta-analysis search [J].International online journal of education and teaching, 2018,5(4):849-865.

[5] CHEN C-H, YANG Y-C. Revisiting the effects of project-based learning on students' academic achievement: a meta-analysis investigating moderators [J]. Educational research review, 2019, 26(2):71-81.

[6] 张文兰, 胡姣. 项目式学习的学习作用发生了吗?——基于46项实验与准实验研究的元分析[J].电化教育研究,2019,40(2):95-104.

认知策略等知识维度[1][2][3][4]；态度、兴趣、动机、满意度、自我效能等情感维度[5][6][7]；问题解决、科学探究、计算思维、元认知、自主学习、合作交流、批判性思维等能力维度[8][9]。

5. 当前项目式学习中存在的问题

当前项目式学习的问题集中在两个方面：项目式学习的教师发展和项目式学习的学生测评。

（1）项目式学习的教师发展

项目式学习的教师发展需要用大量的时间对教师进行适当的培训，使他们的教学方法与学生指导和教师促进的学习的真实评估相一致。最近关于教师留任的研究表明，许多教师要么是新手（即只有不到三年的课堂经验），要么是经验丰富的教师（即有超过十年的课堂经验）。这些教师中的许多人在启动与

---

[1] HASNI A, BOUSADRA F, BELLETêTE V, et al. Trends in research on project-based science and technology teaching and learning at K-12 levels: a systematic review[J]. Studies in science education, 2016, 52(2): 199-231.

[2] HART J L. Interdisciplinary project-based learning as a means of developing employability skills in undergraduate science degree programs [J]. Journal of teaching and learning for graduate employability, 2019, 10(2): 50-66.

[3] GUO P, SAAB N, POST L S, et al. A review of project-based learning in higher education: student outcomes and measures[J].International journal of educational research, 2020, 102(5): 1-13.

[4] LEGGETT G, HARRINGTON I. The impact of project based learning (PBL) on students from low socio-economic statuses: a review[J]. International journal of inclusive education, 2021, 25(11): 1270-1286.

[5] BALEMEN N, KESKIN M Ö. The effectiveness of project-based learning on science education: a meta-analysis search[J].International online journal of education and teaching, 2018,5(4): 849-865.

[6] KOKOTSAKI D, MENZIES V, WIGGINS A. Project-based learning:a review of the literature[J]. Improving schools,2016,19(3):267-277.

[7] JIMéNEZ-SAIZ R, ROSACED. Is hybrid-PBL advancing teaching in biomedicine? A systematic review [J]. BMC medical education, 2019, 19(1): 1-8.

[8] FERREIRA V G, CANEDO E D. Design sprint in classroom: exploring new active learning tools for project-based learning approach[J]. Journal of ambient intelligence and humanized computing, 2020, 11(3): 1191-1212.

[9] 马志强，刘亚琴.从项目式学习与配对编程到跨学科综合设计——基于2006—2019年国际K-12计算思维研究的元分析[J].远程教育杂志,2019,37(5):75-84.

项目式学习相关的决策和解决问题方面缺乏经验或相应的培训①。此外，有经验的教师可能缺乏让学生参与具有挑战性的复杂任务的项目管理技能，这也会导致新手教师对项目式学习持负面态度。此外，一些教师没有学生指导和教师促进的成果；相反，这些教师中的许多人将交付成果等同于教师指导和学生促进的成果，这些成果是通过个别学生掌握惰性教学知识而产生的。最后，大多数教师认为评估是高风险测试的同义词，而不是对学生对现实世界问题的现实成果的形成性或终结性评估。例如 Kwan 和 Tam 引用了一句话："糟糕的教学会让学生对知识的掌握变得很糟糕，但糟糕的项目式学习会比之更加糟糕"。①在讲课式的课程中，如果教师讲课很差，学生仍然可以自己学习讲课内容，但如果项目式学习的课程讲授很差，那么学生的积极性就会降低，新知识的构建也就会变少。如果仅仅只是在传统的讲授式教学模式的基础之上实施项目式学习，那么就是要告诉学生他们必须积极构建知识，然后通过综合课程将其传递给他们。此外，对教师的影响要么是他们不了解教学原则，要么是他们认为他们的学生无法自主学习②。在这样一个复杂而混乱的课程中，许多学生最终对项目式学习感到厌恶。因此，许多教师在评估他们的学生对项目式学习课程内容知识的掌握程度时表现出不足的感觉。这些例子虽然不是详尽的，但它们揭示了在 21 世纪使用项目式学习时，教师的发展的至关重要。

(2)项目式学习的学生测评

在项目式学习中，学生成绩如何衡量一直是教育研究者关注的问题。然而，最近关于成绩的研究表明，过度依赖终结性测试来评估学生对项目式学习内容知识的掌握情况，以及通过这些测试衡量学生在综合课程教育方面可能存在的成就差距。参与综合课程教育的许多政策制定者和家长都无法理解对学生

---

①David, J. L.What research says about project-based learning[J].Educational Leadership,2008. 65(5), 80-82.

②Kwan C-Y, Tam L: Commentary: hybrid PBL——what is in a name[J]. J Med Educ. 2009, 13: 157-165.

③Lechky O: U of T not the only Ontario medical school heavily involved in curriculum renewal [J]. CMAJ. 1992, 147: 1233-1237.

的个人和集体学习启动真实评估和明确目标的必要性。许多教育者未能将学生的成就与他们完成具有挑战性的复杂任务的项目联系起来。此外，过去的教育政策未能解决学生在学习过程中对个人决策和问题解决的管理问题。这一政策失误导致许多既得利益者和学生将项目式学习中的管理归类为完全属于教师领域的管理，导致许多综合课程教室内存在严格的等级结构。此外，既得利益者对综合课程的课堂可交付成果的看法通常集中在期末考试上，而不是学生在现实世界中解决问题的现实成果上，从而导致综合课程的课堂上许多学生无法将综合课程内容知识与日常生活中的常见事物联系起来。最后，对学生成绩的评估几乎普遍与终结性测试联系在一起，而不是对学生解决现实世界问题的现实成果的过程性评估。

因此，许多既得利益者缺乏对学生指导和教师促进的学习对成功的项目式学习的重要性的理解。项目式学习中的其他一些问题可以被列为可接受项目的标准、项目在课程中的作用、时间限制和精心设计的任务[1]。与综合课程教师发展的例子一样，这些例子并不是详尽的，但它们确实凸显了通过项目式学习重新评估学生构建综合课程知识的成就的重要性。

长期以来，学生如何获得综合课程内容知识一直是既得利益者关注的焦点，包括家长、教师和认知科学的研究人员。随着学生进入21世纪的综合课程的课堂——受技术发展、互联网兴起以及从本地视角向全球视角转变的影响——所有既得利益者在确定培养下一代研究人员和教师的方式时，都应该考虑学习理论和过去的STEM教育运动的重要性。20世纪的研究表明，学生在经验项目、动手项目和学生指导的项目中获得综合课程（如STEM）知识会带来更大的成就[2][3]。我们得出结论，项目式学习是综合课程中课堂上首选的教学方法，

---

[1] David, J. L.What research says about project-based learning [J]. Educational Leadership, 2008, 65(5), 80-82.

[2] Markham, T., Larmer J., & Ravitz, J. Project-based learning handbook[M]. Novato, CA: Buck Institute for Education, 2003.

[3] Wehmeyer, M. L., Agran, M., & Hughes, C. A national survey of teachers' promotion of self-determination and student-directed learning[J]. Journal of Special Education, 2000, 34(2), 58-68.

但也要警惕学习理论和相关教育运动的变化。

(四) "综合与实践"在国内的实施现状

国内关于综合与实践课程的研究成果十分丰富。通过检索中国期刊全文数据库、中国优秀硕士学位论文全文数据库、中国博士学位论文全文数据库,对1979年至2022年的所有文献进行了精确检索。虽然之前在活动课程的研究上获得了十分丰富的成果,但综合与实践课程并非活动课程,对于综合与实践课程的具体研究主要始于2000年。对文献检索后发现:有关综合与实践课程的研究主要集中在课程基本理论、设计与实施、问题与对策、实验与案例四个方面。

1. 有关"综合实践活动"课程基础理论的研究

综合实践活动作为一门与学科课程并列的新型课程,有其独特的内涵、性质、特点和功能,如果不明确这些基础理论问题,会让人们把这门课程与过去的课外活动和劳动技术课等混淆,从而影响综合实践活动课程的开发、设计与实施。通过搜索的文献资料统计,研究主要集中在综合实践活动课程目的、课程内涵及特点、课程价值等方面。

一个研究的基础在于对事物内涵的界定和特征分析。前人也对此进行了详细的分析。张华在《综合实践活动课程:理念与框架》[1]和《论"综合实践活动"课程的本质》[2]文章中提出:以走出分科,走向综合为背景,将综合与实践活动定义为是基于学生的直接经验、密切联系学生自身生活和社会生活、体现对知识的综合运用的课程形态,是一种以学生的经验与生活为核心的实践性课程。其特征为整体性、实践性、开放性、生成性以及自主性五个方面,并认为其具体内容因地、人的差异而不同,总体归结为研究性学习活动、社区服务与社会实践、劳动与技术教育。钟启泉则认为,"综合实践活动"是超越了传统的课程教学制度——学科、课堂、评分——的束缚,使学生置身于活生生的现实的(乃至虚拟的)学习环境之中,综合地习得现实社会及未来世界所需要的

---

[1] 张华.综合实践活动课程:理念与框架[J].教育发展研究,2001(01):44-47.
[2] 张华.论"综合实践活动"课程的本质[J].全球教育展望,2001(08):10-18.

种种知识、能力、态度的一种课程编制（生成）模式，并认为"综合实践活动"课程的特征是为学生提供"生存能力"，为学生养成良好的学习方法，开拓了新型的师生关系[①]。

关于"综合实践活动"课程的目的和意义，在新修订的《义务教育数学课程标准》中指出：综合与实践是数学学习的重要领域。学生将在实际情境和真实问题中，运用数学和其他学科的知识与方法，经历发现问题、提出问题、分析问题、解决问题的过程，感悟数学的知识之间、数学与其他学科的知识之间、数学与科学技术和社会生活之间的联系，积累活动经验，感悟思想方法，形成和发展模型意识、创新意识，提高解决实际问题的能力，形成和发展"会用数学的眼光观察现实世界，会用数学的思维思考现实世界，会用数学的语言表达现实世界"的数学核心素养。与此同时，教育研究者也十分关注"综合实践活动"的意义和目的。如赵萌萌认为"综合实践活动"开设的意义就在于它是一种新的课程观（不再是规定好的跑道，而是学生生活世界的全部）、新的学习观（改变以往传授式的灌输知识的模式，让学生自主探究合作）、新的教学观（不再是教师说了算，而是师生共赢的画面）[②]。巴晓革、林锦兴认为综合实践活动有利于个性完善；有利于知识和能力的综合；有利于理论与实践的统一；有利于培养学生社会化；有利于加强社会与学校的联系[③]。

在"综合实践活动"课程地位和作用方面，其不仅体现在课程与教学领域内，还体现在教育及社会的整体发展上。武晋丽在分析我国小学综合实践活动课程实施层面的价值时，以学生为研究对象，认为"综合实践活动"课程可以帮助学生发展解决问题和学会生活的能力，可以提升学生的社会交往和社会责任感，发展学生的创造性和自主性[④]。李翔等人则是站在教师的角度认为"综

[①] 钟启泉.综合实践活动:涵义、价值及其误区[J].教育研究,2002(06):42-48.
[②] 赵萌萌.综合实践活动课程内涵、意义的再认识[J].现代教育科学,2010(10):70-71.
[③] 巴晓革,林锦兴.综合实践活动课程的意义与功能[J].山东省农业管理干部学院学报,2004(01):153-155.
[④] 武晋丽.我国小学综合实践活动课程实施层面的价值研究[J].教学与管理,2006(30):58-59.

合实践活动"课程需要教师转变教育角色，采用新型的课堂教学方式。与此同时，"综合实践活动"课程也对教师的专业发展有积极作用：提高了教师的职业理念和素养，教师也开始自主开发综合实践活动课程资源；教师的反思能力也得到了发展；学科的整合性以及学科问题的生活化也促进教师之间的专业合作[1]。

2. 有关"综合实践活动课程"设计与实施方面的研究

设计与实施是"综合实践活动"课程实践的关键环节。有关"综合实践活动"课程的研究主要集中在设计的理论依据、设计的目标与原则、主题选择、实施模式与具体实施方法、评价方式五个方面。

理论依据方面：设计一门新课程需要有相关的哲学、社会学、教育学及课程教学论等基础理论的支撑。熊梅从当代的课程观、知识观以及新发展阶段论与基础教育课程结构四个方面作了论述，并强调不同阶段的学生应该采取不同的综合实践活动课程，从小学到高中，随着年级的升高，综合实践活动的比例相对缩小；学习活动内容的综合性，具有从生活性逐步发展到社会性和学科性的特点[2]。罗培兰认为"综合实践活动"课程设计的理论基础主要有：回归生活教育的理论；着眼学生全面发展和个性发展的理论；"知识与技能、过程与方法、情感态度与价值观"的三维教育目标理论。强调设计理论的确立为课程设计规定了基本原则，在设计过程中，老师要考虑学生的各种经验、个性与全面发展、重视评价（强调亲身经历的感受）[3]。李学丽则是通过以古鉴今的方式，以杜威"三中心教育原则"——以儿童中心、社会中心、活动中心为前提，对综合实践活动进行论述[4]。殷世东则是通过分析"综合实践活动"课程较为成熟的美、俄、法三国，建立理论依据以利于从中获得有益的启示，推进

---

[1] 李翔,陈显莉,刘衍玲.论综合实践活动课程对教师专业发展的促进[J].教育与教学研究,2011,25(07):23-25.

[2] 熊梅.当代综合实践活动课程开发的理论基础[J].教育研究,2001(03):40-46.

[3] 罗培兰.论综合实践活动设计课的理论基础[J].学术论坛,2005(02):204-207.

[4] 李学丽.杜威的活动课程论对综合实践活动的启示——三中心教育原则视角下[J].当代教育科学,2010(04):10-12.

我国中小学综合实践活动课程常态化开设[1]。

目标和原则研究方面：明确的目标和原则有利于确定综合实践活动课程实施的方向性和合理性。范蔚通过分析泰勒以及布卢姆的"教育目标分类学"理论，得出三个"综合实践活动"课程的原则：其一是内容组织的关联性原则，即活动主题的确定和内容的组织要与相关的课程及学生的知识经验有机联系起来；其二是能力训练的阶梯性原则，即活动设计应以学生能力发展的序列为线索；其三是实施方式的生动性原则，即在活动实施的时空条件、人员组合、评价方法等方面，要生动活泼、灵活多样。沈旎则是分析小学阶段，以师生关于"综合实践活动"课程的问答的形式展示出课程原则——即将课程落实到具体备课和上课之中[2]。张华和仲建维则认为综合实践活动课程以创造性自我表现为核心教育价值诉求，它的目的就是要创造一个课程载体，让每位学生都有参与创造性活动的机会，通过活动来更好地发现自我、展现自我和升华自我，所以原则应该包括：表现自我与信任、产生精彩观念、团体成员的多样性与包容性[3]。

主题选择方面：综合实践活动课程内容具有不确定性，课程实施中的活动主题主要由学校师生确定，选择是否适宜的主题关系到活动质量的优劣。对于如何选择和设计主题，研究的主要论文如《关于综合实践活动主题设计的思考》[4]，提出主题设计应着眼主体性，着重层级性；应着眼持续性，着重时段性；应着眼整体性，着重个体性。还有《从活动走向课程——试论综合实践活动课程的"内容架构"》[5]，《制约小学综合实践活动主题开发的因素及主题开

---

[1] 殷世东.美、俄、法三国中小学综合实践活动课程常态化开设的启示[J].外国中小学教育,2009(01):60-63.

[2] 沈旎.目标与教学——小学综合实践活动教学目标设计的问题与思考[J].江苏教育研究,2011(18):4-9.

[3] 张华,仲建维.综合实践活动课程设计框架研究[J].全球教育展望,2008(02):35-41.

[4] 刘光义.关于综合实践活动主题设计的思考[J].教育教学论坛,2011(05):176.

[5] 万伟.从活动走向课程——试论综合实践活动课程的"内容架构"[J].教育理论与实践,2010,30(05):19-21.

发策略》①，《普通高中综合实践活动课程实施中的几个规律性关系》②，《综合实践活动的选题》③，《农村小学综合实践活动课题的确定》④。

课程实施模式与具体实施方法方面：实施模式和方法一直是研究的热点，研究者们逐渐从学理性的思考转向实践教学领域。主要研究论文有《环境教育综合实践活动实施新模式——"大网络"模式》⑤《地域特色·地域教研·地域模式——农村初中综合性学习的校本教研模式的实践与研究》⑥，《校外教育机构在新形势下开展综合实践活动的实践与思考》⑦等。

评价方式方面：课程评价为课程实施提供了制度保障，课程评价历来是课程领域研究的重点也是难点，所以关注颇多。如，唐彩红提出当时所采用的学生评价体系体现在《成长记录册》中，主要分为三个方面：学生的学业成绩，学生对自己这门课的兴趣及表现的评价，学生、家长、教师间的相互交流评价。虽然这也能评价学生在综合实践活动中的表现，但存在很难依据学业成绩来分析学生的成长轨迹和水平，以及很难从学生、家长和教师间的交流评价来体现学生的真实成长两个方面的问题，由此她提出要对学生进行真实性评价，首先要有真实性任务，通过开展综合实践活动，并把它安排在期终考试阶段，以考试的形式（非笔试），根据年级的不同，所占的比例也不相同，从而达到真实的评价⑧。孙峰霞和于冬论述 PBL 模式下小学综合实践活动课程评价体系

---

①熊小燕,华党生.制约小学综合实践活动主题开发的因素及主题开发策略[J].黑龙江教育学院学报,2010,29(05):67-70.

②陈雨亭,国赫孚.普通高中综合实践活动课程实施中的几个规律性关系[J].教育发展研究,2009(18):39-43.

③李秋石,夏晓烨.综合实践活动的选题[J].教学与管理,2009(08):19-20.

④孙立敏.农村小学综合实践活动课题的确定[J].教育实践与研究(小学版),2008(06):10-11.

⑤吴济廉,曹飞跃.环境教育综合实践活动实施新模式——"大网络"模式[J].中国现代教育装备,2011(02):29-31.

⑥沈宝云.地域特色·地域教研·地域模式——农村初中综合性学习的校本教研模式的实践与研究[J].才智,2011(07):311-312.

⑦刘颖.校外教育机构在新形势下开展综合实践活动的实践与思考[J].中国校外教育,2010(19):5.

⑧唐彩红.在小学数学综合实践活动中进行真实性评价的尝试研究[J].科学大众(科学教育),2011(07):83.

构建，其中提出指标体系依据三元智力理论中智力的三个方面——成分性智力、经验性智力、情境性智力，将 PBL 模式下小学综合实践活动课程总目标划分为基于成分性智力方面的课程目标、基于经验性智力方面的课程目标、基于情境性智力方面的课程目标三大部分，每部分在总目标中所占的权值不完全相同。这解决了当时小学综合实践活动课程评价存在的评价模糊、评价角度单一、操作性差等问题[①]。在此基础上，杨静将评价的角度放在了教师层面。教师评价是对教师实施综合实践活动课程所具备的素质及实施过程情况的鉴别，其目的是给教师提供信息反馈和咨询服务，帮助他们总结、反思教学的优劣，分析产生问题的根源，从而改进教学，它也是综合实践活动课程评价体系的重要组成部分。研究提出，对教师的评价应该从六个方面展开：一是对教师的课程开发、设计、整合能力的评价；二是对教师在活动中组织指导能力的评价；三是对教师在活动中合作意识、协调沟通能力的评价；四是对教师在活动中教学评价能力的评价；五是对教师在实施教学中反思能力的评价；六是对教师在活动中参加工作量的评价[②]。

(五) 项目式学习在国内外的发展

1. 国外项目式学习的发展

国外开展项目式学习可以分为以下几个阶段：

（1）萌芽期（16 世纪晚期到 18 世纪中期）。①实践萌芽。教育领域中的"项目"，首先出现在意大利罗马的建筑师学院 Accademia di San Luca-in Rome，当时"项目"的含义是指学院为了培养优秀的建筑师而开展的建筑设计竞赛。这种设计练习与真实的建筑设计一样，有需要完成的任务，有最后完成时间，也有评判优劣等级的评审委员会。唯一的不同就是，建筑设计竞赛的设计任务是虚构的。但是，在 Accademia di San Luca-in Rome 出现的"项目"，并没有被

[①] 孙峰霞,于冬.基于三元智力理论的 PBL 模式下小学综合实践活动课程评价体系构建[J].现代中小学教育,2010(05):20-22.

[②] 杨静.论综合实践活动课程中的教师评价[J].当代教育论坛(校长教育研究),2008(05):123-125.

看成是教学的一种重要手段。这一状况持续到 1671 年,一个类似罗马 Accademia di San Luca-in Rome 的建筑师学院 Academie Royale d'Architecture 在法国巴黎成立。巴黎的建筑师们改变了建筑设计竞赛的规则,而且建筑设计竞赛举行的频次也增加了,其竞赛的频繁开展,使得人们开始关注通过"项目"开展学习活动。学生们要参加过一定次数的竞赛,获得奖牌或认证,才能获得专业建筑师的资格。这标志着"项目"成为一种公认的学校教育和教学的方法。②思想萌芽。"项目方法"的思想萌芽可以追溯至 18 世纪自然主义教育家的教育思想,以卢梭、佩斯特拉奇和福禄贝尔为代表的自然主义教育家在意识到传统教学忽视学生的自我发展、教育与生活相脱离等弊病后,从不同的角度提出了进步的教育主张。卢梭主张回归自然,发展天性,以儿童自然生长的需要为中心组织教学,让儿童自由地参与以适应生活为目的的探究性活动;佩斯特拉奇的生活教育观认为学校中的教育内容,不仅包含向学生传授读、写、算及其他学科知识,而且还应该设置生活教育课程,应该将学校知识与儿童通过自主活动直接从自然界中获得的真实感觉和印象相互联结,实现手脑心全方位学习;福禄贝尔重视自我活动和游戏的教育价值,将儿童的自发活动作为教育的起点,认为教育的过程应当是儿童的生活过程,教育活动应当以儿童的经验和现实为基础,通过儿童的自我决策和独立行动,帮助儿童认识客观世界和"自我"。

自然主义教育家强调实现儿童自我发展的重要性,强调儿童自主活动的重要性,强调学校教育与生活教育的密切联系,这些思想都成为"项目方法"重要的理论源泉。

(2)发展期(18 世纪中期到 20 世纪初)。①实践发展。18 世纪末,工程学向着专业化的方向发展,欧洲各国以及美国都纷纷设立了工业学校和职业。于是,"项目方法"从欧洲传播到了美国,从建筑学沿用到工程学,对"项目方法"的理论发展有重要的影响。美国华盛顿大学 O'Fallon 工业学院院长加尔文·伍德(Calvin M. Woodward)把"项目"当作了一种"综合练习",提出教学不仅仅是原则性知识的系统介绍,而是应该与实践应用相联系,"教学"应成为

"产品制造"。伍德在他设立的手工训练学校中实践着他的这些理念。伍德的"综合练习""项目"在18世纪90年代被广泛应用于中小学教育中。②理论发展。以美国哲学家、教育实用主义代表约翰·杜威为主的教育变革研究者们认识到，不应该为了工作或研究的需要而开展手工训练，手工训练应该以学生的兴趣和经验为基础；创造性和技术一样重要；教学不仅仅需要系统规划，还应该使孩子的心理需要朝着学科逻辑方向发展。杜威吸取了卢梭、福禄贝尔和帕克等人的教育思想，创建了经验主义的课程理论体系，为项目课程的形成奠定了理论基础。杜威在1915年所著的《明日之学校》一书中描述了对项目教学的各种尝试。如在教学中采用丰富多样的形式，在教学中纳入技术、实践、社会和艺术等多方面的内容。

（3）形成期（20世纪初到30年代）。1910年，随着美国教育署推广Rufus W.Stimson的家庭项目计划（Home Project Plan），研究者们开始在手工训练和工艺美术领域之外应用"项目方法"。从事学科教育的教师开始熟悉"项目方法"的理念。"项目方法"成为进步教育的一种象征，符合新的教育心理学的发展。因此，美国哥伦比亚大学教师学院教授、教育哲学家威廉·赫德·克伯屈（William Heard Kilpatrick）于1918年9月在哥伦比亚大学《师范学院学报》第19期上发表了文章 *The Project Method*，赋予"项目"新的定义。这不仅仅是基于杜威的"教育必须建立在经验基础之上"的理论，更是受到了爱德华·李·桑代克学习心理学的影响。克伯屈首次提出了设计（项目）学习的概念，引起了教育界的关注和兴趣，这篇论文被称为20世纪最有影响力的教学理论论文。在20世纪二三十年代，克伯屈的项目教学法在美国的初等学校和中学的低年级里得到了广泛应用。克伯屈说："我采用'设计（项目）'这个术语，就是专为表明有目的的行动，并且特别注重'目的'这个名词。"为此，他提出了四种设计：①"生产者之设计"（Producer's Project），其目的在于生产，就是享受着一个观念与一种计划，以实现某一观念或计划为目的，比如造一艘船、写一封信或演一出戏。②"消费者之设计"（Consumer's Project），其目的在于消费，就是享受某种美的经验，以享乐为目的，比如听一个故事或一种音乐、欣赏一幅画。③"问题设计"（Problem Project），其目的在于解答智力上的困难，就是训练智力上的能力去解决某种问题，以解决某一问题为目的，比如探索露水是否从天上落下的问题。④"熟练设计"（Drill Project），其目的在于获得某种知识或技能，使知识或技能达到某种程度，以获得知识、技能为目的，比如书法希望达到第十四级之类。克伯屈认为学校的课程可以组成四种主要的设计类型：创造性的或建构性的设计、问题的设计、具体的学习设计和鉴赏性的设计。克伯屈的课程设计思想为学校实施"项目"提供了一种模式。但克伯屈夸大了项目学习中学生中心的作用，认为整个学校的教学都应该依赖于学生已有的兴趣和经验，并成为极端儿童中心教育理论的坚决捍卫者之一。杜威反对单纯以学生为中心的课程，他认为学生无法自行制订项目活动计划，也不能完全独立地进行活动，他们需要教师的帮助，从而得到连续的学习和成长；他强调教师要为学生提供指导，项目不仅仅是学生单独参与的，而应该是教师和学生共同参与的；他认为教学计划内的知识传授活动与项目活动并不是对立的，而两者应该是互补的。

（4）低迷期（20世纪30年代到60年代）。从20世纪30年代开始，杜威教育理论遭到来自各方的批判。特别是20世纪50至60年代，随着苏联人造卫星的上天，杜威的教育理论被美国资产阶级教育界视作导致美国教育质量下降、科技水平落后于别国的重要根源。以美国为首的资本主义国家开始呼吁教育应该追求卓越，要重视科学教育和英才教育，而加强学科教育是实施儿童科学教育和英才教育的最佳途径。

这一阶段，学科主义课程成为热点，而包括项目课程在内的以学生为中心的活动课程遭到猛烈抨击，在"学科结构化""回归基础"的口号下，学科专家成为了学校课程开发和设计的主力军。美国认为苏联科学发达，乃是数学和科学教育的内容高深的缘故，于是美国国会于1958年通过了《国防教育法》，大幅度改革中小学的数学和科学课程，数学改动的幅度特别大，"新数学运动"前后实行了将近十年，总体上归于失败。因为学科专家所设计的课程没有充分考虑到学生的学习愿望、生活经验和学习能力，使学生迷惑和惶恐，学习兴趣遭到严重破坏，学业水平根本没有像专家预计的那样增高，反而大幅度下降。

（5）复苏期（20世纪60年代至今）。20世纪60至70年代的欧美国家，要求教育改革。在国外，项目方法既是教育理论研究的热点，又是教育改革实践的亮点。许多北欧和中欧国家的教育改革运动，如Comprehensive School Movement for Community Education、Open Curriculum、Practical Learning等，只要进入实施阶段，一定会提及"项目方法"。国外的许多教育工作者根据自己的教学实践纷纷开发了项目学习课程，这些课程对于培养学生的多元智力起到了积极的作用。

从20世纪60至70年代开始，新实用主义在美国哲学界乃至整个思想界的影响越来越大。"项目方法"成为中小学教学广泛采用的一种教学模式，教师们根据课程标准设计了各种紧扣学科的项目。例如，坎贝尔、拉泽尔设计的全年课程机会（The Year-long Curriculum Journey），萨莉·伯曼和卡茨等人设计的项目学习等。项目方法作为一种课程理念，具有丰富的内涵，融合许多教育理念，在教育改革中具有重要的地位和影响。萨莉·伯曼是美国从事多元智力研究、教学的专家，她以多元智力理论为指导，开发了多元智力课堂教学中的项目学习，设计出很多项目，并根据主题领域和学习者的年龄阶段去描述项目的各个方面。项目主要引导学生去解决问题。在萨莉·伯曼所设计的项目学习中，她认为项目可分为结构式项目、主题式项目、体裁式项目、模板式项目和开发式项目这五种，但往往一个独立的项目也许包含了这其中的两类或更多。

1971年，项目课程作为一门"新型"课程被列入德国某些学校的课表中。在德国，项目课程实施类型有多种。从教学组织形式来分，项目课程可分为以单元课时为教学实践的"项目课"、集中一天进行教学的"项目日"、集中一周时间（或一个月）进行教学的"项目周"（或"项目月"）、以课外兴趣组为组织形式的"项目兴趣课"以及连续一学期或几学期的"项目教程"等。Harmut Seifert从教学内容类型来分，项目课程又可分成专业内项目课程及跨专业项目课程两大类型。由于项目教学在培养被德国社会所公认的公民基本行为能力

（包括专业能力、方法能力、社会能力、个人能力）方面所表现出的独特优势，使项目教学几乎成为目前德国教育界讨论最热、研究最多的课题。人们在制订各类教学计划时，也越来越重视在学校课程体系中设置项目课程。

2. 国内项目式学习的发展

国内开展项目学习大致可以分为三个时期：引入期、反思期和复苏期。其中，引入期主要是从20世纪20年代左右到30年代，反思期是从30年代到20世纪末，复苏期从本世纪初到现在。最早将其引入国内并开始深入研究与实验的是教育家俞子夷。早在1913年，江苏省教育会就派出了由俞子夷、陈容和郭秉文组成的欧美教育考察团，在哥伦比亚大学师范学院，他们一方面如饥似渴地研读杜威、帕克、麦克默里兄弟等人的最新著作，另一方面到美国各地小学进行实地考察，研究它们的教材和教学法。回国后考察团输入的新式教学法范围广泛，无所不包，其特点都体现为儿童的"自发活动"。这期间俞子夷还参观了哥伦比亚大学师范学院附小，体会到了设计教学法的一些实际情景，奠定了他回国后尝试项目学习的基础。1916—1918年，江苏一师附小、上海万竹小学和南京高师附小进行了一些类似项目学习的改革实验，当时称之为"联络教材"[①]。由此也可以看出，"项目学习"并非克伯屈首创。我国在引入项目学习时，将"project method"翻译成了"设计教学法"，因此在当时的相关探讨中都使用"设计教学法"这一称谓。

从教育史的角度看，当时最早开始进行"设计教学法"实验的是上海万竹小学和南京高师附小，整体看在20世纪初我国进行项目学习实验的多是在小学，很少涉及初中和高中。在1916年至1917年，上海万竹小学试行以手工为中心、联络各科教材的方法。1918年秋，南京高等师范学校附属小学以乡土一科为中心，其他的文艺、唱歌、游戏、工艺等科都以乡土科的中心问题为标准，去选择材料。也有些学校以自然课或社会科为中心，例如研究"猪的生活"，阅读教"三个猪的故事"，作文做"小猪的快乐"，算数计划"猪肉的卖

[①] 易红郡."设计教学法"述评[J].课程·教材·教法,2013.

价",美术就画"老猪和小猪"等等。[①]有学者称此时处在模仿阶段。我国教育研究者正式开始实施项目学习是在1919年秋,由俞子夷开始在南京高师附小实行,第二年由沈百英和顾西林在江苏省立第一师范学校附属小学试验。据沈百英回忆,当时"上课时,我拿个小闹钟带着,可以掌握时间。没有上课、下课,也没有课内、课外,也不分科目。似乎很原始的,像没有学校的样子。进了课堂,我对学生第一句话就说:今后你们要学什么就学什么,你们要学什么我就教什么。比如说,学生要我讲一个故事,我就讲一个故事。半年以后,调查一下,学生的能力还是不差的。因为他自己喜欢学,学的效果也就是比较好"。俞子夷在南京高师附小方面的实验更为大胆,把学科性质相同或相近的几门学科组成混合科,如语言、文字、故事等合成一科,史地、公民、社会常识等合成一科,美术、劳作合成一科,便于儿童提出问题。儿童所学功课,由他们自己决定,自由选择,自由支配时间。经过一年多的摸索研究和试行,南京高师附小在全校包括幼稚园在内的13个班全面铺开"设计教学法",在当时小学教育界引起很大轰动,参观访问学习者络绎不绝[②]。可以说在当时,这两所学校开展的实验引起了很大反响,使"项目学习"成为备受关注的教学法。1921年10月全国第七届教育会联合会召开,会上提出了推行小学设计教学法案,标志着我国教育界对设计教学法的认可。议案中指出"教育先进国对于小学实施设计教学法,教材教法纯取活动的,准儿童心理发达之程度,取社会环境接触之事物,因势利导,以发展其固有之本能,学者既饶兴味,教育亦无标格,法良意美,无逾于此。现在吾国试用其法者,渐见成绩,宜指定各省区师范学校将设计教学法加以研究,并由师范附属小学及城市规模较大之小学先行实施,作为模范,俾资仿效。庶教学良法,可逐渐推及全国矣"[③]。可见当时对于项目学习的重视。教育会联合会的决议案有力地推动了设计教学法在中国小学教育界的广泛实验和传播,推广的方式有参观、考察、演讲会、暑假讲习

[①] 张彩云.克伯屈与近现代中国教育[D].武汉:华中师范大学,2003.
[②] 张彩云.克伯屈与近现代中国教育[D].武汉:华中师范大学,2003.
[③]《第七届全国教育会联合大会有关决议案·推行小学校设计法案》,李桂林,戚名琇,钱曼倩编:《中国近代教育史资料汇编·普通教育》,上海教育出版社2007年版,524.

会、暑假学校等，最终于 20 年代中期形成实验高潮。实验学校的数量增多，关于设计教学法的著作和文章频频刊出，据统计，中国教育者的相关撰著有 13 种，论文 118 篇。[1]可见当时，确实产生了项目学习研究和实验的"热"，形成了以《教育杂志》《中华教育界》和《新教育》为主要刊物的宣传阵地。

《教育杂志》最早介绍设计教学法的文章是厚生的《设计法是什么》。文章说："现在美国教育上盛行研究的问题很多，设计法亦是他当中的一个。"作者从各方面来对设计法进行解读："设计的字义""成功术语的设计""一单位活动的设计""为教育上术语的设计""设计的练习与问题练习""设计与练习的区别""家庭与学校作业所含设计的要素比较""作业的设计"。[2]随后该刊连续发表了知我的《设计教学法的研究》、杨贤江翻译的《近代史的设计教学法》、慈心翻译的《马克马利底"设计教学"》、太玄翻译的《基尔巴脱利克论设计教育法》、吴家煦的《理科的设计教学法》、杨贤江翻译的《设计教学法举例》、王家鳌的《我第一次试行"设计教学"的情形》等一系列专题研究文章。《中华教育界》对于设计教学法的关注，一点也不亚于《教育杂志》，该刊于第 10 卷第 10 期刊发了曹刍的《设计教学法的价值》一文后，在短短的两年间，又刊发了十余篇专题研究设计教学法论文。《新教育》办刊时间不长，但从 1922 年第 4 卷 5 期起，也先后刊发了陈宝泉的《对于设计教学法辑要的感想》等文章共 10 篇。王博通过对这些期刊的梳理发现，当时的学者主要从"设计教学法"的涵义、价值、实施几个方面进行探讨[3]。

除此之外，北京高等师范学校出版的《平民教育》推出了"设计法号"，刊出了康绍参的《设计法缘起的一个简单叙述》《什么是设计所包含的概念》，罗睿的《设计法初步之研究》、叶德生的《设计教授法之要义》、导之的《杜威的教育哲学与设计教学法》、薛鸿志的《侯雷斯门学校设计法之示例》、黄公觉

---

[1] 盛朗西.介绍中国学者关于设计法与道尔顿制之主要著述[J].教育杂志,1924,10.
[2] 厚生.设计法是什么[J].教育杂志,1921,13(5).
[3] 王博.清末民初教育期刊对教学变革的影响之研究(1901—1922)[D].长沙:湖南师范大学,2013.

的《设计的标准》共7篇文章,集中版面、专题研讨设计教学法。[1]另外在当时的杂志中,一些投身实践的教师们将试验过程发表于各大杂志,既增强了设计教学法的宣传,也增加了开展相关研究的交流。在《教育杂志》和《中华教育界》等刊物可以看到有很多个案报告。

1924年,国内局势一直处在极度动乱之中,教育经费困难,不少学校关闭和停学,教师无法按月领到薪金,对新教学方法也就无暇顾及,同时随着教育救国论在实际应用中碰壁,教育界出现分化。1927年,国民党推行党化教育,像设计教学法这样一些资产阶级自由主义色彩的教学流派的活动受到抑制。从设计教学法自身看,由于其理论上的偏颇,兼之教育界试行过程中盲目的搬用和抄袭,以方法为目的,导致了教学质量上的新困惑,这使得教育界人士试验设计教学法的热情与希望受到挫伤,教育界部分人士对新教学方法作了审视和反思,有的还力图结合中国的国情,谨慎对待西方新教学方法的实施。[2]崔唐卿曾经撰文指出设计教学法缺点有三:不易保存各科论理的线索;不易得到各人普遍的发展和完整的经验;对于设计方面,比较平常不甚经济。总结起来看,当时的一些学者认为设计教学法的缺点有:(1)永久的价值常受制于目前的目的;(2)缺乏论理的组织,难得系统的知识;(3)畸形发展;(4)各科教材不便尽用;(5)单级或复式的乡村小学难于适用。[3]另外,设计教学法还受师资、经费、教学设备等方面因素的限制,因此,设计教学法在中国开始走向低迷期。虽然后面克伯屈本人两次来到中国,并对设计教学法进行了指导和宣传,可其存在的问题并没有得到解决。这不仅仅有当时时局动荡的原因,也有设计教学法本身的原因。此后直到1955年有学者开始批判项目学习,指出新中国成立前项目学习失败的种种原因,虽然批判文章带有很重的阶级斗争立场,但是指出的问题却是如实存在。

---

[1] 王博.清末民初教育期刊对教学变革的影响之研究(1902-1922)[D].长沙:湖南师范大学,2013.

[2] 吴洪成,彭泽平.设计教学法在近代中国的实验[J].高等师范教育研究,1998(6),70.

[3] 熊明安,周洪宇.中国近现代教育实验史[M].济南:山东教育出版社,2000,127.

国内开始大量关注项目学习是从 20 世纪末开始的，特别是在一线教学领域进行了重点讨论。1995 年《科学课》杂志先后刊登了德国安内莉泽·波拉克女士在中德自然常识研讨会上所介绍的《德国家乡常识课项目设计教学实例》的两篇翻译稿，介绍了项目教学法的价值及其在德国基础教育教学中的应用。1998 年，福建行政学院福建经济管理干部学院学报刊登了一篇名为《项目教学法的培训效果初探》的论文，介绍了工商管理干部培训中应用项目教学法的收获，成为第一篇描述项目学习在成人教育中应用的论文。1999 年《中国培训》以"'项目教学法'——一种有益的尝试"为题介绍了项目教学法在企业培训中的效果。该文分别被《成人教育》(2000 年第 4 期)、《教学与管理》(2000 年第 8 期) 以《什么是项目教学法》为题转载。2000 年，《职教论坛》以《国外职教的教学方法》一文将项目学习介绍到我国职业教育领域；与此同时，张彦通的《英国高等教育"能力教育宣言"与"基于行动的学习"模式》一文介绍了英国莱斯特大学的项目教学模式，认为"项目教学作为英国高等院校人才培养模式之一，对我国的教育教学改革具有积极的借鉴意义"。至此，有关项目学习的研究，逐渐渗透到我国基础教育、职业或成人教育，以及高等教育等各教育领域中。近年来，研究从国外项目学习的内涵、意义及其理论基础介绍，到课堂实践与应用研究；不仅研究领域和研究内容有所拓宽，而且论文撰写的数目也大幅度攀升。但是整体看项目学习在我国基本还处于引入阶段和初级发展阶段，不仅相关深入研究较少，在教学、资源开发方面的实践也并不系统全面。

(六) 数学项目式学习

1. 数学项目式学习的定义

数学项目式学习与项目式学习的差异在于学科性，是在数学学科内部应用项目式学习的理论、方法等进行数学教学和学习，既是一种教学方法，也是学习方法。数学项目式学习的学科性并不是说在开展数学项目式学习过程中不存在或者不应用其他学科知识，而是在进行数学项目式学习的过程中更加突出数学知识的学习、数学能力的培养，以及项目达成后的评价中更加强调数学性。在实际操作中往往数学知识的设定要依据数学课程标准而行，评价的要点也要关注学生对数学知识的理解和运用情况，而不能单单关注对项目任务的完成情况。

项目式学习中最主要的特点是有驱动问题和任务作品，学生在学习时会接到小组的驱动问题（例如：如何测量旗杆的高度），同时学生也会得到明确的任务要求，形成一个最终的作品（例如：设计一个测量旗杆的方案）。在这个过程中学生进行小组合作，制订小组计划来完成任务。项目的驱动问题和作品都会比较生活化、实际化，但是学生要想完成这个作品就一定要用到具体知识，并在合作学习中学得知识。在这种项目式学习模式下将大大激发和提高学生的学习兴趣、合作能力、沟通能力、问题解决能力、创造力等等，解决所学知识与生活实际相脱离的问题。

数学项目式学习可以简单理解为将项目式学习方式应用到数学学科当中，学生所要完成的作品必须要用到数学知识，这样就在完成项目活动中学到了知识。基于项目方式的学科教学最大的难点在于如何设计出合适的学习资源，如何在教学中不割裂知识的系统性。这些也是多年来学者们对项目式学习应用到具体学科时担心的问题。在目前的研究中将重新设计项目式学习的教学模式，改变项目式学习中一些会造成知识割裂、教师难以把控课堂的问题。

首先，基于课程标准研发数学项目式学习资源。学习资源的开发保证了数学知识的逻辑体系，完全应用所学知识进行问题解决，同时不超过课程标准要求。从项目的角度看，学习资源中已经呈现出了完成项目的计划，无须学生进行过多的发散思考，避免了项目进行中的混乱；其次，在具体教学方式上进行调整，将教师的讲授、学生的自主学习、合作学习融合在一起，既做到以学生为中心的教学，同时也最大程度发挥教师的引导作用；第三，项目任务贯穿整个学习过程，学生所学的每一个知识点都能与最终要完成的作品有直接联系，增强学生的学习动机；第四，在最终的作品上兼顾学生的学情，设计学生能够完成的任务，同时也能激发学生学习兴趣。学生通过小组合作完成作品并进行展示汇报，在这个过程中锻炼学生多项能力。

2. 数学项目式学习的特点

(1)内容综合性。数学教育要培养学生的数学能力、数学素养等等,但是学生在学习数学知识之外也要有其他知识的学习,特别是那些与数学知识密切相关的内容。因此,在数学项目学习过程中,学生会直接体验到数学知识的应用,感受到数学与其他学科,与生活、与世界的密切联系,进而改变以往对数学的狭隘认识,更好地认识到数学对人类发展的重要意义。

(2)学习自主性。学生直接参与学习过程,从收集信息、制订计划、选择方案、实现目标、反馈信息到评价成果,学生参与整个过程的每个环节,做活动的主人——学生既了解总体,又清楚每个具体环节的细节,创造了使学生充分发挥潜能的宽松环境。学生的学习较多采用工作小组方式进行,同时创造条件、创设真实的职业情景,以工作任务为依托的项目教学,使学生置身于真实的或模拟的工作环境、生活环境中,让学生能积极主动地去探索、尝试,这便于学生发挥特长,有助于形成每个学生的责任感与协作精神,及时体验到个人与集体共同成长的快乐。

(3)教学开放性。开放性不仅体现在学生围绕主题所探索的方式、方法、展示、评价具有多样性和选择性,而且教师在进行教学中也可以有更多的开放空间,以往教学中教师基本要严格按照教学设计进行,所进行的一些变化也多是一些小情境、小环节的改变。但是在数学项目学习中,教师和学生同时置身于一个十分开放的环境中,教师可以引导学生进行更有挑战性的任务,也可以不拘泥于常规的授课流程,灵活采用多种教学方式进行授课,这种灵活的开放性大大改变了"僵化"的授课模式。

(4)参与广泛性。在数学项目学习过程中,学生往往被分成若干个小组,小组分配的任务基本一致,这样就促成了学生之间的竞争心理,在集体荣誉下很容易激发每个学生的热情。项目的背景多是生活实践类型,与数学知识并不直接相关,在形式上将知识内隐,这样就会打消数学较弱学生的防御心理,使其能够参与进来,进而体会数学的价值。所以在数学项目学习中具有很强的学生参与性。

(5)评价多元性。在项目学习中,评价是至关重要的。学生往往会忽视评价部分,仅仅关注作品的呈现,但是作为教师要重点抓住评价环节。评价要贯穿整个活动,不能仅仅进行最后的总结性评价。在评价方式上不仅用笔试、口试考核学生掌握知识的程度,更强调运用知识完成项目的方式,考核综合运用知识与技能、解决实际问题的能力。在评价标准上要灵活运用绝对评价,是否达到教学的目标要求、进步程度,以利于学生职业能力、实践能力、创新能力的培养。评价解决问题的学习成果的标准并不是对与错,而是"好"与"更好"。评价主体方面要鼓励学生对自己的学习成果、独立探究的自学—探索能力、小组合作的社交—管理能力、合作精神和积极参与的行为表现,进行主动、客观的自我评价,总结自己的体验;鼓励学生之间的相互评价,促进对自身学习成果的反思;与此同时,教师给予恰当指导;着重帮助学生对教学目标、过程和效果进行反思;对学生的评价更注重对学习的指导。在此基础上,教师进行指导性评价,既要关注学生已达到的程度与水平,更要关注学生职业行为能力的生成与变化。

3. 数学项目式学习的价值意义

教育是社会发展和个体发展之间的中介,社会发展必然对人的素质,进而对教育体系提出新的要求,促进教育的改革。国际 21 世纪教育委员会向联合国教科文组织提交的报告中提出:"教育应该促进每个人的全面发展,即身心、智力、敏感性、审美意识、个人责任感、精神价值等方面的发展。"从中不难看出 21 世纪教育发展的基本图景。新世纪各国、各组织都开展了很多关于学生面对 21 世纪挑战而应具备的技能的探讨。例如美国研究制定的 21 世纪技能,从学习和创新,信息、媒体与技术,生活与职业技能三个维度进行了阐释。我国教育部刚刚发布了中国学生发展核心素养,以科学性、时代性和民族性为基本原则,以培养"全面发展的人"为核心,分为文化基础、自主发展、社会参与三个方面。综合表现为人文底蕴、科学精神、学会学习、健康生活、责任担当、实践创新六大素养(图 3-4)。

图 3-4　中国学生发展核心素养

虽然各个国家对于学生未来应具备的能力、素养的规定在细节上有所差异，但是整体都普遍认为未来社会需要的是更加全面发展的人，学生具备的知识将更为丰富。而很多能力是现行的教育中所忽视的，甚至是没有给予学生的。2016 年北京市教委进行中考改革，改革后学生之间的差异被缩小了，但是学生的发展空间更大了，更能体现出每个学生的专长，更有利于学生的发展。学生的知识不是生而养成的，后天教育是必不可少的，如果在教育中能够给予学生更多引导，不仅给予知识，还培养能力，将会更好地促进学生的全面发展。

项目式学习（Project-Based Learning）也称为 PBL。

1.PBL 能够充分发挥学生的自主性。PBL 的一个重要原则就是学生根据自身的兴趣来选择学习的主题和内容，学生对学习有充分的自主选择权利。由于学习的话题和内容是学生根据自身的兴趣和特长来选择的，所以自始至终学生都能保持高度的学习热情，他们会积极地去探究，去发现问题和解决问题。在这种学习活动中学生真正成为了学习的主体，从选题、收集资料开始到作品制作、展示的全过程，都是学生自主决断的过程，教师往往只起到指导和协助的作用。在整个学习过程中，学生可以真正展示自信、自立、自强的精神风貌，充分体现学生自主的原则。所以这种学习活动是真正意义上的自主学习。学生在学习活动中具有主体意识和自主意识，不断激发自己的学习激情，不断发挥自己的主观能动性和创造性。由于 PBL 充分尊重学生的个性，所以学习者在学习的过程中完全可以拥有自身的学习方式、学习手段、学习风格和学习策略。

2.PBL 强调的是各种学科知识的交叉。学科知识的综合性是 PBL 的一个典型特征，在 PBL 中，其研究的问题是跨学科的，即这个问题学生是无法单纯依靠某一门学科知识来进行解决的，所以 PBL 强调综合运用多门学科知识来解决问题。在 PBL 活动中，学生会逐渐学会综合利用多种知识来解决问题的技能，这种学习能够打破以往将知识割裂应用和教学的弊端。

3.PBL 强调学习与现实生活的联系。由于 PBL 研究的问题主要是现实生活中存在的一些问题，它能很好地将学科知识与现实生活联系起来，所以它能够克服当前基础教育课程脱离学生自身生活和社会生活的倾向。与传统教学相比，PBL 是一种突破教室、突破课堂的有效方式。因为 PBL 需要借助众多的社会资源，它要求学生对课堂外的现实世界进行调查研究，通过一系列活动如收集资料、现场观察、专家访谈等来与现实生活相联系。

4.PBL 有利于协作精神的培养。传统教学中因应试教育的影响，学生之间往往是一种竞争关系。PBL 模式强调学生的协作，学习者之间是一种分工与合作的关系。由于 PBL 的一个项目任务往往无法一个人单独完成，所以它采用了小组合作学习的方式。在这种学习活动中学习者之间往往需要达成一致的意见，对学习任务进行合理的分工，并且适时地进行协调和讨论。它充分体现了合作学习的精神，加强了学习者之间的相互理解。

5.PBL 有利于学生创新精神的培养。由于 PBL 的学习内容并不是书本上的知识，而是现实生活中的一些实际问题，所以学生需要创造性地利用所习得的知识与技能来解决问题。PBL 为学生创造了发挥创造力的宽松环境，为学生创造了充分挖掘自身的智慧潜能、激发创造力的学习机会。

6.PBL 有利于学生动手能力的培养。在 PBL 的学习中，学生往往需要完成一个具体的实际作品。面对一个具体物化的作品，学生必然要实际动手操作，这在一定程度上锻炼了学生的动手能力。

7.PBL 有利于培养学生学会学习的能力。重视学习方法的知识性是终身学习和终身教育的目标，立足现实社会复杂而综合的社会生活问题，使学生学会处理信息的各种方法也是 PBL 的基本目标。在 PBL 中学生将学会信息收集与交流的方法、调查和访问的技巧、统计测量的方法、发表和讨论的方法以及自我评价和相互评价的方法，从而具备终身学习的能力。

4. 数学项目学习课程与数学活动课程、数学综合实践课程、STEM 之间有哪些区别与联系

数学项目式学习与综合实践课程、数学活动课是有着差异的，虽然从表面上看都是进行着各种与数学密切相关的活动，但是在活动主线、学习设计等方面是不同的。在综合实践课上，学生是在已经学习了数学知识后进行实践应用，而在数学项目式学习课中，学生是在没有接触、掌握相关数学知识的前提下进行学习。前者是学了知识进行应用，后者是在应用与学习的交互中不断掌握知识，将学习与应用融合在一起进行。在数学活动课上，往往是就很小的一个主题进行数学活动，学生也多是学习了一定数学知识进行应用，或者是利用活动学习有限的数学知识，活动课往往以知识的习得作为结束，内容少、时间短。在数学项目式学习课上，一般要进行一个长时间的项目过程，少则几节课，多则几周，或者几个月。而且最为关键的是在项目式学习课上学生和老师始终有一个驱动问题作为主线，学生最后的目的性非常明确，一定要完成一个最终作品，这在数学活动课上体现得并不明显。

2006 年 1 月 31 日，美国总统在其国情咨文中公布一项重要计划——《美国竞争力计划》(American Competitiveness Initiative，ACI)，提出知识经济时代教育目标之一是培养具有 STEM 素养的人才，并称其为全球竞争力的关键。由此，美国在 STEM 教育方面不断加大投入，鼓励学生主修科学、技术、工程和数学，培养其科技理工素养。目前 STEM 教育在欧美比较流行，我国有部分学校开始进行尝试。STEM 分别代表科学（Science）、技术（Technology）、工程（Engineering）、数学（Mathematics）四个学科，是一种典型的学科融合教育。近年来在人文类学者的不断呼吁下，STEM 教育逐渐扩展到了人文类学科，增加了艺术（Art），演变为 STEAM。从中可以看出数学是 STEAM 教育中的一个组成部分，在一些成熟的 STEM 教学案例中，数学往往是背后关键的知识要素，学生要完成一个作品需要依靠很多数学知识才能完成，这一点与数学项目式学习是相同的。

差异性方面，数学项目式学习更加强调的是数学知识的学习、数学目标的达成。而在 STEM 教育中并不明显强调数学，数学往往是作为工具性的应用。从教学方法角度看，STEM 是一种学科融合的教育方式，而项目式学习是一种具体的教学和学习方法，所以，在 STEM 教育中多数采用了项目式学习的方式进行。教师给学生设定一个任务，然后学生进行小组讨论，制订计划，不断地完成任务。

5. 数学项目式学习的开发原则

数学项目学习的资源是进行数学项目学习的基础，只有以相对可行的资源作为依托才能进一步开展项目学习活动。由于项目学习本身的开放性，资源也具有很高的开放性，不过并不是任何项目资源都可以用来开展项目学习教学。通过实践梳理，有三点主要原则需要在资源开发中密切关注：

知识针对性：进行项目学习一定有其具体目的，不能单纯只是为了开展一个活动，背后所承载的知识一定要清晰明确。例如，让学生搜集资料，开展一个有关古诗词鉴赏的项目，从项目本身来讲是一个好项目，但是从数学学科角度看就失去了基本价值，与数学的关联太弱，难以承载起数学知识的教学。因此，在进行数学项目学习资源开发中一定要首先明确所有承载的数学知识内容，所开展的项目一定要能够很好地应用该知识，达到通过完成任务来学习知识的目的。

成果操作性：可操作性是项目学习要关注的另外一个原则。有时一个好的项目作品并不一定能够完成，这里面的原因比较多，可能是学生知识储备还不够，可能是学校环境不允许，也可能是时间、空间不满足等等。因此，项目的最终完成一定要能够符合学生现实背景，既要符合学生的认知能力，能够应用知识，也要满足学校、班级的现有条件。只有让学生在一定的努力、思考后能完成一个项目，才能使背后的数学知识得以完好体现。

情境简单性：项目背景选择多是生活性的，要与学生的认知、经验相匹配。如果选择一个科学性较深的，或者离学生生活较远、学生难以接触到的背景，就会使学生失去兴趣。例如，城市学校的项目背景中出现地铁、机场等等是可行的，但是在农村学校出现就有些不合适。不过这也要取决于学校的实际情况，由教师进行把握。

6. 数学项目式学习的开发流程

项目学习资源应该是使学生更容易理解所学的数学内容，也更容易激发学生的学习兴趣，使学生快速进入问题情境当中，并按照项目预设进行数学学习。这种数学项目学习资源应是知识、情境、方法的融合，并非一个简单的任务提出。需要按照课程标准的要求，严格精细地设计每一个环节、流程。

（1）基于课程标准确定项目目标。数学项目学习从学习形式上看比较自由，学生有更多的发挥空间，但是归根到底还是数学学习。学生要在项目学习过程中学得数学知识，项目要求学生所使用的知识和技能应是课程关注的焦点内容，而不是传统教学后的一种补充。因此，数学项目学习的资源开发一定要依据课程标准进行，不能仅仅考虑项目情境本身。不能因为某个项目中可以用到数学知识，就引导学生去完成一次数学项目学习活动，忽视了课程标准的要求。在具体的项目资源开发中要先明确项目的学习目标，项目目标的确定要结合课程标准的要求，或者可以说项目的目标就是为了要实现课程标准的要求。一个数学项目学习资源是否适合学生学习，首先要用课程标准这把尺子来衡量，严重超过数学课程标准的项目是不合适的。反之，项目要求过低于课程标准也会失去数学学习的意义。因此，在开发数学项目学习资源时，第一步是要明确项目的学习目标，有了明确的目标才能更好地完成后面的工作。

此处的项目学习目标仅是"知识性目标"，根据后面资源开发的实际情况，要增加"项目性目标"。在这个过程中，项目的"知识性目标"也会不断调整兼顾项目情境与数学知识的融合。因此，此处的"目标"仅是一个初定目标，并非最终的目标，但是却能起到提纲挈领的重要作用，为整个项目的开发奠定基础。

(2)联系生活实际设计驱动问题。项目学习需要有挑战性的任务,学生在解决问题的过程中进行设计、问题解决、决策或者调查活动,整个过程中要充分发挥学生的自主性,项目学习最终以产品或者陈述等形式结束。项目学习一个最大的特点是要有"驱动问题",这个驱动问题直指最后的作品成果,学生在进行项目学习时要首先从驱动问题入手。因此,驱动问题也成为能否驱动学生进行深入学习的关键。一个好的驱动问题一定要具有兴趣性、操作性、实际性、简洁性。

首先,兴趣是最好的老师。很多研究者都指出学生不爱学习的主要原因是没有兴趣。所以驱动问题的设置一定要有趣,要能激发学生的求知欲望,让学生投身到项目活动中来。其次,驱动问题要有可操作性,有时一个可以激发学生兴趣的问题容易找到,但是切实可行的却不多。对于初中学生而言,自身所掌握的知识、所占有的资源非常有限,如果提出了高精尖类的项目问题,他们是无法完成的,所以驱动问题一定要让学生能够通过自身的知识和即将要学习的知识来完成。与此同时,项目的开展一定要考虑学校的具体情况,符合学校的资源配置现状。第三,驱动问题要具有实际性。这个实际性是指驱动问题的选择要尽量贴近生活实际或者数学实际。如果能够让学生在完成一件生活实际任务、在解决一个实际问题的过程中学习数学,将会彻底改变数学不切实际的观念。另外,由于数学是一个高度抽象的学科,一些知识确实难以在生活中找到原型。那么我们就可以设计一个数学内部的驱动问题,就数学而研究数学。在学习中仍然保持项目学习的模式和环节,同样也能激发学习兴趣,形成一个好的数学项目。第四,驱动问题的设计要有简洁性。尽量使用一句话来表达清楚所要做的工作,譬如使用以"如何""怎样""为何"等疑问词语开头的一句话作为驱动问题的表述。虽然只有一句话,但是却包含了很多信息,既有数学知识的内容又有项目作品的要求,这样设计往往能够激发学生的学习兴趣,使其尽快投入到学习当中。

(3)梳理知识脉络调整项目结构。在明确了项目目标,设计好了驱动问题之后就进入到了开发项目资源的主体部分——项目学习资源主体内容。在一些已经开展的数学项目学习活动中，学生在领到了驱动问题后往往通过小组合作完成任务，并没有具体的参考资料，也没有相关的辅助资源。笔者认为数学项目学习的重点要依托数学课程标准，如果让学生进行过于宽泛的项目思考，会让学生忽视数学知识的学习，既不利于教师的指导，也失去了进行数学项目学习的意义。因此，在开发项目学习资源时一定要为学生细化一些项目流程，搭建相对成熟的项目进展框架。要让学生的活动处在一个可控的范围内，而这个"可控"就是围绕对数学知识的学习。鉴于此，数学项目学习资源的开发者要根据设计的驱动问题进行后面的流程设计，项目设计者要预先完成一次项目学习的全过程，进一步明确项目作品所需要的数学知识，进而确定项目的子任务。再根据子任务的情况，分割成若干个子问题。最后结合具体实际，确定学习方式是自主学习还是合作学习。

这一环节的主要目的是明确项目学习的流程，同时也要进一步细化学习的目标。经过这一环节的设计，项目学习资源的内容框架已经搭建完毕，形成了由项目目标、驱动问题、子任务、子问题构成的四级框架结构（图3-5）。

图3-5 项目学习资源的内容框架

（4）根据实际学情制定作品要求。项目作品是项目学习的最终成果，也是区别于其他形式学习的重要特点。作品的形式可以多种多样，有实物类的，也可以有虚拟类的，有创意类的，也可以有活动类的。具体呈现形式也可以丰富多彩，可以是模型、海报、PPT、黑板报或者小短剧、诗歌朗诵等等。总之作品不要拘泥于形式，这个环节要最大可能地激发学生的创新意识，锻炼学生的合作能力和沟通能力。一个好的项目作品要求至少兼顾两方面的考虑，即具有知识性和可行性。一方面，作品是进行项目学习的实体呈现，而这种呈现中一定不能忽视数学知识的呈现。因此，在项目作品要求中，学生的设计能够体现出数学元素，要用到所学的知识。如果在作品中没有体现出数学知识，作品即使非常具有创意，也会影响最后的评价。另一方面，作品要符合客观实际，符合学校的资源配置，符合学生能力水平以及区域资源情况。例如在城市条件较好的学校，可以设计一些在材料、信息技术等方面有一定难度的作品。可以要求学生进行多媒体展示，也可以设计一些信息技术类或者科技元素含量较高、题材很新颖的作品。在一些条件一般、师资力量相对薄弱的学校，学生接触到的信息有限，学校的资源配置也有限，这时对作品的要求可以适当降低，结合实际让学生可以完成，防止仅仅在课堂上想一想、说一说，而没有实际行动。如果学生没有亲自动手参与到项目活动中，仅仅停留在对一些文本的学习，那就失去了开展项目学习的意义，项目学习所带来的对反思、合作、交流、创新意识的培养都将无法实现。

(5)提供辅助资源开展巩固练习。在完成以上四个步骤之后，一个数学项目学习资源的开发基本完毕。不过，项目学习毕竟是要求学生完成一件具有挑战性的任务，学生在项目活动开展时不仅会遇到知识上的新内容，也会遇到知识以外的新内容，面对这些挑战性的问题，教师提供一些辅助资源帮助学生完成作品，在国外的研究中称之为"脚手架"（Scaffold）。这种辅助资源可以是针对作品的设计，也可以是针对学生对数学知识的理解和掌握。具体形式可以是作品样例、图片、网络资源等，也可以是对某些关键知识的讲解。但是资源的提供要有一定的度，否则会影响学生的积极性，降低探究学习中的乐趣体验，限制创造意识的培养。

为了加深学生对相关数学知识的掌握，在进行项目学习资源开发时还要设置配套的数学习题或者是项目习题。可以是带有项目背景的练习，也可以是完全抽象后的数学练习题。这些习题不仅可以强化学生对数学知识的学习，也能为后面制作项目作品提供帮助。

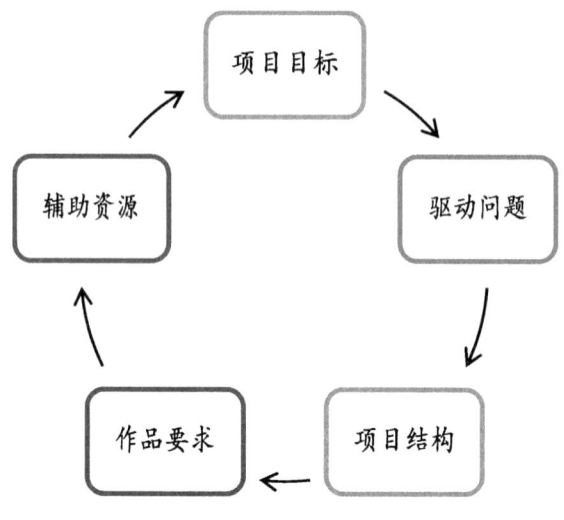

图 3-6　数学项目学习资源开发流程框架

开发数学项目学习资源大致有这样五个步骤：项目目标，驱动问题，项目结构，作品要求，辅助资源。图 3-6 中所给出的顺序只是一个逻辑上的顺序，在实际项目资源的开发中往往要进行不断的反复探索和更新，要经过多轮的反复推敲才能最终成形。因此，项目资源的开发设计是一个循环往复的过程，要经过不断的打磨才能开发出一个既达到数学知识要求，又满足项目要求的学习资源。

7. 数学项目式学习在教学中的作用

（1）激发兴趣，促进学生主动参与数学学习。教学的真谛在于激发学生的学习兴趣。但传统的教学中，教师往往根据教学大纲规定的教学目标传授知识，学生完全是命令的接受者，学习都是按照预设的过程进行的，毫无兴趣可言。而在项目学习中，学生可以自己选择感兴趣的主题，也可以在教师提供的几个能引起他们兴趣的主题中进行选择，确定目标，寻找材料进行学习。由于是学生自己选主题、找材料，项目学习的内容就容易与学生的经验或知识背景发生联系，从而唤醒学生的参与意识，激发学习动机。项目学习还能够为学生营造逼真的学习实践场景，通过将数学知识融入学生的日常经验中，激发学习兴趣，促进学生主动参与数学学习。

（2）启迪思维，引导学生探寻解决问题的策略。项目学习立足于产品（作品）的制作，以驱动性问题或者为了某个问题的解决而激发学生的学习，学生在真实（模拟真实）的问题情景中，探究驱动性问题，学习并应用学科的重要知识，寻找驱动性问题的答案。教师在教学过程中，应创造性地构思启发性提示语，启迪学生的数学思维，引导学生探寻解决问题的策略。成功有效的启发性提示语必须"由远及近"地提出。例如，在"探寻奥运会会徽后面的数学"这个项目教学中，可以这样"由远及近"地引导学生经历、理解、反思知识的发生发展过程："运用简单平面图形及其组合，你能重现奥运会会徽吗？""在历届奥运会会徽中，能找到图形旋转、对称或者平移吗？""有些会徽曲线流畅优美，有些会徽虽然是平面图形却带有立体感，这是为什么呢？"在这一过程中探寻解决问题的策略。

（3）总结经验，促进学生的反思与批判性评价。学生的反思是数学教学必不可少的一个环节，而反思的能力和其他能力一样，需要教师有意识地培养。项目学习是让学生在真实或模拟真实的复杂问题情景中活动，需要学生在活动过程中查找实验中的漏洞，不断调整思路，改变活动的方向，方能达到预期结果。教师在教学过程中要和学生一起总结失败和成功的经验，促进学生在活动过程中不断反思或者带着自我批评与批判性的眼光看待学习过程。特别在组织小组讨论时，要让学生反思自己在项目活动里进行了什么样的数学活动，用什么方式活动的，数学活动中自己是否具备良好的条件，进行了哪些修正，等。项目活动结束后，还可以让学生回到数学课堂中梳理与巩固自己在活动中形成的知识，课后撰写项目报告，记录各自的经验、心情、批评与反思。这是数学内化的需要，也是学生了解、认识自己，获得数学学习经验、思想方法的需要。

8. 数学项目式学习的成果展示与评价原则

在具体的教学中，项目最后的作品展示是一个非常关键的环节。学生的知识掌握程度往往在这个阶段就能看出来。成果的展示方式可以多种多样，特别是现在教室中普遍有信息技术设备，教师可以引导学生通过多媒体等设备进行展示。成果展示除了项目本身的要求外，还可以采用海报、黑板报、PPT、情景剧、舞蹈、诗歌、论文等等多种形式，在具体展示中不仅仅是将小组的作品呈现出来，而是在这个环节中培养学生的交流、展示、提问等能力。通常要求每个小组都要进行汇报，汇报形式可以由小组自行决定，最好是每个学生都能发言，在小组发言时其他小组提问，这样的设计就锻炼了学生提问、表达、交流、合作的能力，同时，学生对知识的掌握也得以体现。

项目学习的评价应当考虑到动态与静态评价、隐性与显性评价、主体与客体评价等诸多因素，为此在项目学习评价过程中要体现以下原则：

(1) 自评主体原则。项目学习的评价要让学生明确在项目学习中自己应当做什么、怎么做，学什么、怎么学，在哪些方面要对自我进行评价。学生的自我评价是让学生能够明确自己的努力方向，而不是刻意做作，花费大量的时间去自我评价。在项目学习过程中，要求学生自觉地按照教师的引导去学习、操作，当一个项目完成后，很自然地就完成了自我评价。教师对学生的评价此时仅是对学生自评的一种补充与激励。自评要使学生发现自我的进步、自身的价值，从而把学习变成自主、研究性学习的过程。项目教学中，学生是活动的主体，对主体的评价是评价的核心，其他的评价应当围绕学生这一主体进行。

(2) 互动互评原则。项目教学是以典型产品（或技能）展开的知识与技能的学习。这一学习过程中有几个典型特征，即团队合作、共同探究、互相促进等。在项目活动中要鼓励学生积极地开展互评、互学、互助，善于发现别人的优点（如速度快、质量好），既要评价表扬优点，同时也乐于帮助他人克服缺点（如操作错误、动作不合理等）。项目教学本身就是一个团队合作学习的情境，在这个情境中，要充分注意互评、互动的原则，别人的操作经验就是自己的一面镜子，这有利于自己少走弯路，当然自己更应当争做"一面优秀的镜子"，供别人借鉴。

(3) 激励与发展性原则。常规教学的评价相对于项目教学而言有着严重的不足。常规教学评价的主要功能是甄别、鉴定，它不可能使所有的同学都得到很高的评价。而项目教学的评价是营造一种让每个同学的个性都得到充分发展情境的评价机制，肯定学生研究性学习、创造性工作的价值，评价的是学生取得了哪些进步，让每位同学都得到充分的发展，让每位同学都有充分的理由将自己评价为"优"。激励与发展性原则是项目学习评价的目的所在。

（4）形成性与终结评价相结合的原则。每一个项目产品完成后都应当进行评价，而这一评价主要采用自评与教师评价相结合的方法（此时如果用学生互评对学生个体进行评价，一是浪费时间，二是标准容易失控，欠公平公正）。项目产品评价是通过过程评价而自然生成的，这是形成性评价。当我们向用人单位推荐学生时，我们必须承认每个学生是有差异的，因此，我们还必须有终结性评价。终结性评价是对一门课程进行的技能与知识的考核，是理论和实践一体的评价。过程评价是自然生成的，但它对学生的技能形成、知识的学习起着至关重要的作用。过程评价应当在项目学习过程中去体现，过程评价还要能体现产品的质量与产品是否成功。终结性考试应当有技能考核和理论考核。学生的技能、知识掌握的个别差异可以通过总成绩及终结性评价来体现，学生的素质、平时学习的成效应通过形成性评价来体现，两者结合对学生进行综合评价，这就是形成性评价与终结性评价相结合的原则。

（七）项目式学习小结

通过对国内外有关项目式学习的文献梳理后发现，项目式学习提出以来，研究者们首先验证了项目式学习可以提升学生的部分能力，接着开始着手于如何提升职前教师掌握项目式学习的方法，以便于更好地引导学生进行项目式学习。然而随着心理学的发展，研究者开始着手研究学生进行项目式学习的内在机制。与此同时进行的则是一直以来项目式学习在各个领域的实践探究——课程开发。项目式学习是一种教学方法，既然是一种教学方法，那么就应该有针对性的课程，而这部分课程往往集中在职业类或高等院校当中，因此早期的项目式学习的课程开发和研究工作基本集中在职业院校和高等院校当中。值得注意的是，随着社会的不断发展以及21世纪对学生能力的要求不断变化，我们可以发现，社会当中普遍存在的问题，不是一个学科所能解决的，因此现阶段项目式学习的研究者也将注意力放到了中小学阶段，注重培养学生的问题意识，以及对待一个现象的分析和探究能力。在我国新一轮的课程改革中，也很重视项目式学习提供的跨学科解决现实问题的这一思路。要想提高学生的能力，满足 21 世纪对学生能力的要求，着力点就在于课程的开发与评价工作。要想实现中小学学段跨学科的知识整合，就需要从"综合与实践"这一方面着手实施，在新修订的《义务教育数学课程标准》中"综合与实践"部分就提出："要关注数学学科内各领域知识的融合应用，更要关注数学与其他学科知识的融合应用，因此，要设计跨学科实践的主题活动。在主题活动中，学生将面对现实的背景，从数学的角度发现并提出问题，综合运用数学和其他学科的知识与方法，分析并解决问题。"并指出综合与实践分为主题活动和项目式学习两种。第一、第二、第三学段主要采用主题式学习，高年级可适当采用项目式学习。但通过对我国"综合与实践"的研究文献分析发现，我国对综合与实践活动课程的研究主要集中于课程的基本理念、基础理论、设计与实施、问题及策略、实验与案例方面，这些成果为现今项目式学习的教学打下了坚实的基础，也为新一轮的课程改革中项目式学习的实践提供了一定的指导，对本研究也具有重要的参考价值。但是研究中也存在一些问题和局限，具体表现为：

第一，对理论的合理性探究充足，但落实到课程开发则较为薄弱。

第二，注重对"综合与实践"局部问题的探究，轻视对课程开发评价的思考。在实施过程及问题的研究方面，已有的研究更多是从综合实践活动课程内部查找其实施中存在的问题，并分析背后的原因，虽提出了没有对应的课程标准或教学指南，没有历史经验可供借鉴以及缺乏教师、教师专业水平不足等问题，但是归根结底就是没有一个较好的课程体系去支撑"综合与实践"课程的实施与评价。正值项目式学习在新修订的《义务教育课程标准》提出之际，本研究力图把上述问题作为研究的重点，并落实到研究的具体行动中，克服已有研究中理论与实践研究失衡的状态，以期为基于项目式学习的综合与实践活动课程的开发、实施及评价提供一定的现实参考。

二、国内外大规模数学素养测评研究

国外有影响力的评价项目主要以两大国际测评项目为代表，一是由联合国经济合作与发展组织（Organisation for Economic Cooperation and Development，简称 OECD）发起的"国际学生评估项目"（Program for International Student Assessment，简称 PISA）；二是由国际教育成就评价协会（International Association for the Evaluation of Educational Achievement，简称 IEA）发起的"国际数学与科学成就趋势研究"（Trends in International Mathematics and Science Study，简称 TIMSS）。另外，还有两个大型的国家测试项目在国内外也有较大影响，一是由美国国家教育测评中心发起的"美国国家教育进展评价项目"（National Assessment of Educational Progress，简称 NAEP）；二是泛加拿大评估项目（Pan-Canadian Assessment Program，简称 PCAP）。三是青浦教育实验；四是区域教育质量体检。从测评目的上看，尽管以上数学成就测试项目与数学项目式学习测评并不完全一致，但是这些项目实际测试中都对学生的素养和能力给予了特别关注，这和初中数学项目式学习的目标一致，所以这些测试框架对本研究具有重要借鉴意义。下文将对测评项目中与本研究相关的内容进行综述。

（一）PISA

经合组织（Organization for Economic Cooperation and Development，简称 OECD）从 1997 年首次开展了国际学生评价项目（the Program for International Student Assessment，简称 PISA）。该项目主要针对各国或地区 15 岁学生的阅读素养、数学素养和科学素养进行测查，并且每年都有所侧重。其中，PISA 2003 主测是数学，其他素养和技能为辅，并将数学素养定义为："一种能使个体在现实世界中理解和认识数学的能力。"[1]从当前世界教育系统来看，学会

---

[1] OECD. The PISA 2003 Assessment Framework: Mathematics, Reading, Science and Problem Solving Knowledge and Skills [EB/OL].http://www.oecd.org/edu/school/programme for international student assessment pisa/33694881.pdf.

应对未来的挑战是全球的普遍共识，本质上就是应具备在各种现实情境和背景中利用数学提出和解决问题的能力。PISA 的数学评价框架主要涉及以下三个方面：（1）数学情境与背景。一般根据距离学生生活的远近程度，分为个人的、教育的、职业的、公共的以及科学的等五种情境。（2）数学内容或数学思想。其内容主要包括数量、空间与图形、变化与关系和不确定性等四个方面，这四部分内容大致对应于学校数学课程中的代数、几何、函数和概率统计，但又不完全一一对应。（3）数学化过程和数学能力[1]。数学化渗透的是学生自身的数学活动，在真实的数学情境中通过互动、探索、发现以及反思评价，动态生成解决现实问题的素养。把生活世界引向符号世界，沟通生活与数学的联系；再在符号世界里符号化地生成、重塑和被使用，形成抽象的数学知识之间的联系[2]（见图 3-7）。

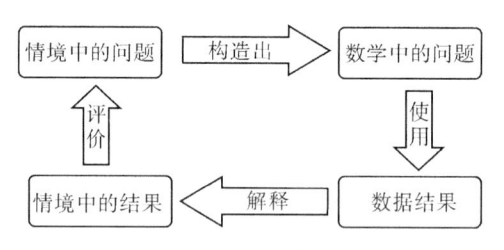

图 3-7 PISA 的数学评价框架

在现实情境中发现数学问题，利用已有知识和经验探求问题解决的思路和策略；在问题解决的过程中逐渐探知新方法，体验数学的抽象性和形式化。PISA 中的数学素养的测评就特别重视问题的情境，力图构建情境化的数学素养群。与 PISA2003 相比，PISA2012 更加倡导培养积极的问题解决者，并且需要学生在运用数学解决实际问题的过程中逐渐形成和具备比较全面的基本数学能力，主要包括推理、论证、交流、建模、问题提出与解决以及使用数学工具等八个方面。PISA 中的关于数学素养的认识主要是受到弗莱登塔尔"现实数

---

[1] 谢利民,卢宏.为明天的世界而学习——PISA 视野下数学素养测试特点分析[J].外国中小学教育,2008(5):12-16.

[2] [荷兰] 弗赖登塔尔.数学教育再探:在中国的讲学[M].刘意竹,杨刚,等译.上海:上海教育出版社,1999.

学教育（RME）"观点的影响，强调现实世界中数学化的作用。[1]PISA 项目以三年为测试周期，每次测评都会涵盖数学、科学和阅读三大领域（其中一项为主测），并以测评的时间命名。PISA2006 主测是科学，PISA2009 主测是阅读，PISA2012 主测是数学，PISA2015 主测仍是科学。该项目主要是为了对各地 15 岁学生（相当于我国高一的学生）的阅读素养、数学素养和科学素养进行测查，同时使用各种相关问卷来调查学生的学习环境。PISA 旨在考查学生应用数学知识和技能应对未来挑战的能力，而非强调对特定课程知识的掌握，它主要关注学生在不同情境下对概念的理解、过程的掌握以及解决问题的能力。[2] PISA2012 基于数学素养的定义，从内容维度、过程维度和情境维度等方面来刻画学生的数学素养表现。（1）内容维度。它首先应是广义上的数学内容（引发数学思考），其次才是具体的学科内容（如代数、几何和概率等）。（2）过程维度。它是根据一般的数学能力来进行定义的（表 3-1）。（3）情境维度。包括与个人生活以及其他相关背景所产生的一系列问题。

表 3-1 PISA 数学素养成分（基本数学能力）

思考和推理	提出数学问题；知道各种数学答案；能够区分不同的数学表达（定义、定理、推理、假设、实例、条件命题）；并且能够理解和掌握所给数学概念的外延和局限
论证	知道数学上的依据是什么，它与别的数学推理有何区别；能够理解和评判不同种类的数学论证；能够提出一些启发式的问题（可能会或不会发生什么？为什么）；能够构建自己的论证方法并将其表达出来
交流	对于数学情境中的某一事件，能够以各种不同的方式（口头的或书面的）将其表达出来，而且能够理解他人对这一事件的陈述（口头的或书面的）
建模	将要建模的情境简化为现实的模型；将"现实"模型翻译成数学模型；根据其现实性来解释该模型；用数学方法来处理该模型；对该模型进行验证；对该模型及其解进行反思、分析和评论；针对该模型及其解进行交流（包括解的局限）；并对建模的过程进行监控

自 2000 年开始，国际学生评价项目（以下简称 PISA）的数学素养测试每三年进行一次。随着时间的推移，OECD 对数学测评框架进行了持续发展和完善，PISA2000 的测评框架设置了三个测评维度：内容维度、过程维度和情境维

---

[1] 顾秀松,薛敏. PISA 研究概述及其启示[J]. 科技信息, 2011(8):102.
[2] 鲁毓婷. 全球化背景下的学生学业成就比较研究——TIMSS 和 PISA[J]. 考试研究, 2007(3):78-94.

度。其中，过程维度是指认知方面的心理活动，随着测评倾向不断变化，认知维度的框架也在不断调整。过程维度包括以下三个层次①：

第一层次：复制、定义和运算；

第二层次：问题解决过程中的联结与整合；

第三层次：数学化、数学思维和一般化。

PISA2000 涉及的数学技能有八种：数学思维，数学论证技能，建模技能，提出问题和解决问题的技能，表达技能，符号化和形式化技能，交流技能和使用工具的技能。

2003 年 PISA 的主测学科为数学，认知过程由三个层次变化为三个数学能力群：再现能力群、联结能力群和反思能力群。相应的八种数学技能也进行了调整，分别是：思维和推理，论证，建模，问题形成和问题解决，表达，使用符号化，形式化和技术性的语言进行操作，交流和工具的使用。

2012 年是数学学科测评框架发生重大变化的一年，之后的 2015 年和 2018 年的测试基本延续了 2012 年的测评框架。整体上看，2012 年 PISA 的数学素养模型仍是三维度架构：情境维度、内容维度和过程维度。但是与 2003 年相比，"过程维度"发生了明显的变化。具体而言，将 2003 年的能力分层（或群）改为相应的数学过程，就是把"层次或能力群"调整为对问题解决过程不同阶段的划分，在整个问题解决过程中考查学生数学能力的不同表现。过程维度包括表述、应用、阐述/评估，具体是指：用数学语言表述情境；运用数学概念、事实、过程和推理；解释、运用和推理数学结论。同时，PISA2012 将 2003 年的八种数学基本能力合并调整为七种：交流，数学化，表述，推理和论证，设计问题解决的策略，运用符号化、形式化和技术语言进行运算，使用数学工具②。

可以看到，尽管 PISA 数学测评框架历经几次调整，从 2000 年的能力三层

---

①OECD.Measuring student knowledge and skills:The PISA 2000 Assessment of Reading, Mathematical and Scientific Literacy[M].Paris:OECD,2000.

②OECD.PISA2012 Assessment and Analytical Framework:Mathematics,Reading,Science,Problem Solving and Financial Literacy[M].Paris:OECD Publishing,2013:35.

次、2003年的三个数学能力群，直到2012年的数学化过程三阶段，但是从整体上看，PISA数学测评始终延续了从三个维度开展数学素养的测评，并且保留了对学生数学素养表现进行分层分类描述的特点。

（二）TIMSS

国际教育成就评价协会（International Association for the Evaluation of Educational Achievement，IEA）组织的数学和科学成就评价项目在国际范围内获得了广泛影响力。早在20世纪60和80年代，IEA就先后开展了两次国际数学评价，主要是为了帮助研究者从国际比较的角度去了解世界各地的数学教育质量。并且，从1995年开始，IEA实施了"数学和科学素养"（Mathematics and Science Literacy）的评价。[1]

1999年，IEA开展了第三次国际数学和科学教育评价研究（Third International Mathematics and Science Study，简称TIMSS），后来逐步拓展为"数学和科学成就发展趋势研究"（Trends in Mathematics and Science Study，简称TIMSS）。此次评价规模巨大、历时较长，并且多达四十多个国家和地区参与。TIMSS1999的数学评价框架由"内容、认知需求和观点"三个维度构成，内容维度包括数、测量、几何、比例、函数关系和方程、概率和统计、初等分析、证明与结构等八个方面；认知需求维度由知道、使用常规程序、探究和问题解决、数学推理以及交流等五部分组成；观点维度则包含态度、职业、参与度、兴趣增长和思维习惯等方面。[2]

自TIMSS2003开始，数学学科的评价框架变为由"内容和认知"两大维度构成。内容维度涉及"数、代数、几何、测量、数据"五个方面。特别地将四年级的"代数"领域称为"方程、模式与关系"。认知维度分为"知道、事实

---

[1] 张岳, 刘晓玫. 大规模学业测评项目中教师因素的测量与启示 [J]. 外国中小学教育, 2016(10):50-57.

[2] Martin, M.O. Gregory, D. Stever, E.S. TIMSS 1999 Technical Report[R]. Chestnut Hill, MA: TIMSS & PIRLS International Study Center, Boston College, 2000: 9.

和程序、概念运用、常规问题解决和推理"。[1]后来，TIMSS2007 和 TIMSS2011 的数学框架也基本延续了 TIMSS2003 的主要维度，还是由"内容和认知"两个维度构成。其中，八年级的内容领域包括了"数、代数、几何、数据与随机性"四个方面，认知维度则分为"知道、应用、推理。"[2][3]到 2015 年，该系列项目展开第六次评价。相比之下，TIMSS Numeracy 是 2015 年新开发的部分，作为 TIMSS 四年级数学测评内容的补充，适用于许多国家学生。总体而言，四年级和八年级测评框架与 TIMSS2011 中使用的框架类似。但是，为了更好地反映参与国家和地区的课程标准，对 TIMSS2011 中所报告的特定内容主题进行了部分更新。此外，还关注了目前有关数学教育领域国际研究进展，如美国制定的州共同核心国家标准（全美州长协会，2010），数学（小学和初中）教学大纲（新加坡教育部，2006）以及我国香港使用的数学课程指南（小一至中三）（香港特别行政区教育局，2002）。[4]TIMSS 项目具体的测试内容包括数学和科学成就以及影响因素这两部分，其中还引入了大型录像带研究。对数学而言，主要包括学科测试卷和问卷两部分。其中，问卷包括学生问卷、教师问卷、学校问卷、家庭问卷和课程问卷。而数学学科测评框架主要基于数学课程，由内容领域、能力水平（认知领域）两个维度构成（图 3-8）。"课程是促进学业成就的重要影响因素"是 TIMSS 评价的基本理念。所以，TIMSS 数学评价的导向在于指向数学课程实施，即主要考查学生在学校教育中获得怎样的课程学习，学生又是在多大程度上接受和掌握这些课程内容的。[5]

---

[1] Mullis, Ina V.S（Eds.）. TIMSS Assessment Frameworks and Specification 2003[R]. Chestnut Hill, MA: TIMSS & PIRLS International Study Center,Boston College, 2003: 9.

[2] Olson, J.F. Martin, M.O. Mullis, Ina V.S. TIMSS 2007 Technical Report[R]. Chestnut Hill, MA: TIMSS & PIRLS International Study Center,Boston College, 2008: 19-20.

[3] Mullis, Ina V.S（Eds.）. TIMSS 2011 Assessment Frameworks[R]. Chestnut Hill, MA: TIMSS & PIRLS International Study Center,Boston College, 2009: 17.

[4] Mullis, Ina V.S. Martin, M.O.（Eds.）. TIMSS 2015 Assessment Frameworks[R]. Chestnut Hill, MA: TIMSS & PIRLS International Study Center,Boston College, 2013: 11-17.

[5] 张林静. 国际基础教育质量监测述评[J]. 石家庄学院学报, 2012, 14(4):87-91.

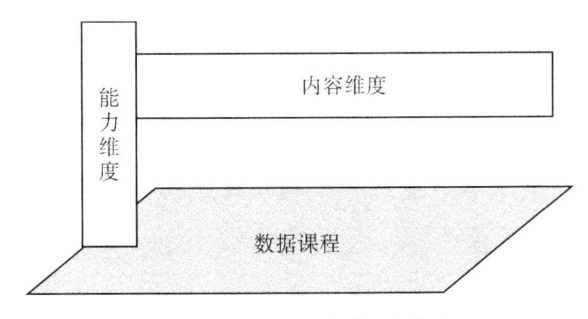

图 3-8 TIMSS 的数学测评框架

TIMSS 最早源于 IEA1995 年组织的第一次国际数学与科学测试研究，之后该组织每隔四年测试一次，建立了以预期课程、实施课程和达到课程为基本结构的课程模型①。自 1995 年至 2015 年，TIMSS 数学测评不断修正认知结构并逐步调整模型需求，在不同维度上都有变化。在认知领域对其要素或合并或删减。从整体发展上看，测评框架不断被简化，更有利于实际操作。

最初的 TIMSS 数学测评框架包括了内容、期望表现和观点三个维度（见表 3-2）。

表 3-2 TIMSS 测评维度及内容

维度	内容
内容维度	数、测量、几何、比例、函数关系与方程、数据表示、概率与统计、初等分析、证明与结构
期望表现维度	知道、使用常规程序、探究和问题解决、数学推理、交流
观点维度	态度、职业、参与度、兴趣增长、思维习惯

自 2003 年起至今，TIMSS 数学测评框架变更为内容维度和认知维度两个方面，观点维度被删去。认知维度也发生了变化，TIMSS2003 的评价框架中，认知维度被调整为四个层次：知道事实与程序、运用概念、解决常规问题和推理。TIMSS2007 和 TIMSS2011 的评价框架中，认知维度被调整为三个：知道事实、过程和概念，解决常规问题，推理。这三个层次水平逐步提升。可以看

---

① 王鼎，李宝敏.TIMSS和PISA数学测评分析框架比较分析[J].全球教育展望，2017,(06): 22-36.

出，与TIMSS2003框架相比，上述两个框架的层次趋向简化，但是层次间的区分反而更加清晰[①]。此外，尽管TIMSS的测评框架一直在变化，"推理"在认知维度中始终被置于较高的认知层次（见表3-3）。

表3-3 认知维度的变化

测评时间	认知维度	行为表现
1995/1999	知道 使用常规程序 探究和问题解决 数学推理交流	能表示、识别相等、回忆数学事实和性质 能使用工具；使用常规步骤 能形成和归类问题及情境，设计策略，解决，预测，证明 能设计标记和相应词汇，设计运算法则，概括和推测、推理和证明、公理化 用词汇和符号，联系表达，描述和讨论，评论
2003	知道事实与程序 概念运用 解决常规问题 推理	回忆、识别、计算，使用数学工具（计算和测量） 知道、区分、表示、阐述、区别 选择、建模、应用、检查和确认 假设或推测，分析、评价、概括、连接、综合或整合，证明，解决非常规问题
2007/2011/2015	知道事实、过程和概念 解决常规问题 推理	回忆、识别、计算、回复、测量、归类或排序 选择、表示、建模、实施、解决常规问题 分析、概括、综合或整合，证明，解决非常规问题

（三）NAEP

全美教育进展评估（National Assessment of Educational Progress，NAEP）也被称为"国家成绩报告单"，是美国唯一具有全国代表性的基础教育质量评价体系。它不仅在国内教育领域享有独特地位，还在世界范围内产生了重要影响，为其他国家和地区的基础教育监测提供了参考。[②]NAEP项目于1963年启

[①] 王鼎.国际大规模数学测评研究[D].上海：上海师范大学,2016.
[②] 魏银银.国外义务教育均衡发展监测制度研究[D].西安：陕西师范大学,2016.

动,定期为四、八、十二等三个年级学生开展阅读、数学、科学、历史和地理等科目的学业监测,并逐步由国内施行推广至国际间的合作研究。早期(1996年、2000年、2003年)的 NAEP 数学评价框架中内容维度分为五个方面,认知维度分为三个方面,包括概念理解、程序性知识和问题解决。此外,还涉及推理、联系和信息交流等三方面数学素养(图3-9)。①

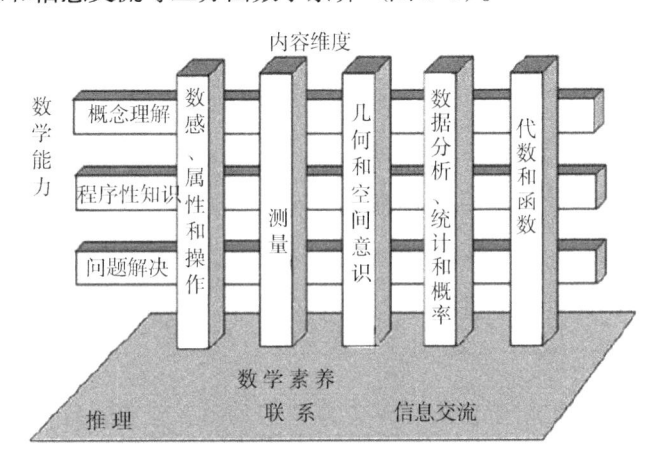

图3-9 NAEP 中的数学评价框架

从2005年开始,现有的数学评价框架逐渐受到学者质疑,于是新的框架在不同年级开始逐步实施。其中,内容领域包括数与运算、代数、几何、统计与概率以及测量等五个板块,但在综合已有数学能力和素养维度的基础上,将能力水平改成"数学复杂性"(mathematical complexity),并分为低、中、高三个水平。②而且,每个水平都会涉及"概念理解、程序操作、推理和问题解决"。③

NAEP 的项目构成如下④:

1.针对学生学业成就的主要评价

---

①NAEP. Mathematical Abilities [EB/OL].http://nces.ed.gov/nationsreportcard/mathematics/abilities.asp.

②NAEP. Mathematics Framework for the 2013 National Assessment of Educational Progress [EB/OL].http://www.nagb.org/publications/frameworks/math-2013-framework.pdf.

③刘鹏飞.义务教育数学课程学段划分研究[D].长春:东北师范大学,2015.

④周红.美国国家教育进展评估(NAEP)体系的产生与发展[J].外国教育研究,2005(2):77-80.

NAEP项目的主要评价包括全国性评价及州评价，主要是为了了解全国及各州学生在各大学科领域的掌握程度。全国性评价每年一次，主要评价四年级、八年级和十二年级学生的阅读、数学、科学、历史和地理等9大学科的学业成就水平，但每次评价只涉及其中两三个科目，并且只有两个年级的学生会参与；而州评价为两年一次，重点评估四、八两个年级的学生在数学、阅读、科学和写作等4个科目上的学业成就水平。其中，数学和阅读评价各州学生必须参加，而对其他两个学科的考察则遵循自愿原则。[①]

2.学生成就长期发展的趋势评价

NAEP项目长期趋势评价目的在于为学生学业的长远发展提供有效的变化趋势信息。每四年一次，主要评价9岁、13岁和17岁学生的数学、阅读、科学和写作等4个科目的学业成绩。

3.辅助性专题研究

除了上述两大常规评价外，NAEP测评体系还进行了一系列的相关辅助性专题研究，目前在研项目包括口语阅读研究、中学毕业成绩单研究、特许学校试验性研究、印第安教育研究和私立学校成绩研究等，主要目的在于检测这些特定学生群体的学业成就。[②]

1969年NAEP项目开始第一次全国性评估，1990年将测评周期定为每两年进行一次[③]。2003年前的NAEP数学评价框架分为三个维度：内容、数学能力和数学素质，其中数学能力维度包括"概念理解、程序性知识和问题解决"，数学素质维度包括"推理、关联和交流"[④]。

2005年后，NAEP数学评价框架被进一步简化，框架由三维变为二维，其中，内容维度变化不大，变化较为明显的是将数学能力和数学素养合并为

[①]陈瑾.区域调研考试的导向简析[J].四川教育，2011(10):42-43.

[②]苏红.美国基础教育学业质量评价:体系、机制与启示[J].世界教育信息，2012(5):40-43.

[③]Lee,J.,Grigg,W.,and Dion,G.The Nations Report Card:Mathematics 2007（NCES 2007-494）[M].National Center for Education Statistics,Institute of Education Science,U.S. Department of Education,Washington,D.C,2007.

[④]NAEP.MathematicalAbilities[EB/OL].http://nces.ed.gov/nationsreportcard/mathematics/abilities.asp.

"数学精熟度","数学精熟度"维度是按照数学题目复杂性划分的低、中、高三个水平[①]。对于低复杂度题目,往往需要学生对已学概念和原理进行回忆和识别,通过数学运算或机械的执行程序进行解决;对于中复杂度题目,往往没有特定的答案且解答过程通常不少于一步,需要学生超越常规思考并确定思考方向,运用推理和解决问题的策略,综合各领域的知识和技能解决问题;对于高复杂度题目,需要学生进行更多的推理、计划、分析和判断,以抽象和复杂的方式进行数学思考,运用创造性思维才能解决问题[②]。

可以看出,尽管 NAEP2005 框架中以"数学精熟度"维度代替了之前的数学能力和数学素质维度,但仍明显体现出对学生认知和能力水平要求的进阶。

(四) PCAP 数学评估项目测评框架

PCAP 是面向加拿大所有八年级学生的成就测试,测试学科为数学、阅读和科学。2007 年后,三门学科于同一年展开测试,每年侧重其中一个学科。其中,数学测试主要考察学生能否较熟练地应用一系列策略解决问题,这些策略是数学课程中所要求掌握的。测试共包含 8 个题组,每个题组完成时间大约为 30 分钟,题目形式包括选择题、简答题和解答题。

整体上看,PCAP 数学测试框架分为"数学内容、数学过程、认知水平"三个维度,其中,认知水平维度划分为低级、中级和高级;数学内容维度被划分为 4 个子维度:数和运算、几何和测量、模式和关系、数据处理和概率;数学过程维度被划分为 5 个子维度:问题解决、推理与证明、交流、关联、表征。其中有 5 个数学过程反映了学生获取和应用数学知识和技能的方式,他们在整个内容链中交织在一起[③](图 3-10)。

---

① NAEP.Mathematics Framework for the 2013 National Assessment of Educational Progress [EB/OL].http://www.nagb.org/publications/frameworks/math-2013-framework.pdf.
② 张迪,王瑞霖,杜宵丰.NAEP2013数学测评分析框架及试题特点分析[J].教育测量与评价,2018,(3):51-56.
③ 张迪,王瑞霖.泛加拿大评估项目数学试题风格及启示[J].教育测量与评价(理论版),2019,(8):37-44,64.

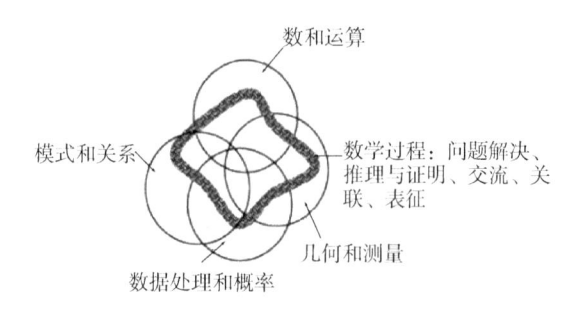

图 3-10 PCAP 数学测试的基本框架

（五）青浦教育实验

1977 年，顾泠沅作为上海青浦县的数学教研员，以初中数学基础知识为内容展开了一场全县范围内的统一的中学数学测验，后来被称之为"青浦教育实验"。1990 年，青浦实验小组开展了对 3200 名八年级学生的数学教学目标的测量。这里，数学教学目标的测量主要参考布卢姆的教育目标分类学，但考虑到国内教学中对于"知识"和"计算"有所区分，故仅加入威尔逊的"计算"，并据此编制了测试量表，具体为知识、领会、计算、应用、分析、综合和评价等 7 个分量表，共 50 个测试题、106 个考察点，代数内容和几何内容分别占 56%和 44%。[1]2007 年，青浦实验小组又展开了"新世纪行动"，再次对八年级的 4349 名学生进行了教学目标大样本测试，并且数据分析还是采取先前的主成分分析法以析取教学目标。[2]

在认知水平的划分上，我国目前仍是采用布卢姆最初的分类，即知识、理解、应用、分析、综合和评价。但事实上，布卢姆的教育目标分类在国际上一直受到不少争议。因此，研究者们都在积极寻找更为合理的以及能与学科相关联的认知水平框架。而在顾泠沅教授的带领下，青浦实验小组通过两次大样本测试，对布卢姆的认知水平划分进行了修正，并重新建立了与数学学科关联的四个认知水平分析框架。该数学能力框架不仅突出了数学的学科特征，而且四

---

[1] 杨玉东,刘丹.教学目标测量的依据和工具——青浦实验的新世纪行动之三[J].上海教育科研,2007(10):43-46.
[2] 上海教育科研青浦实验研究所,上海教科院教师发展研究中心.关于数学教学目标因素分析的数据报告[J].教育发展研究,2007(7-8).

个水平的划分更为精细且可操作性强。此外，项目组的研究者还对数学能力维度进行了细致研究。周超就曾利用顾泠沅先生领导的青浦实验中应用过的水平分析框架设计了八年级的学业成就测量工具，其框架如表3-4所示：①

表3-4 青浦实验中的教学认知水平

较低认知水平	较高认知水平
1.计算——操作性记忆水平	2.领会——说明性理解水平
3.概念——概念性记忆水平	4.分析——探究性理解水平

鲍建生则调整顾泠沅对于数学题目的水平分析工作，形成了三水平的分析，即识记水平、理解水平和探究水平。其中，识记水平包含了对数学概念和法则等的识别记忆以及常规程序的操作，一般较为机械且缺少联系；而理解水平是对已学知识和技能的领会与运用，如合理地选择数学知识和方法、灵活地运用数学程序性知识，一般表现为常规性和封闭性；探究水平则是指对已学数学知识和技能创造性地运用，常表现为非常规性、开放性和探究性。②

（六）区域教育质量体检

为贯彻落实《国家中长期教育改革与发展规划纲要》和教育部《关于推进中小学教育质量综合评价改革的意见》精神，自2011年起，北京师范大学与多个省市教育局合作，联合开展"区域教育质量健康体检"项目，为推动区域基础教育质量评价改革、建立和完善综合评价指标体系、全面提升教育质量提供专业支持与服务。③迄今为止，已连续多年对各区域小学四年级、初中八年级学生学业质量及其相关影响因素进行测评与分析，积累了一大批能够刻画区域整体教育质量以及对现实教育教学有积极指导意义的测评数据。初中数学测试的目标

---

①周超.八年级学生数学认知水平的检测与相关分析[D].上海:华东师范大学,2009.
②鲍建生.数学学习的心理基础与过程[M].上海:上海教育出版社,2008.
③教育部.教育部关于推进中小学教育质量综合评价改革的意见[Z].教基[2013]2号.2013-06-03.

是通过基于我国数学课程标准的测试和问卷调查，对我国区域数学教育质量进行健康体检，并基于数据分析和评估，提出针对性的改进建议。[1][2][3][4][5][6]

初中数学测试内容主要包括学科测试和问卷调查两部分。其中，初中数学纸笔测试着眼于数学素养，分为两个方面。第一个方面主要从内容和能力两个维度来全面考察《课标（2011版）》所要求八年级学生应当掌握的数与代数、图形与几何、统计与概率和综合与实践等内容及其应当达到的能力水平；第二个方面是个性化地诊断八年级学生的数学素养。问卷调查主要包括学生问卷和教师问卷。依据《课标（2011版）》，学生的数学学业质量要立足于学生发展过程中所必备的核心素养，具体表现为掌握数学课程中要求的基础知识和基本技能，具备数学思维和反思意识，能够借助数学语言和符号自然地进行数学交流，并能用所学知识和技能去解决一些简单问题和跨学科问题。数学素养是个体作为一个积极的、具有反思意识的公民在现实世界中理解和认识数学的能力[7]。与数学认知能力相比，数学素养更突出了一种理解数学和应用数学的能力。对于初中学生而言，数学素养主要表现为在社会中生存所需的数学能力、问题解决能力、以及为其他学科学习所提供的数学辅助能力。由区域教育质量健康体检——初中数学测评项目组的工作目标与内容可见，初中数学测试不但要为我国区域和学校提供数学教学质量的反馈信息，还要帮助他们进行反思和调整，以不断提高教育教学水平。另外，国家和地方政府也可以基于此，从整体上了

---

[1] 綦春霞,张新颜,王瑞霖.八年级学生数学学业水平的现状及其影响因素研究——以三地测试为例[J].教育学报,2015(2):88-92.

[2] 王祎,綦春霞.八年级学生几何探索水平的区域质量监测[J].教育测量与评价:理论版,2015(7):35-39.

[3] 何声清,綦春霞.我国八年级学生几何推理能力实证研究——基于Z市的大规模测试[J].宁波大学学报(教育科学版),2017,39(6):118-123.

[4] 咎孟蔚,綦春霞.我国八年级学生几何思维水平实证研究[J].教育测量与评价,2018:46-51.

[5] 路红,綦春霞.我国八年级学生数学运算能力实证研究[J].教育测量与评价,2018:52-57.

[6] 何声清,綦春霞.数学学优生和后进生学习表现及其影响因素的差异研究——基于我国6个地区的大测试[J].教育科学研究,2018:54-60.

[7] 黄华.从PISA数学素养测试对国内数学教学的启示——PISA数学素养测试与上海市初中毕业统一学业考试数学测试之比较[J].上海教育科研,2010(5):8-11.

解《课标（2011版）》的实施情况，并不断促进我国数学课程教学的发展和完善。正因如此，测试工具的编制主要依据以下三条原则：基于义务教育阶段的数学课标、基于科学的编制流程以及基于证据的试题属性分析。

当前国内基于课程标准的数学能力评价大多都是源于布卢姆的教育目标分类学。《课标（2011版）》中指出，课程目标应包含结果和过程两方面。结果目标一般使用"了解""理解""掌握""运用"等行为动词来描述，而过程目标则使用"经历""体验""探索"等行为动词表述。[1]将认知过程目标与《课标（2011版）》中提出的四个认知结果目标相结合，可以确定数学素养评价的能力水平。区域教育评价项目中的数学素养内涵主要是基于《课标（2011版）》并结合我国数学教育实际情况确定。在《课标（2011版）》中，"掌握"被表述为"能在新情境中理解数学对象"，而"运用"则被描述为"能综合利用已有知识经验选择适当的方法去解决问题"。[2]但这两种表现在实际测评中往往会出现融合的形态，即学生期间所经历的思维过程一般都会涉及在新情境中认识数学对象并能选择合适的方法去解决问题，它是"掌握"和"运用"这两种认知行为的综合。因此可将能力水平进一步简化为"了解、理解、应用"三个层次。[3]其中，了解层次目的在于能从具体实例中知道或了解对象的数学特征；理解层次目的在于能够理解数学对象的不同表达方式，并能解释不同对象之间的区别和联系；而应用层次目的在于能在理解的基础上进行推理和分析，并能选择适当的数学方法去解决问题。[4]

可以看出，PISA、TIMSS等国际大型测试项目都关注了过程维度和认知维度的构建。同样的作为国家测试NEAP、PCAP也有类似设计，体现了与

---

[1] 中华人民共和国教育部.义务教育数学课程标准(2011年版) [M].北京:北京师范大学出版集团,2012.

[2] 郑义富.关于数学课程标准中描述结果目标动词的辨析[J].数学学习与研究,2013(24): 86-87.

[3] 韩璐.八年级学生数学推理技能现状的测试研究[D].北京:北京师范大学,2017.

[4] 郝连明,苍孟蔚,黄迪.八年级学生图形与几何学习情况的区域质量监测[J].教育测量与评价(理论版),2015(7):30-34.

PISA、TIMSS 一致的测评理念。进一步，对上述测评项目中认知维度或能力维度进行比较后发现，尽管具体的分类结果名称不同，但是大致上都基于布卢姆的教育目标分类学中对认知维度的分类。此外，四个测评项目在过程或认知方面都关注了问题解决，比较而言，PISA 数学测评最关注认知层次的表现，同时也更注重对数学素养（如数学交流和问题解决）的考查。

从某些方面说，PISA 测试为我国大规模数学测评中如何有效整合知识技能与核心素养提供了重要借鉴。PISA 的特点是关注学生在真实情境中的数学问题解决能力，这可以作为项目式学习测评的参考。

（七）数学认知水平框架的经典研究

1. 布卢姆认知水平

1986 年美国教育心理学家布卢姆的著作《教育目标分类学：认知领域》引入国内，时至今日，分类学仍然在基础教育领域发挥着巨大的作用。当时布卢姆的认知分类只有一个维度，分为知识、领会、应用、分析、综合、评价六个层级。由于布卢姆所给出的分类是针对整体的教育而言，具体到数学学科就有其弊端出现，早在 20 世纪末期就有学者对这一问题进行了探讨。[1]另外，一些学者也指出分类学中知识与其他层次不在同一纬度，因此，安德森与多位认知心理学家、教育家共同对其进行了修订。2001 年修订版的布卢姆教育目标分类正式公布，新版本改为了二维分类，知识单独形成一维，并且细化为事实性知识、概念性知识、程序性知识、元认知知识。而从认知心理过程维度而言，该目标可分为记忆、理解、运用、分析、评价、创造。[2]

---

[1] 程龙海,徐龙炳.布卢姆教育目标分类学对我国中学数学教学的影响[J].徐州师范大学学报(自然科学版),1998,(2):22-24.

[2] 洛林·W.安德森等.布卢姆教育目标分类学修订版——分类学视野下的学与教及其测评[M].北京:外语教学与研究出版社,2009.1-20.

表 3-5　布卢姆教育目标分类表

知识维度	认知过程维度					
	记忆 Remember	理解 Understand	应用 Apply	分析 Analyze	评价 Evaluate	创造 Create
事实性知识 Factual						
概念性知识 Conceptual						
程序性知识 Procedural						
元认知知识 Metacognitive						

修订后的布卢姆教育目标分类可以更好地用在教育评价当中，但是由于每一个具体学科具有特殊性，因此这个分类用在具体的学科当中时还会出现各种问题。所以，很多学科领域的专家们一直都在寻找适合本学科的测评分类框架。

2. 范希尔几何思维水平

范希尔受到皮亚杰的影响，通过多年的教学经验形成了五层级的几何思维水平：

表 3-6　范希尔几何思维等级分类表

水平等级	表现
水平 1	视觉 (visual)
水平 2	分析 (analysis)
水平 3	非形式演绎 (informal deduction)
水平 4	形式演绎 (formal deduction)
水平 5	严密性 (rigor)

多年来很多数学教育研究者采用了范希尔的分类方法进行学生的几何思维

研究，在一些数学教育的国际比较中也有学者使用这一框架。但是这一框架主要是针对数学中的几何领域，代数领域的研究还有不足。另外针对每一个具体水平的认知过程没有给出详细的阐述，[①]如果从演绎推理角度看，学生只是达到了水平4，但是具体表现如何这个框架无法进行更进一步的说明。

3. solo 目标分类

SOLO（Structure of the Observed Learning Outcome）是"观察到的学习结果的结构"的缩写，由 Biggs 和 Collis 于 1982 年提出。solo 分类法的理论基础是结构主义学说和皮亚杰认知发展阶段理论，它关注了学生的认知过程。它强调对学生反映的质性分析，而不是简单的记录作答的正确和错误。利用水平的划分对模式进行定性的分析，把抽象程度和题目结构上的复杂程度分为五个结构：前结构、单一结构、多元结构、关联结构和扩展抽象结构，见下表：

表 3-7 solo 分类理论等级描述

层次	描述
前结构 Pre-structural	低于目标方式的反应，学习者被情景中无关的方面所迷惑或误导，不能以任务中所涉及的表征性方式处理任务
单一结构 Uni-structural	学生关注主题或问题，但只使用一个相关的线索或资料，找到一个线索就立即跳到结论上去
多元结构 Multi-structural	学生使用两个或多个线索或资料，却不能觉察到这些线索或资料之间的联系，不能对线索或资料进行整合
关联结构 Relational	学生能够使用所有可获得的线索或资料，并将它们编入总体的联系框架中，总体成为在已知系统中内在一致的结构
扩展抽象结构 Extended Abstract	学生超越资料进入一种新的推理方式，并能概括一些抽象特征

通过上面分类等级内容可知，这是一个结构复杂性渐增的层次模型。它的

---

① 邢玉琢.基于范希尔理论七、八年级学生几何思维水平的调查研究[D].哈尔滨:哈尔滨师范大学,2016.

特点是有渐增的一致性，构造的维数数目逐步增加，相关原理的使用次数逐步增加。但是，研究人员发现，模糊的结构概念会导致分类的不稳定，并会出现将"扩展抽象"认为是"前结构"的误会。因此，这会造成评分者一致性信度不高的问题。

4. 威尔逊的数学认知水平框架

1971年威尔逊（Wilson）将布卢姆的教育目标分类学引入数学学科，编制了一个数学学业水平评价的模型。尽管距今已近半个世纪，但是由于该模型充分体现了数学学科的特点，指标分类也较为清晰，所以在数学教育评价的相关研究中得到了较广泛的应用。

威尔逊将认知领域划分为四个水平以及相应的亚类，四个水平分别为"计算、领会、运用和分析"，且认为这四个认知水平具有顺序性和层次性。根据四个水平的具体描述，"计算、领会和运用"分别对应布卢姆教育目标分类中的前三个层次；"分析"则对应布卢姆目标分类中的"分析、综合、评价"，属于该水平框架中最高的层次。"分析"包括解决非常规问题的能力、发现关系的能力、构造证明的能力、批评证明的能力、形成和证实通则的能力五个亚类[1]，可看作是对布卢姆教育目标分类中一般意义下高阶思维在数学学科内的体现。

5. QUASAR 的数学认知水平框架

另一项有关认知水平的研究成果是 QUASAR 的目标分类。QUASAR 项目的全称是 "Quantitative Understanding: Amplifying Student Achievement and Reasoning（量化理解：提高学生成就及推理能力）"，是由美国匹兹堡大学 Silver 于1996年牵头主持的一项长达十年的国家教育改革课题。尽管项目自发起至今已有近三十年，但其研究成果中的数学任务分析框架及认知水平层次划分仍被广泛应用[2]。该项目以改进学生数学思维、推理和问题解决能力为目的，将数学认知划分为包含"记忆、无联系的程序、有联系的程序和做数学"在内

---

[1] 威尔逊 J W.中学数学学习评价[M].杨晓青,译.上海:华东师范大学出版社,1989.
[2] 陈行,尚亚明,王罗那.美国匹兹堡大学"QUASAR":设计、实施及启示[J].外国中小学教育,2019,(2):60-67.

的四个水平框架①，其中前两个为低水平，后两个"有联系的程序和做数学"为高水平。

水平三"有联系的程序"具体描述为：（1）注意力集中在程序的使用上。（2）暗示有路径可循。（3）在多种表现形式之间建立起联系。（4）需要某种程度的认知努力。

水平四"做数学"的具体描述为：（1）需要复杂的、非算法性的思维。（2）探索和理解数学观念、过程和关系的本质。（3）对认知过程的自我调控。（4）恰当使用相关知识和经验。（5）分析并检查可能对问题解决策略和解法产生干扰的因素。（6）需要相当大的认知努力②。

尽管QUASAR项目分析框架最初用于分析数学任务和课堂教学中学生的认知水平，但是因其对每个水平都进行了清晰描述，因此也可以将其应用于学生的数学思维水平评价。

6. CCSSO 的数学认知水平框架

1999年，美国各州首席教育官员理事会（CCSSO）对学校的课程目标进行了细化，主要体现在对象、行动、工具和认知领域四个方面。其中，在中小学数学学科，认知领域被划分为以下五个水平：（1）记忆事实、定义、公式；（2）实施程序；（3）说明和解释数学的思想；（4）猜想、一般化、证明；（5）解决非常规问题与联结。从布卢姆教育目标分类的角度看，CCSSO的五水平框架中的后两个水平属于数学高阶思维能力。其中，水平四"猜想、一般化、证明"具体包括：判断数学规律或数学命题的真假；写出形式的证明或非形式的证明；认识、产生或构建数学模式；发现一种可形成模式或数字规律的法则；发现与研究数学猜想；发现错误的论断或表征；进行归纳推理或演绎推理。水平五"解决非常规问题与联结"具体包括：应用各种恰当的策略解决问题；在非数学情境中使用数学；分析数据和确认模式；从多种资源中综合产生

---

① Silver,E.A.&Stein,M.K.The QUASAR Project:The revolution of the possible,in mathematics insectional reformin urban middle schools[J].Urban Education,1996,(30),476-522.
② 郝连明.八年级学生数学演绎推理能力测评研究[D].北京:北京师范大学,2018.

内容与想法。[1]

(八) 关于教育测评的研究

1. 教育测评的概念

一些国际权威机构，如美国国家研究协会（NRC）指出，"近年来，有关测评的观念发生了重要的变化。新的观念中，测评和学习是同一枚硬币的两面"[2]。我国崔允漷教授指出："当前，对学习的关注已经成为教育评价改革的一个大观念（big idea）。评价不再被看成是教学过程终结之后的一个环节，或凌驾于教学过程之上的活动。相反，评价要被当作镶嵌于教—学过程之中的一个成分，与教学、学习一起构成三位一体的整体。"[3]2001年，NRC在《知道学生所知的：教育测评的科学和设计》中提出了对测评本质和测评模型的看法，影响深远。以至于德国在构建自己的BEAR测评系统时，依照该设计框架进行构建[4]。NRC指出任何测评都是一种工具，其设计是用来观察学生的行为并产生数据，这些数据是用于得出关于学生知道什么的合理性推理。基于这一角度，通过收集数据的过程，支撑想要得到的推断的做法，称为基于证据的推理[5]。

言及测评（assessment），首先要说一下测量（measurement）和评价（evaluation）。在著名专家史蒂文斯看来，测量是根据法则而给事物赋予数量，即指"用一定规则给事物指派数字或符号的过程"。[6]教育测量，从广义上而言，是依

---

[1] CCSSO. Survey of Instructional Content Grade K-8 a thematics[M].Washington,DC:Council of Chief State School Officers.1999.

[2] National Research Council. National Science Education Standards[M]. Washington.DC:National Academy press,1996.67.

[3] 崔允漷.促进学习:学业评价的新范式[J].教育科学研究.2010(03):11.

[4] Mark Wilson,Claus Carstensen.Assessment to improve learning in mathematics:The BEAR-Assessment System[J].Journal of educational research and Development.2005(12):28.

[5] National Research Council.Knowing What Students Know:The Science and Design of Educational Assessment[M].Washington DC:National Academy press,2001.42.

[6] 张敏强.教育测量学[M].北京:人民教育出版社,1998.4.

据一定的法则（标准）用数值来描述教育领域内事物的属性，是事实判断的过程。[1]数学教育测量，是依据一定的原理和法则，用数值来描述数学教育领域内事物属性（数学教学效果和学生的数学知识、数学能力），并进行实施判断的过程。它是用一定的量尺来提供量化资料，从数量上来表现数学教育现象，具体来讲可以涉及学业、兴趣、适应性、智能等数学教育和心理方面的现象。[2]

评价，"是一种价值判断的活动，是对客体满足主体需要程度的判断。"[3]评价的本质是价值判断，并借此收集信息、提供决策、完善工作，以此实现相应价值的过程。教育评价的概念是由美国教育家泰勒在主持"八年研究"中正式提出的，他认为评价在本质上是一个确定课程与教学计划实际达到教育目标的程度的过程。而克隆巴赫把教育评价广义地定义为获取教育活动的决策资料，对参与教育活动的各个部分的状态、技能、成果等情报进行收集、整理和提供的过程。斯塔弗尔比姆在1969年就提出评价是为决策提供有用信息过程的看法。这对评价实践产生了深远的影响。结合学科特点，数学教育评价可以界定为"全面搜集和处理数学课程与教学的设计与实施过程中的信息，从而做出价值判断、改进教育决策的过程"。[4]

本论文中，测评，即基于证据的推断过程[5]。在实际运用中，往往与测量（measurement）、测验（testing）、评价（evaluation）互相混用[6]。虽然"assessment" "test" "survey" "study"的使用上存在一些差异，但都指的是"对大范围（某个国家甚至几十个国家）的学生进行抽样，同时对考查内容也进行抽样的极其复杂的考试设计"[7]。为了本研究的需要，统一将大规模测评英文翻

---

[1] 金娣,王刚.教育评价与测量[M].北京:教育科学出版社,2007.10.
[2] 马云鹏,孔凡哲,张春莉.数学教育测量与评价[M].北京:北京师范大学出版社,2012.2.
[3] 陈玉琨.教育评价学[M].北京:人民教育出版社,1999.7.
[4] 马云鹏,张春莉.数学教育评价[M].北京:北京高等教育出版社,2003.15.
[5] Mislevy,R.J.. Evidence and inference in educational assessment[J]. Psychometrika.1994,59(4):439–483.
[6] Mislevy,R.J.. Test theory reconceived[J]. Journal of Educational Measurement.1996,33(4):379–416.
[7] 王蕾.大规模考试和学业质量评价[M].北京:高等教育出版社,2013.38.

译为"Large-Scale Assessment"。大规模测评项目，简单的说就是对大量学生或者教师进行测评的项目。[1]

2. 教育测评的理论基础

(1)教育测量理论

1905年法国学者A.Binet和T.Simon开发了第一份应用于测评人类智力的测验：比西量表（Binet—Simon Intelligence Scale），可以说是客观化心理测验的开始，有名的心理测验也随之相继发表，为心理计量学拉开发展的序幕。这也为测量科学化、系统化及量化的研究开启了序幕。[2]

从教育上来看，测量概念来源于心理测试和行为主义传统，认为每个重要的教育成果都可以被测量。[3]具体而言，如前所述，教育测量是根据一定的法则用数字对教育效果或过程加以确定。作为一个更确切的定义，Lord和Novick描述为"假定理论概念的期望值是单调增加的，则可观察到一个度量叫做这个理论概念的测量。"[4]

又如哈佛大学学者Howard Gardner提出了多元智力理论（multiple intelligence theory，MIT），以及相关学者Goleman[5]和Sternberg[6][7]涉及智力的论文，也影响到测量和评价学界以人的全面性（whole person）和终生学习（lifetime learning）为出发点，将智力视为适应、选择及塑造任何环境背景所必备的各种心智能力。基于此，人在各种环境下所具有的各种心智能力，也成为

---

[1]柯政、赵小雅.学业测量与评价的前沿和趋势[N].中国教育报.2013-01-02.

[2]Cohen,R.J.,Montague,P.,Nathanson,L.&Swerdlik,M.E.Psychlolgical testing:An introduction to tests and measurement[M].Mountain View,CA:Mayfield,1998.76.

[3]Ebel,R.L.Measurement and the teacher, in Aiken. L.R.Jr.(ED).Readings in psychological and educational testing[M].Boston :Allyn and Bacon,1973.10.

[4]Lord,F.M.&Novick,M.R..Statistical theories of mental test scores[M].Needham,MA:Addison Wesley Publishing Company,Reading,1968.

[5]Goleman,D.Emontional interlligence[M].New York:Bantam Books.1995.

[6]Sternberg,R.J.The triarchic mind LA new theory of human intelligence[M].New York:Viking Press.1998.

[7]Sternberg,R.J.In search of the human mind[M].Ft.Worth,TX:Harcourt Brace.1995.

测量和评价的关注领域和重要课题。[1]

1950年，格里克森（Gulliksen）在《心理测验理论》一书中系统地提出经典测量理论。经典测量理论也称真分数理论，是最早实现数学形式化的测量理论，是以真分数理论为核心理论假设的测量理论及其方法体系。它从19世纪末开始兴起，20世纪30年代形成比较完整的体系而渐趋成熟，60年代发展至巅峰状态。术语"经典"是相对于现代测量理论而言的。真分数理论的数学模型为：$X=T+E$，X为观察分数，即实际测量到的分数；T为真分数，即反映某种特质真正水平的分数；E为随机误差分数，即观察分数接近真分数的程度。真分数理论有三个基本假设：误差分数的平均数是零；误差分数和真分数相互独立，即真分数反映的是不同考生在测量对象上的水平，而误差则由与测量目标无关的变量所引起；两次测量的误差分数之间的相关为零，即误差是随机出现的，每次测量所产生的误差是独立的，两次测量之间没有必然的联系。经典测量理论在真分数理论假设的基础上构建了丰富的概念体系，主要包括信度、效度、难度、区分度、常模、标准化等基本概念[2]。

（2）项目反应理论

项目反应理论是20世纪中后期以美国测量专家洛德（Lord）为代表的测量学者们为了克服经典测量理论的局限性而提出的现代测验理论。作为一种以试题参数为前提条件的理论，项目反应理论的主要研究内容是被试者在测验项目上的反应与行为与被试者潜在特性之间的关系[3]。项目反应理论的卓越特性使其在实际测验中具有广泛的用途，例如：测验的编制及修订、测验等同化，被试反应的合适性检验以及适应性测验等。

项目反应理论通过被试的潜在特质来预测和解释对项目和测验的反应行为，关注被试在某一任务领域的整体精熟程度[4]，故亦称为潜在特质理论（La-

---

[1] Sternberg,R.J.Special issue on intelligence and lifetime learning [J].American Psychologist. 1997,52(10):1032.
[2] 考试的测量学基础知识(一)[J].中国考试,2021(09):73.
[3] 朱德全.教育测量学[M].北京:中国人民大学出版社,2016.
[4] 金瑜.心理测量[M].上海:华东大学出版社,2005.

tent Trait Theory）。项目反应理论以单维假说、局部独立性假说和单调性假说为基础，提出两个核心概念：潜在特质（Latent Trait）和项目特征曲线（Item Characteristic Curve），在此基础上建构开发出一系列模型，如正态肩形曲线模型（Normal Ogive Model）、Rasch 模型、Logistic 模型（双参数、参数模型）等。通过系列模型来确定潜在心理特质是否可以通过测验题目来呈现，以及测验题目和考生之间的关系①。

项目反应理论能够对试题进行深入细致的分析，通过试题的特征曲线和信息量，将测验目的以测量学的标准定义到测验目标信息函数上，从图形和数据的角度直接反映是否达到测验的目标，以此保证测验的精度。测验目标信息曲线中两个重要的概念：项目信息曲线和测验信息曲线。项目信息曲线是关于项目信息函数的曲线，其大小由项目参数和被试特质水平决定，项目提供的信息量越大，表明这个项目在评价此被试特质水平时越有价值②；而测验信息曲线是由项目信息曲线叠加而成，即所有项目信息函数的累加和，它反映了整个测验在评价不同被试特质水平时的信息贡献关系，测验提供的信息量越大，测量标准误差就越小，而该测验在评价该被试特质水平时越精确③。

（3）教育评价理论

著名测评评价学家克朗巴赫（Cronbach）界定为"对当前某个项目进行之中或之后发生的各种事件的一种系统性考查，一边促进该项目或者具有同样目的的其他方案的改善。"④著名教育评价专家斯克瑞文（Scriven）界定为"对客体的价值或者优点的判断"。⑤虽然这两个定义存在评价是否是价值中立的争议，但是不可否认评价即评判价值，即教育评价是对教育对象活动结果的测量、解

---

①张咏梅.大规模学业成就调查的开发:理论、方法与应用[M].北京:北京师范大学出版社,2015.

②罗照盛,欧阳雪莲,漆书青,等.项目反应理论等级反应模型项目信息量[J].心理学报,2008,(11):1212-1220.

③漆书青,藏海琦,丁树良.现代教育与心理测量学原理[M].北京:高等教育出版社,2002.

④Cronbach,L.J.,Ambron,S.R.,Dombusch,S.M.,Hess,R.D.,Hornik,R.C.Walker,D.E.&Weiner,S.S..Toward a reform of program evaluation[M].San Francisco, Jossey-Bass.1980:112.

⑤Scriven,M.S..Evaluation thesaurus[M].Newbury Pack,CA:Sage.

释和基于一定标准的评判。①与教育测量相比，教育评价不仅包含对教育对象的描述，更包含某种标准下对评价对象的价值或某些特征的评判。斯塔弗尔比姆（D.L.Sufflebeam）更具体地认为，评价是一种规划、收集并提供阐述性与判断性信息的过程，这些信息包括评价的目的、设计、实施与结果，主要目的在于增进对受评者的了解，做出有关绩效的价值判断，协助政策的决定。②

3. 测评系统设计及框架

(1)作为基于证据推断的测评

Gulliksen 认为测量理论的核心在于"个体的潜质或能力与他（或她）在测评中所测分数之间的关系"③。Messick 指出④测评的数据为推断和解释等提供概念性的、实质性的、统计意义上的支撑的同时，认为对于测评设计以结构为中心的方法，往往首先需要确定所要测评的相应复杂的，诸如知识、技能以及其他的内容，这些复合体即结构。1994 年，梅斯雷弗（Mislevy）⑤对测评中所涉及的相关证据及可能对应所需的推理等内容进行了详细分析和阐述。在其分析中指出，测评不仅仅是设计一些"好的任务"，至少还要考虑如何对它们进行评分。"在一些问题分析过程中，只有当数据与一个或更多考虑中的假设建立起关联时，数据才能成为证据。……证据是建立在一些假设关联上，它或增强或减弱了假设的可能性，没有假设，也就没有数据的关联性建立！"⑥

---

①杨向东.教育测量在教育评价中的角色[J].全球教育展望.2007(11):22.

②Stufflebeam,D.L.&Shinkfield,A.J.Systematic evaluation [M].Norwell,MA:Kluwer–Nijhoff.1985:56.

③Gulliksen,H.Measurement of learning and mental abilities[J].Psychometrika,1961(26):95.

④Messick,S.The interplay of evidence and consequences in the validation of performance assessments[J].Educationcal Researcher.1992,23(2):17.

⑤Mislevy,R.J.Evidence and inference in educational assessment [J].Psychometrika,1994(12):341–369.

⑥Schum,D.A.Evidence and inference for the intelligence analyst[M]. Lanham,MD: University Press of America.1987:16.

（2）以证据为中心的测评设计及框架

Mislevy 等人[1][2][3]系统考虑了在测评过程的相关要素及内在的联系，最初 Mislevy 等人在 1997-1999 年美国教育测量服务中心（ETS）开发评价设计框架研究项目中初步形成相关评价框架[4]，在不断完善的基础上设计形成概念性测评框架（conceptual assessment framework，CAF），并进行了系统阐述[5]。

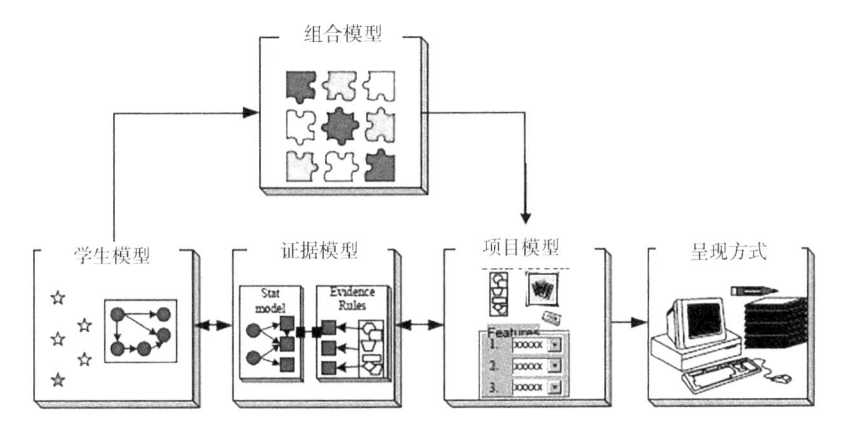

图 3-11 测评框架

①学生模型

在学生模型中，要回答一个问题，测评什么。它或者是涉及学科的内容领域，或者是涉及技能领域等，这根据测评的对象和目的来确定，故模型中所涉及的领域往往呈现出多性向性，具体的描述来自于不同的视角，或行为主义，或认知理论，或环境心理理论，甚至上述不同视角或理论的整合。学生模型为测评提供了一个多维度的结构。这些结构的架构或变量的数量，以及相互之间

---

[1] Missick,S.The interplay of evidence and consequences in the validation of performance assessments[J].Educational Researcher.1992,23(2):13-23.

[2] Mislevy,R.J.Evidence and inference in educational assessment[J].psychometrika,1994(59): 439-483.

[3] Mislevy,R.J.Probability-based inference in cognitive diagnosis. In P.Nichols,S.Chipman, & R.Brennan(Eds). Cognitively diagnositic assessment[C].Hillsdale,NJ:Erlbaum. 1995,43-71.

[4] Robert J. Mislevy, Linda S. Steinberg, & Russell G. Almond. Evidence-Centered Assessment Design.http://www.education.umd.edu/EDMS/mislevy/papers/ECD_overview.html .2015-02-04.

[5] Robert J.Mislevy and Michelle M.Riconscence.Evidence-centered assessment design:layers, structures,and terminology. PADI Technology Report 9,CA:SRI International.2005.

的关系，与测评的目的有着很大的关系，同时与现有的无论是经验还是理论认识有着很强的联系。图 3-11 中，学生模型中多个变量（圆圈所示）之间用箭头相联系，表示了这些变量之间可能存在某种关系，这些关系的获取或是经验判断，或是理论上存在的架构。这些存在的关系，为我们提出需要不同的相应模型进行匹配。学生模型中的结构或维度往往是无法从学生的实际表现中直接获取的。这就需要借助统计方法，充分利用相关统计变量，获取相关证据。

②证据模型

证据模型要解决的问题是如何测评，即其要处理好学生在具体项目或试题所设情境中的表现应如何且为何成为推理证据的问题。在学生模型中所示的结构、维度与学生的行为和表现之间的联系的确立，是证据模型的关键，也是测评过程中证据推理链形成的核心。该模型分两个子模型，其一为评价性子模型（evaluative submodel），其二为统计子模型（statistical submodel）。

评价性子模型称为证据规则（evidence ruler）或项目评分（item score）。该模型根据学生在项目或试题上的实际表现和行为，对观测变量的值进行判断。该观测变量往往是测评人员在项目或试题设计过程中有目的地观测的学生核心表现或要素，所示分数代表了相应核心表现或要素程度的高低。

统计子模型的目的在于，针对上述观测变量及相应的值，以及变量之间存在的关系，从统计方法的角度，建立模型或根据已有模型进行数值拟合，从而对观测变量及相应值在解释学生模型结构和维度上建立内在的联系。

③项目模型

项目模型解决在哪进行测评，哪些项目或试题能有助于所期行为的表现的问题。项目或试题，为测评对象提供了表达表现的环境，也为对测评对象所知所做进行量化提供场所。根据测评的目的，以及所要体现的学生潜在的测评结构及维度，项目或试题在测评设计人员的努力下，力求体现原有的目标和设想。包括题型、项目或题型中素材的使用，甚至涉及相关指令或教师是否在教学中使用过等方面。项目模型在测评中扮演着很多角色，包括为项目的设计、项目的证据意义的形成、测评的整合、定义学生模型变量以及学生变量与观察变量之间的统计意义上的联系等。①

④组合模型

由于单个的数据或证据一般无法对学生的所知所能起到有效推断，特别是这些来自单个项目或试题的数据或证据更是如此，故需要将一系列通过相关项目或试题上所得到的数据或证据加以整合，这就是组合模型所要解决的。这需要在组合模型中关注学生模型、证据模型和项目模型三者之间的联系，以此对学生模型中的相关维度或变量能有一个精确有效的测量。该模型的表现往往通过考试细目表或蓝图来表现出来。考试细目表或蓝图主要是将学生模型中不同维度所对应的试题分布做一罗列，也将项目或试题设计中的设计目标做一体现。

4. 测评三角设计

任何一个国际大规模数学测评，都是一个系统。系统不是仅仅一些事物的简单集合，而是一个由一组相互连接的要素构成的，并能够实现某个目标的整体。②

20世纪90年代，NRC指出，"近年来，有关测评的观念发生了重要的变化。在新的观念中，测评和学习是同一枚硬币的两面。"③测评往往是基于证据的推断过程。④在上述对测评系统内在一致性的基础上，NRC提出测评系统构建的三大支柱（three pillars），其一为表示学生在某个课程领域中表现知识和发展能力程度的认知模型；其二为用来观察学生表现的情境或任务；其三为对上述表现而获得证据，并基于这些证据进行推断的解释模型。在大规模测评中这个模型往往指的是测量模型。NRC形象地将上述三大支柱比喻成整个测评系统的"测评三角（assessment triangle）"，并将上述三大支柱的表述为：认知

---

① Mislevy,R.J.,Steinberg,L.S.,&Almond,R.G. (in press).On the several roles of task model variables in assessment design[EB/OL]. http://files.eric.ed.gov/fulltext/ED431804.pdf.2014-06-28.

② [美]德内拉·梅多斯.系统之美——决策者的系统思考[M].邱昭良,译.杭州:浙江人民出版社.2012.18.

③ National Research Council.National Science Education Standards[M]. Washington.DC:National Academy press,1996.67.

④ National Research Council.Knowing What Students Know:The Science and Design of Educational Assessment[M]. Washington.DC:National Academy press.2001:53.

(cognition)、观察（observation）、解释（interpretation）。并将测评系统图示为展示为图3-12：

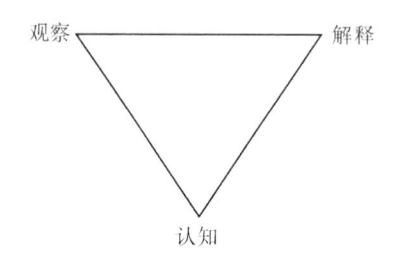

图 3-12 测评三角[1]

三角中的三个角代表测评系统所需要的三个主要支柱或要素。分别是：

要素一：学生在某领域中的认知（cognition），即明确了学生作为测评对象，其所对应的测评目标及维度。可以是对学生就某一课程领域对知识和技能的描述，也是对学生所需能力（competencies）的特征表现的描述。而这些都要依托于相应理论及其发展或一系列信念（beliefs）。

要素二：一套关于哪些可观察的（observations），如一系列项目或试题，这些项目或试题的设计需要与认知模型相匹配，或者根据认知模型要求对项目或试题进行合理描述或说明，在获取学生的清晰回答的同时，收集数据信息，以便给推断学生知识技能或能力的程度及内在的结构提供证据。从这个意义上而言，该要素主要是通过一系列项目或试题在不同测评维度上的分布，以及学生的实际表现，获取观察变量情况。

要素三：使得这些证据获得意义的解释（intepretation）。其包含所有的方法和工具，便于测评对通过观察所收集到的数据形成证据进行解释。该要素起到的作用是观察模块中学生的表现或数据以成为测评推断的证据，这些证据或成为测评的结果，或成为新推断的依据。在大规模测评中，这种推理过程是基于统计意义上的，解释模块所用的方法往往是使用统计测量模型，这有助于通过数据刻画学生不同的认知维度和认知层次。解释过程中，在凸显统计模型运用的同时，也凸显了对原有设计中测评学生认知结构或要求的呼应。

---

[1] National Research Council.Knowing What Students Know:The Science and Design of Educational Assessment[M]. Washington.DC:National Academy press.2001:42.

从三角的显示可以看出，作为一个成熟、有效的测评系统，这三个基本要素，相互依赖，相互支撑。相互间存在关系可以如下描述：

认知和观察：认知要素为观察一系列所需项目或试题设计提供了理论依据，特别是在认知方面的理论，对测评学生的能力所需的情境设计等提供依据和线索。同样，通过好的项目或试题设计，可以准确获取学生在每个项目或每道试题上不同方面的表现；通过汇总能有助于获得学生在不同目标或维度上的整体表现。

认知和解释：认知要素为解释学生在项目上的表现及相应数据信息成为最终的测评结果提供了分析方法和相关分析脉络。认知相关理论为我们刻画和分析学生在知识和能力方面的特征提供了相应的指导。同样，在解释要素中，相应的测评理论或模型等方法的运用，为测评结果中学生认知模型的不同维度或层次提供了有用的依据。

观察和解释：在解释要素中，不同统计测量模型都存在一定的假设前提和应用限制，如果知道这些模型现有的局限性，在项目或试题设计中，就会适当注意，扬长避短，这样更有助于增强项目或试题在测评过程中的有效性和可靠性。对于学生在所设计的项目或试题上的表现，观察要素直接为解释要素的工作提供最直接的材料和基础。

测评系统的三角中三个要素——认知、观察、解释，从测量角度来看，分别体现着结构变量（construct variables）、观察模型（observation variables）、测量模型（measurement models）的运用及相互联系。从量化角度和推理角度来看，认知、观察和解释应高度统一；从系统角度来看，上述三个要素内在的相互影响和一致性，是整个测评系统综合、内在一致、连续、整合、高质量的基本保证。

5. 测评模型建构

"模型是对客观现实事物的某些特征与内在联系所作的一种抽象，它刻画了事物有关因素之间的关系。"[①]而建构一个测评模型，主要"包括生成概念化模

---

① 沈以淡.简明数学词典[M].北京:北京理工大学出版社,2003.

型、模型界定、模型拟合和模型评估等4个步骤"[①]。近年来,实证研究在我国各行各业都受到特别关注,建构模型是实证研究的一种重要方式。在教育科学研究领域中,构建测评模型是一项实证研究[②],测评模型作为实证研究的一种重要形式也是教育研究的热点议题,目前也有许多相关博士论文和重要学术期刊论文,这表明当前关于建构模型的实证研究在我国教育领域特别受教育研究者的重视。在此背景下,这些研究成果尤其凸显了重要价值和意义。构建一个适切的模型有利于准确刻画教育研究对象的现状,对初中学生项目式学习水平的测评模型研究,可为提高初中生数学核心素养水平、提供教学改进的思路以及具体实施提供参考。关于模型的认识,就其本质而言,"模型是对很多变量间关系(联系)的假设和概念的描述。模型旨在解释现象,应用在教育研究中时,模型被用来解释在某个情境中发挥作用的教育变量"[③]。就其呈现形式来看,《数学辞海》认为,模型"可以是文字、图表、公式,也可以是计算机程序或其它实体模型"[④]。

(1)关于教育测评中建构模型的框架研究

建构模型首先需要建构模型的框架。在教育测评中,建构测评模型的框架是基础。各种国际数学测评中,首要的条件也是建立测评框架,通过框架来框定测评的范围和程度。以TIMSS2003至TIMSS2011为例,其测评框架包含内容维度和认知维度。其中,内容维度规定了"评价数学的内容和范围,包含了几个不同的内容领域,每个领域都包含若干个主题"。认知维度规定了"学生解决数学问题时的思维过程和范畴"[⑤],在此维度上按照理解、应用和推理三项逐层递进。而从PISA2000开始,其测评框架一直没有变化,该测评框架包

[①] Ferguson D M. Annotation: structural equation models in developmental research [J]. Journal for Child Psychology and Psychiatry, 1997,38(8): 877–887.

[②] 教育实证研究华东师范大学行动宣言[J].全球教育展望,2017(3):3–5.

[③] [美]威廉·维尔斯马,斯蒂芬·G.于尔斯.教育研究方法导论(第9版)[M].袁振国,译.北京:教育科学出版社,2010:312–314.

[④] 数学辞海编辑委员会.数学辞海:第3卷[M].南京:东南大学出版社,2002.

[⑤] 赵慧.TIMSS2011数学教育评价框架及运行研究[J].外国中小学教育,2015,(2):5–10+23.

含三个维度：内容、过程和情境这个三维一体架构[①]。但是无论 PISA 还是 TIMSS，对认知维度的具体要求却是不断发展变化的，如 TIMSS1995 和 TIMSS1999 的要求是知道、使用常规性的步骤、调查和问题解决、数学推理和交流，而 TIMSS2003 在认知领域的要求是知道事实和过程、使用概念、解决常规问题、推理。至 TIMSS2007、TIMSS2011、TIMSS2015，认知要求又转变为：知道事实和过程、概念、解决常规问题、推理，TIMSS 的测评框架没变，但在此框架下具体要求发生了较大的变化。PISA 测评也是如此，框架结构没变，但具体要求发生了较大的改变。以 PISA2021 为例，PISA2021 数学素养测评框架将方形模型改为圆形模型，重构了"数学建模过程"，并突出"数学过程"中数学推理的核心地位，突出"数学内容领域"与"数学过程"的紧密联系，删除"数学思想与行为"，增加"21 世纪技能"，并明确列出 8 大技能[②]。以上情况也表明，框架具有一定的稳定性，它既反映了测评的价值取向，对人才培养的导向作用，也体现了实践取向，以及对学生的学习、教师的教学的导向作用。但是这些测评框架均可呈现出以下概念：强调学科核心内容、突出学科核心能力、聚焦问题解决[③]。由此可知，确定一个适切的测评框架能够包容和承载测评模型中内容和要求的相应变化。

（2）关于建构模型的思路研究

建构模型主要包括四个步骤：第一，构建操作性定义；第二，确定模型的指标；第三，构建测评模型；第四，验证模型等。而建构模型的具体操作如下：

①确定测评模型的指标

通过不同的方法建构研究对象的操作性定义，然后需要确定测评模型的维度，接着再研究并确定测评模型的指标构成。但是不同的研究者采用的确定测

[①]王鼎,李宝敏.TIMSS 和 PISA 数学测评分析框架比较分析[J].全球教育展望,2017,46(6)20-34.

[②]董连春,吴立宝,王立东.PISA2021 数学素养测评框架评介[J].数学教育学报,2019,28(4):6-11.

[③]周达.国际大规模测试数学学业水平描述框架之比较及启示[J].教育测量与评价,2017,(4):23-27.

评模型的指标方法略有差异,梳理一下研究成果,研究发现主要有三种探索与验证测评指标的方法:一是通过问卷调查收集数据,然后再对问卷数据进行因子分析,最后确定指标,如王牧华、商润泽[1],张胤、徐宏武[2],孔祥沛[3]等的研究;二是编制测试题测试学生,对测试成绩进行探索性因子分析和验证性因子分析,如黄湛冰、庄心棠、刘磊[4],李艳琴、宋乃庆[5]以及宋乃庆、罗士琰[6]等的研究成果;三是混合法,该方法主要是把前两种方法结合起来使用,一般是通过对问卷所收集的数据进行探索性因子分析,然后再利用自编试卷的测试成绩进行验证性因子分析,如张和平[7]、左成光[8]、杨玉琴[9]等的研究主要就是采用此种方法。

②构建测评模型

构建测评模型主要需要考量两个方面:一方面是模型的表示。基于调查构建测评模型是实证研究的一种非常重要的方法,而且根据需要,测评模型的表现方式也存在多种样态,但是作为教育测评的模型表达,因其实践中需考量是否便于操作,因而通常测评模型需要首先通过计算指标权重写出数学表达式[10],这种数学表达式一般是一种线性关系的表达式,即 $Y=\partial_1 A_1+\partial_2 A_2+...+\partial_n A_n=\sum_{i=1}^{n}\partial_i A_i$,

---

[1] 王牧华,商润泽.面向学习者画像的初中生创客素养测评模型构建研究[J].中国电化教育,2020(11):73-79.

[2] 张胤,徐宏武.基于实证的硕士研究生创造力倾向研究及其教育学诠释[J].中国高教研究,2011(5):41-44.

[3] 孔祥沛.基于满意度的研究生过程质量分析研究[J].中国高教研究,2011(5):44-48.

[4] 黄湛冰,庄心棠,刘磊.我国高校课堂的就近效应及大小班——基于行为经济学的解释与自然实验证据[J].苏州大学学报(教育科学版),2020,(4):92-103

[5] 李艳琴,宋乃庆.小学低段数学符号意识测评指标体系的初步构建[J].教育学报,2016,12(4):23-28+38.

[6] 宋乃庆,罗士琰.学生阅读素养测评指标体系构建研究——以小学生为例[J].东北师范大学学报(哲学社会科学版),2018,(4):201-206.

[7] 张和平.小学生几何直观能力测评模型的构建研究[D].重庆:西南大学,2018.

[8] 左成光.小学科学推理能力及其影响因素研究[D].重庆:西南大学,2018.

[9] 杨玉琴.化学学科能力及其测评研究[D].上海:华东师范大学,2012.

[10] 李化侠.小学统计思维测评模型构建——基于学习进阶的视角[D].北京:北京师范大学,2017.

其中 A_i 表示测评模型中第 i 个指标，∂_i 而表示测评指标 A_i 的权重系数；另一种是计算各个指标的影响力（或权重）占比，用表格的形式表示，或者用比例的形式表示。

另一方面是，求各因素的权重系数（即某指标在整体评价中的相对重要程度）。求解测评模型中各因素的权重系数有多种方法。其中，在教育测评领域中主要有三种方法：

第一，利用主成分分析法确定指标权重。这种方法主要步骤包括：第一，对收集到的数据利用 SPSS 统计软件进行主成分分析法，提取特征值的因素以及方差贡献率 x_i ($i=1, 2, 3, …$)；第二，通过主成分分析法求原来各因素的因素负荷量 y_{ij} ($i=1, 2, 3, …, j=1, 2, 3, …$)；第三，计算各因素的权重系数。若提取的主成分特征值满足特征值的有两个因素，并且这两个因素对其上一级指标的因素负荷量分别是 y_i 和 y_j ($i=1, 2, 3, …, j=1, 2, 3, …$)，则权重系数的计算公式为：$a_i = \dfrac{x_{i1} y_i + x_{i2} y_j}{x_{i1} + x_{i2}}$；最后，对计算出来的权重系数进行归一化处理，即可得模型中各因素的权重系数。

第二，利用因素负荷量计算权重。主要包括以下几个步骤：一是基于研究的理论假设和调查数据的统计结果来建构结构方程模型；二是利用统计软件计算观测变量对潜在变量的因素负荷量；三是利用这些因素负荷量进行归一化处理，进而达到得出各指标的权重系数。

第三，通过专家评分法确定权重。这种方法主要有两种途径：一是运用秩和运算法，二是采用层次法。该方法关键是先对各个测评模型中各指标的重要性进行打分，然后对熟悉该领域的专家或者从事一线工作的教研人员等展开调查，再对调查数据的结果进行统计。一般情况下，使用层次法分析的相对较多。利用每个测评指标的计算数值表示该指标的权重，如张蓓蓓、王艺芳、姜勇[1]、宋乃庆、罗士琰等的研究均具有此特点。

---

[1] 张蓓蓓,王艺芳,姜勇.我国幼儿教师职业感受指标体系的构建——基于德尔菲法和层次分析法[J].苏州大学学报(教育科学版),2020,(3):109-118.

梳理测评模型构建研究的文献，得出测评模型构建研究的基本思路是：一是概念的内涵；二是构建概念的操作性定义；三是探索测评模型的指标；四是计算模型中各指标的权重系数；五是构建教育测评模型表达式；六是对教育测评模型的验证以及应用等。

综上所述，根据文献综述和建构模型的程序研究，进一步明确了构建初中学生项目式学习测评研究的紧迫性和必要性。而要建构初中学生项目式学习测评模型，必须解决以下三个问题，即初中学生项目式学习测评框架如何？初中学生项目式学习测评指标体现构成如何？构建初中学生项目式学习测评模型表达如何？研究探索初中学生项目式学习测评模型建构，不但符合当前的国际数学教育改革的趋势（走向理解、走向生活和走向未来），而且也响应国家"立德树人"的人才培养目标，对培养符合时代潮流的人才是非常有必要的。

第四章 项目式学习相关理论基础

一、项目式学习的相关理论基础

(一) 情境认知理论

1.情境认知理论的历史流变

情境认知与学习是当代西方学习理论领域研究的热点，也是继行为主义"刺激—反应"学习理论与认知心理学的"信息加工"学习理论后的又一个重要的研究取向[1]。自20世纪80年代以来，西方学习理论的发展呈现出从行为主义范式向建构主义范式的转变的趋势[2][3]。主张弥补正式教育与真实生活之间差距的情境认知理论便是其中之一。1989年约翰·西利·布朗、阿伦·柯林斯与保尔·杜吉德联合发表了论文《情境认知与学习文化》。这篇论文系统、完整地论述了情境认知与学习理论[4]。

19世纪末强调以学生为中心的教学，重新激发了人们对不同教学观的兴趣[5]。

---

[1] 王文静.情境认知与学习理论研究述评[J].全球教育展望,2022,1.
[2] 梁影,倪其育.基于情境学习理论的学习环境设计原则[J].扬州大学学报(高教研究版),2009(01):83-86.
[3] Herrington, J., R. Oliver. An Instructional Design Framework for Authentic Learning Environments[J].Educational Technology Research and Development, 2000. 48(3):23-48.
[4] 戴维·H·乔纳森.学习环境的理论基础[M].郑太年,任友群,译.上海:华东师范大学出版社.2002:91.
[5] Hannafin, M. J., Land. Susan. The foundations and assumptions of technology-enhanced student-centered learning environments[J]. Instructional Science, 1997,25(3): 167-202.

从 20 世纪 60 年代起，心理学界开始挣脱行为主义学习观的束缚，返回到早期的研究传统[1]。建构主义理论聚焦在认知上认为知识并非客观地存在于学习者之外，而是内含于学习者的知觉、想象、经验、以及社会的建构中[2]。

20 世纪 80 年代末，学习的研究取向受到认知科学、人类学等研究的影响，加上彼时的学校教育脱离实际的状况，逐渐从强调内部建构的认知转向情境认知[3][4]。从这个角度来看，情境认知理论是对建构主义的超越[5]。情境认知理论关于数学教学的涵义之一就是倡导"做中学"[6]。具体做法是"通过考察精心安排的例题和通过解决精心安排的问题"来学习数学[7]。

数学教学要从注重知识的传授转为学习环境的设计。(1)提供真实的学习场景：反映数学在生活或其他学科的应用。(2)面对真实的任务：让学生解决复杂、非结构良好的数学问题。(3)提供类似专业领域的工作机会：主张合作学习，暴露真实的数学思维过程，体验数学的创造过程。(4)建立对话的机制：学生可以向老师或同伴质疑，尊重学生的个体差异和创造性，鼓励学生之间的互动、交流[8]。

从 1999 年开始我国实施的新一轮数学课程改革就受到情境认知理论的深刻影响。其中情境教学、合作学习、动手实践、数学联系生活等理念或教学方式都是基于情境认知理论[9]。

---

[1] 戴维·H·乔纳森.学习环境的理论基础[M].郑太年,等译.上海:华东师范大学出版社,2002:序言.

[2] 瑞泽,邓普西.教学设计和技术的趋势与问题[M].祝智庭,顾小清,译.上海:华东师范大学出版社,2008:47.

[3] Resnick, L.B., Learning in school and out[J]. Education Researcher, 1987, 16(9):13-20+54.

[4] 姚梅林.从认知到情境:学习范式的变革[J].教育研究,2003(02):60-64.

[5] 谢明初.情境认知理论对数学教育的意义[J].教育研究,2009(08):69-73.

[6] 谢明初.情境认知理论对数学教育的意义[J].教育研究,2009(08):69-73.

[7] Zhu Xinming & Herbert A.Simon.Learning Mathematics from Examples and by Doing[J]. Cognition and Instructon 1987(4).

[8] 谢明初.情境认知理论对数学教育的意义[J].教育研究,2009(08):69-73.

[9] 谢明初.情境认知理论对数学教育的意义[J].教育研究,2009(08):69-73.

2. 情境认知理论的内涵

柯林斯（Collins, A.）等人提出了情境认知理论，并给出在课堂实践中的实施建议。柯林斯对于情境学习给出的定义是："以知识在真实世界中被使用的方式为情境，学习知识和技能[1]。

情境认知（Situated Cognition）试图纠正纯粹的、抽象的、符号运算的不足，特别是只关注有意识推理的认知，而忽视情境的认知[2][3][4]，使学生有机会在真实的活动中，通过观察、感知以及问题的解决[5]，从而使得学习者获得有利于在特定的文化共同体的适应能力[6]。学习发生的活动和情境仅仅被看作是辅助条件[7]。然而这种教学导致学生与社会的脱离[8]。

认知学徒制等方法将学习嵌入到活动中，有意识地利用社会和物理环境，更符合研究中对学习和认知的理解[9]。情境认知理论认为学习和认知是基于情境的，情境是有效学习的重要组成部分[10]。比较常用的模型如雷斯尼克（Resnick, L. B.）提出的搭建学徒身份，沟通课堂上正式教学的理论学习以及真实工作环境中的应用、以及温格（Wenger, E.）和莱芙（Lave, J.）提出的合

---

[1] Collins, A., Brown, J. S. The computer as a tool for learning through reflection. // In H. Mandl, A. Lesgold(eds.),Learning issues for intelligent tutoring system[J].New York: Springer-Verlag. 1988:2.

[2] Greeno. James G. The Situativity of Knowing, Learning, and Research[J]. American Psychologist, 1998,53(1): 5–26.

[3] 王文静,情境认知与学习理论研究述评[J].全球教育展望,2002(01):51–55.

[4] Herrington, J. and R. Oliver, An Instructional Design Framework for Authentic Learning Environments[J].Educational Technology Research and Development, 2000, 48(3): 23–48.

[5] Choi, I. and K. Lee, A Case-Based Learning Environment Design for Real-World Classroom Management Problem Solving[M]. Springer US: Boston, 2008:26–31.

[6] 高文.情境学习与情境认知[J].教育发展研究,2001(8).30–35.

[7] John Seely Brown, Allan Collins, Paul Duguid. Situated Cognition and the Culture of Learning[J]. Educational Researcher, 1989(18): 32–42.

[8] 高文.情境学习与情境认知[J].教育发展研究,2001(08):30–35.

[9] John Seely Brown, Allan Collins, Paul Duguid. Situated Cognition and the Culture of Learning[J]. Educational Researcher, 1989(18): 32–42.

[10] Greeno. James G. The Situativity of Knowing, Learning, and Research [J]. American Psychologist, 1998,53(1): 5–26.

法的边缘性参与。

情境认知理论认为学习具有如下的特征:(1)情境性。(2)真实性。(3)实践性。(4)探究性。(5)主动性。以情境认知理论为指导的教学模式主要有以下三种:抛锚式教学模式、随机进入教学模式和认知学徒制教学模式[①]。

情境认知教学模式的共性:(1)基于问题的、建构性的学习;(2)丰富的、有意义的情境供应;(3)创设以学习者为中心的学习环境;(4)教师的"支架"作用。

(二) 实践共同体理论

1. 实践共同体概念的提出

实践共同体理论是由莱夫和温格提出和发展的。我们必须协调我们自己的关系以及与世界的关系[②]。莱夫和温格《情境学习：合法的边缘性参与》（Situated learning: Legitimate Peripheral Participation）中提出基于情境学习的"认知学徒制"这样一种有效学习模式。

从学徒到专家的过程是学习者投入和活跃在共同体生活的过程[③]。

2. 实践共同体的内涵与实践指导

温格认为实践共同体是，"包括了一系列个体共享的、互相明确的实践和信念以及对长时间追求共同利益的理解"[④]。参与和物化形成了实践的二元性：它是人类意义体验和实践本质的基础[⑤]。

实践共同体通过以下三个关系维度，来解释实践作为共同体的内在一致性

[①]刘义,高芳.情境认知学习理论与情境认知教学模式简析[J].教育探索,2010.6:88-89.

[②]埃蒂纳·温格.实践共同体:学习、意义和身份[M].李茂荣,等译.南昌:江西人民出版社,2018:42.

[③]Lave, J. & Wenger, E. Situated learning: legitimate peripheral participation [M]. Cambridge: Cambridge University Press, 1991:123.

[④]Etienne Wenger. Communities of Practice: Learning, Meaning, and identity [M]. Cambridge University Press.1998:73.

[⑤]埃蒂纳·温格.实践共同体:学习、意义和身份[M].李茂荣,等译.南昌:江西人民出版社,2018:49.

的：(1) 彼此融入 (mutual engagement)；(2) 合作事业 (joint enterprise)；(3) 共享智库 (shared repertoire)，具体如图 4-1 所示：

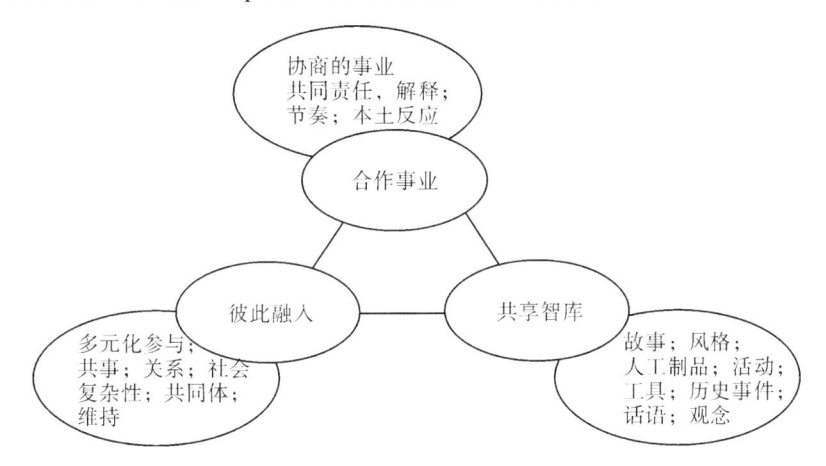

图 4-1 实践作为一个共同体属性的三个维度[1]

跨界模型有以下三种（见图 4-2）：第一种是新手完成的跨界学习，新手通过与其他参与者互动，进行跨界学习；第二种是两个熟手，围绕某一共同的领域进行探讨，促进对某一领域的深度理解；第三种是新手通过各种手段，自学的跨界学习。

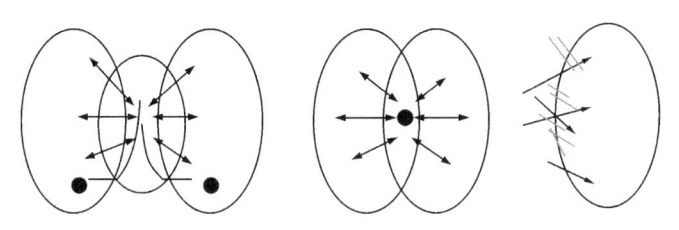

图 4-2 实践共同体的边界学习模型[2]

事实上，当协同通过纯粹的权威关系得以实现的时候，协同依然在某种程度上来指导我们的行动，这样也会影响参与者身份的生产[3]。

---

[1]Etienne Wenger. Communities of Practice: Learning, Meaning, and identity[M]. Cambridge university press.1998:83.

[2]埃蒂纳·温格.实践共同体:学习、意义和身份[M].李茂荣,等译.南昌:江西人民出版社, 2018:106.

[3]埃蒂纳·温格.实践共同体:学习、意义和身份[M].李茂荣,等译.南昌:江西人民出版社, 2018:186.

这样的权威关系就如同当下基础教育阶段的学生的学习方式与真实的情境完全脱离，把抽象的概念从真实的情境中抽离出来，然后灌输给学生，使得学生掌握大量的惰性知识，但却难以发生深度理解，更不要说合理的迁移[1]。

(三) 活动理论

1. 活动理论的内涵以及发展脉络

活动理论（activity theory）是一个社会心理学框架，其根植于德国康德和黑格尔哲学，强调人类活动的历史性以及建构性[2]。苏联活动理论家以"活动"作为解释世界的首要原则。他们试图以"活动"为逻辑起点来研究和解释人的心理发生与发展问题[3]。马克思主义提出："活动是心理发展的基础，指出人的智力是按照其如何学会改变自然界而发展的"[4]。维果茨基认为人类的思维并不仅仅是对刺激的反应，相反，思维本身是以语言、工具、数字和信号等抽象符号或者物理客体为中介（mediation）的[5]。

图 4-3　维果茨基——工具作为中介方式的活动模型[6]

---

[1] 美国科学教育的可视化协作学习环境——CoVis 项目的理念、设计与评析[J].2005,34(11):50-54.

[2] Jonassen, D. H., L. Rohrer-Murphy. Activity Theory as a Framework for Designing Constructivist Learning Environments[J]. Educational Technology Research and Development, 1999, 47(1): 61-79.

[3] 吕巾娇,刘美凤,史力范.活动理论的发展脉络与应用探析[J].现代教育技术,2007(01):8-14.

[4] 朱智贤.心理学大辞典[M].北京:北京师范大学出版社,1989:278.

[5] 列夫·维果茨基.思维与语言[M].李维,译.北京:北京大学出版社,2010:6.

[6] Engeström, Y., Expansive Learning at Work: Toward an activity theoretical reconceptualization. Journal of Education and Work, 2001, 14(1): 133-156.

这些客体包括实体工具和符号表征，他们常常被整合到一个人的内部思维模式之中[1]。维果茨基指出：人与人之间的社会交互才是学习得以发生的场所，而且需要借助一定的中介工具，而非孤立的个体。因此以工具作为中介方式的活动理论被追记为第一代活动理论。以列昂节夫（LevVygotsky, D.）为代表的第二代活动理论认为，活动是伴随着劳动分工而出现的。他以"原始部落集体狩猎"[2]为例。这一拓展工作由恩格斯托姆等人根据列昂节夫的观点绘制了如图 4-4 的活动模型[3]。

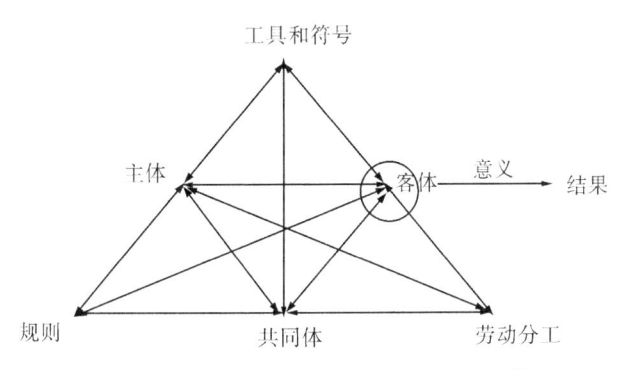

图 4-4 第二代活动理论活动系统结构图[4]

恩格斯托姆等人建立第三代活动模型（图 4-5）时关注到不同文化、不同观点和不同主体所建设的活动系统之间的互动，以理解不同视角的交互性活动网络[5]。

---

[1] 戴维·H·乔森纳.学习环境的理论基础[M].徐世猛,等译.上海:华东师范大学出版社,2017:256.

[2] Engeström, Y. and A. Sannino, Studies of expansive learning: Foundations, findings and future challenges[J].Educational Research Review, 2010, 5(1): 1–24.

[3] 柳叶青.活动理论视角下教材评价标准构建研究[D].上海:华东师范大学,2017:69.

[4] Engeström, Y., Expansive Learning at Work: Toward an activity theoretical reconceptualization. Journal of Education and Work, 2001, 14(1):133–156.

[5] 曾家延.活动理论视角下学生使用教科书研究[D].上海:华东师范大学,2016:60.

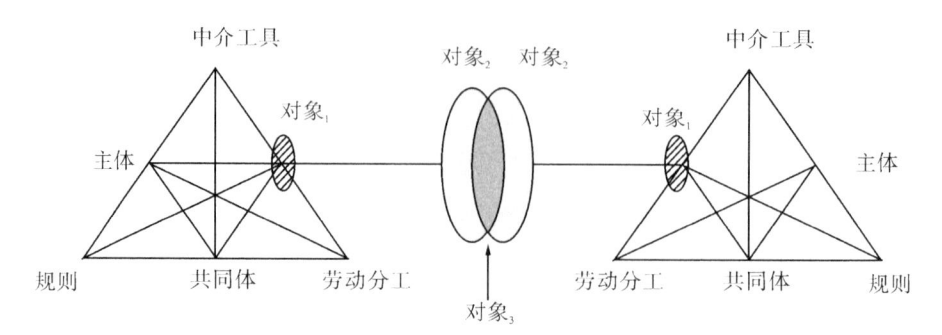

图 4-5　第三代活动理论活动系统结构图①

2. 活动理论之矛盾与发展的原则

活动理论的五个核心原则如下：以活动系统为分析单元，活动的多话语权，活动的历史性，活动中作为变革动力的矛盾以及在活动中形式转换的可能性②。

恩格斯托姆等人③详细描述了活动系统中可能存在的四个层级矛盾：在不同的阶段的活动过程中，矛盾可能以如下几种形式存在：(1)活动系统内部各要素的内部潜在主要矛盾，(2)不同要素之间的显性矛盾(例如，在新对象和旧工具之间)，(3) 新的活动模式与之前的活动模式之间的矛盾，(4)新的活动系统和相关的活动系统之间的矛盾。

---

①Engeström, Y. and A. Sannino, Studies of expansive learning: Foundations, findings and future challenges[J].Educational Research Review, 2010, 5(1): 1–24.

②Engeström, Y., Expansive Learning at Work: Toward an activity theoretical reconceptualization[J]. Journal of Education and Work, 2001, 14(1):133–156.

③Engeström, Y. and A. Sannino, Studies of expansive learning: Foundations, findings and future challenges[J].Educational Research Review, 2010, 5(1): 1–24.

二、初中数学项目式学习的测评框架建构

（一）测评框架的初步构建

构建一个测评框架，首先需要明确其内部结构。国际上几个大规模测试项目以及国内学者的相关研究所使用的测评框架设计，都为本研究提供了启示。这些测评项目有的设置了过程（或认知）维度，有的设置了能力维度，有的设置了情境维度。过程（或认知）维度的设计有助于量尺的形成和结果的解释，情境维度则可以评估学生在非数学情境下发现并重新组织数学问题的能力。本研究测评框架设置了认知水平维度和问题情境维度。与 PISA 测评框架将数学内容作为一个测评维度不同的是，项目式学习视域下初中数学测评工具考查的是学生能否解决复杂或陌生的数学问题，在这个过程中所用到的数学知识一般具有较强的综合性。因此，本研究不再将数学内容领域作为一个测评维度。而"项目式学习"的内涵界定中，项目式学习的活动过程是其核心要素，因此用"活动过程"维度代替"数学内容"维度，作为一个测评维度。PISA 强调学生将学校所学知识和技能运用于真实情境的能力，本研究认为若仅设置真实情境的问题，不能充分体现我国背景下的数学教育目标，因此将问题情境划分为科学情境和生活情境。

测评框架的初步构建是通过梳理文献、模仿国际上大型测评项目建立的。为了构建适用于我国项目式学习视域下的初中数学测评框架，进而有效地开展教育教学活动。在基于文献形成的测评框架的基础上，首先与博士生进行了初步讨论；然后两次邀请了高校教师（数学教育方向）、中学数学教研员、一线中学数学教师等对框架进行评定、讨论，以期得到更加合理的测评框架。具体的测评框架形成流程如图 4-6 所示。

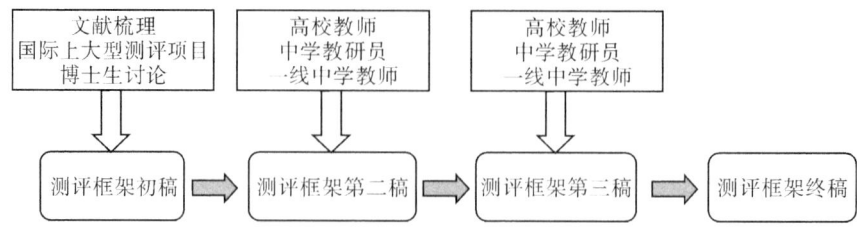

```
┌─────────────┐    ┌─────────────┐    ┌─────────────┐
│  文献梳理    │    │  高校教师    │    │  高校教师    │
│国际上大型测评项目│  │  中学教研员  │    │  中学教研员  │
│  博士生讨论  │    │ 一线中学教师 │    │ 一线中学教师 │
└──────┬──────┘    └──────┬──────┘    └──────┬──────┘
       ↓                   ↓                   ↓
┌─────────────┐    ┌─────────────┐    ┌─────────────┐    ┌─────────────┐
│ 测评框架初稿 │ → │测评框架第二稿│ → │测评框架第三稿│ → │ 测评框架终稿 │
└─────────────┘    └─────────────┘    └─────────────┘    └─────────────┘
```

图 4-6 测评框架形成流程

基于以上分析，本研究认为可以从活动过程、认知水平和问题情境三个维度，构建出项目式学习视域下初中数学的测评框架。

1. 项目式学习视域下初中数学的测试内容

发展学生的核心素养已经成为引领 21 世纪教育改革的风向标。国际上几个大规模测试项目以及区域教育质量体检和国内的一些研究学者，都把学生的核心素养放在测评的核心地位。PISA 测试是以数学问题解决的建模过程为基本载体构建起了数学素养的测评体系。PISA 测试并不希望只是纯粹地拓宽知识和技能的广度，而是想囊括未来成人生活所需的那些重要的、本质的知识和技能。[1]TIMSS 与 NAEP 测试，是以数学的核心知识集为载体，构建起了学生素养测评的框架，将学生的素养融入核心知识和基本数学能力的获得过程中。[2]

自国家实施素质教育与人力资源强国战略，推进基础教育课程改革，构建多元化评价体系以来，数学素养评价引起了社会的广泛关注和浓厚兴趣。数学素养是指个体在数学知识、技能、思维方式和问题解决能力等方面所具备的综合素养。它不仅仅是对数学知识的简单掌握，更是一种运用数学知识和方法解决实际问题的能力。具体表现在学生掌握基本的数学知识和技能，具备数学思维和数学意识，能够借助数学语言、符号与他人合乎逻辑地交流，能够探究一些基本的数学现象和问题，运用数学的知识和方法解决现实生活或其他学科领域里的一些简单问题。针对初中学生，《课程标准（2022 年版）》中提出了以

---

[1]OECD. Measuring student knowledge and skills: a new framework for assessment[R]. Paris: OECD Publishing, 1996:16.

[2]孔企平.国际数学学习测评：聚焦数学素养的发展[J].全球教育展望,2011,40(11).

核心素养为导向的课程目标，强调在数学学习过程中逐渐形成和发展学生的核心素养。这些核心素养包括抽象能力、推理能力、运算能力、几何直观和空间观念等，以及模型观念、数据观念、应用意识和创新意识等，这些核心素养的形成和发展也是测评学生数学素养的重要内容。

教科书是中国数学教师在课堂教学中的主要资源，是培养学生核心素养的重要载体，教学的大部分时间是围绕着教科书来组织的。因此，测评内容主要参考教科书的相关内容编排、例题、练习题以及有关课堂教学的情况。

测试使用的教科书以人教版和北师大版为主，因此，本研究对这两个版本七、八年级教科书的共有知识点进行了梳理，并参考了其他版本教科书，如浙教版、苏科版、湘教版、鲁教版、京教版、沪科版、华师版、冀教版等。所得结果见表4-1。在对比分析的基础上，最终确定以有理数、实数、估计、字母表示数、整式分式、因式分解、一元一次方程、二元一次方程（组）、不等式、一次函数、点线面角、相交线与平行线、三角形、多边形（含多边形内角和、外角和）、全等三角形、勾股定理、四边形（特殊平行四边形除外）、立体图形（三种视图除外）、平移与轴对称、平面直角坐标系、尺规作图、数据收集（方差除外）、统计图表（含频数分布直方图）、可能性与概率（小学水平）等知识作为测评的主要内容。

表 4-1 项目式学习视域下初中数学测评内容

知识领域	知识维度	具体知识点
数与代数	1 有理数	1.1 有理数 1.2 相反数和绝对值 1.3 有理数运算 1.4 乘方 1.5 科学记数法
	2 实数	1.1 平方根 1.2 立方根 1.3 实数
	3 估计	3.1 无理数 3.2 近似数 3.3 二次根式 3.4 二次根式四则运算
	4 字母表示数	4.1 字母表示数 4.2 代数式
	5 整式分式	5.1 整式 5.2 整式的加减 5.3 分式及其性质 5.4 分式的乘除、加减、整数指数幂 5.5 分式方程(方程中的分式不超过两个)
	6 因式分解	6.1 提公因式法 6.2 公式法
	7 一元一次方程	7.1 列方程 7.2 等式 7.3 解一元一次方程
	8 二元一次方程(组)	8.1 代入消元法 8.2 加减消元法
	9 不等式	9.1 不等式 9.2 解一元一次不等式 9.3 确定一元一次不等式组解集 9.4 列一元一次不等式
	10 一次函数	10.1 确定一次函数表达式 10.2 待定系数法 10.3 一次函数图象 10.4 正比例函数

续表：

知识领域	知识维度	具体知识点
图形与几何	1 点线面角	1.1 线段 1.2 距离 1.3 角及角的大小 1.4 度、分、秒
	2 相交线与平行线	2.1 对顶角、余角、补角 2.2 垂线 2.3 点到直线距离 2.4 同位角、内错角、同旁内角 2.5 平行线及其性质 2.6 利用三角尺和直尺画平行线 2.7 平行线的判定
	3 三角形	3.1 三角形、内外角、中线、高线、角平分线 3.2 内角和定理 3.3 等腰三角形 3.4 等腰三角形性质定理 3.5 直角三角形 3.6 直角三角形性质定理
	4 多边形(含多边形内角和、外角和)	4.1 多边形 4.2 多边形内角和、外角和
	5 全等三角形	5.1 全等三角形 5.2 全等三角形判定
	6 勾股定理	6.1 勾股定理 6.2 勾股定理的逆定理
	7 四边形(特殊平行四边形除外)	7.1 平行四边形的性质、判定、三角形中位线 7.2 三角形、平行四边形的重心
	8 立体图形(三种视图除外)	8.1 几何体 8.2 直棱柱、圆柱、圆锥、球相关概念及简单性质 8.3 几何体展开与折叠 8.4 几何体截面
	9 平移与轴对称	9.1 轴对称 9.2 画出给定平面图形的轴对称图形 9.3 等腰三角形、正多边形、圆的轴对称性质 9.4 平移基本性质

续表:

知识领域	知识维度	具体知识点
图形与几何	10 平面直角坐标系	10.1 有序数对 10.2 平面直角坐标系 10.3 平面直角坐标系中求平移或对称后图形顶点坐标
	11 尺规作图	11.1 作与已知线段等长的线段 11.2 作与已知角等大的角 11.3 作角的平分线 11.4 作垂直平分线 11.5 作垂线 11.6 利用基本作图作三角形 11.7 根据条件作相关的圆或圆内接图形
统计与概率	1 数据收集(方差除外)	1.1 抽样
	2 统计图表(含频数分布直方图)	2.1 制作扇形统计图 2.2 根据统计图描述数据 2.3 通过表格、折线图、趋势图等感受随机现象的变化趋势
	3 可能性与概率(小学水平)	3.1 列表法、画树状图法 3.2 简单随机事件所有可能结果及其概率 3.3 利用频率估计概率

2. 项目式学习视域下初中数学的测评框架的构建

(1)问题情境维度:体现情境化导向下的问题解决

荷兰著名数学教育家弗赖登塔尔提出"现实数学教育"思想,积极倡导数学必须连接现实,必须贴近学生,必须与社会相关联,要体现人的价值,所以数学的学习,包括数学的考试评价需要与现实生活紧密联系。[1]核心素养的测评关注的是课程学习的真实性学业成就。[2]真实性学业成就不只是习得事实性的学科知识和概念,而是能够运用这些知识或概念解决复杂的现实性问题。[3]

---

[1] 徐斌艳."现实数学教育"中基于情境性问题的教学模式分析[J].全球教育展望,2000,(4).

[2] 杨向东.指向学科核心素养的考试命题[J].全球教育展望,2018,47(10).

[3] Chi M T H, Feltovich P J, Glaser R. Categorization and representation of physics problems by experts and novices[J]. Cognitive Science, 1981, 5(2).

核心素养发展所依托的真实情境，其实质是个体的各种日常实践。[①]也就是说，发展个体的核心素养，需要通过创设机会，让个体通过参与所处文化日常实践中的真实活动进行学习。因此，在构建项目式学习视域下的初中数学测评框架时，参考国内外大规模测试，问题的情境来源于学生的各种实际生活场景，问题本身并不脱离现实情境，常常是学生在生活中确实能够遇到并值得思考的问题。与此同时，学生对问题的解答也并非完全抽象出数学本身，而是最终会回到问题情境中。[②]PISA 测试为构建项目式学习视域下的初中数学测评中如何有效整合知识技能与核心素养提供了重要借鉴。PISA 的特点是关注学生在真实情境中解决数学问题的能力，PISA 测试中将问题情境划分为四个维度：个人情境、社会情境、职业情境、科学情境（表 4-2），这可以作为构建项目式学习视域下初中数学测评框架中情境维度的重要参考。

表 4-2 PISA 测评框架中的问题情境维度

情境类型	具体描述
个人情境	聚焦于个人、家庭的或同伴群体的活动上。该情境下的问题包括食物准备、购物、游戏、健康、交通、体育、旅行、日程安排和个人理财等
社会情境	聚焦于团体（地方、国家乃至全球）。该情境下的问题涉及经济发展、公共交通、社会管理、公共政策、人口统计等
职业情境	聚焦于劳动。该情境下的问题涉及测量、成本计算、订购材料、设计和架构以及与职业相关的决策等
科学情境	聚焦于将数学应用于自然界以及与科学和技术相关的问题。该情境下的问题包括天气或气候、生态、医学、空间科学，以及数学世界本身。纯数学的问题也属于科学情境的问题

问题情境指问题的刺激模式，即问题是以何种形态和方式出现的，是考查初中数学项目式学习的载体。在初中数学项目式学习的问题情境中，熟悉的情

[①] Brown J S, Collins A, Duguid P. Situated cognition and the culture of learning [J]. Educational Researcher, 1989(1).

[②] 张迪,王瑞霖,杜宵丰.NAEP 2013 数学测评分析框架及试题特点分析[J].教育测量与评价,2018,(3).

境考查学生的理解和实践应用能力,陌生的情境考查学生的迁移创新能力,较为复杂或陌生的非常规的问题是初中学生进行数学项目式学习的前提条件。按照问题情境与学生自身的链接程度,结合着我国数学教学的实际情况,问题情境可简单分为生活情境和科学情境两种类型(表4-3)。

表4-3 项目式学习视域下初中数学测评框架中的问题情境维度

情境类型	具体描述
生活情境	聚焦于学生在学习和生活中能够接触到的实际情境。该情境下的问题包括食物准备、购物、游戏、健康、交通、体育、旅行、日程安排和个人理财等;以及经济发展、公共交通、社会管理、公共政策、人口统计等
科学情境	聚焦于将数学应用于自然界以及与科学和技术相关的问题。该情境下的问题包括天气或气候、生态、医学、空间科学、以及数学世界本身;还包括测量、成本计算、订购材料、设计和架构以及与职业相关的决策等。纯数学的问题也属于科学情境的问题

(2)活动过程维度:体现项目式学习的活动过程

国内外学者对于项目学习活动过程的研究,都强调从真实情境出发,发现问题,设计方案来解决问题,进行评价与反思等过程,其核心均指向真实情境中现实问题的发现与解决。因此,在构建项目式学习视域下初中数学的测评框架时,围绕着"活动过程"这一维度,分为"设计规划""探究实施""反思改进"三个环节(如表4-4)。

表4-4 项目式学习视域下初中数学测评框架的活动过程维度

活动环节	具体描述
设计规划	通过系列问题引导学生发现问题、提出初步的解决方案,力图培养学生会用数学的眼光观察现实问题、分析问题蕴含的数学规律、尝试提出解决问题的方案
探究实施	通过系列问题注重发展学生的问题解决能力,进一步对问题进行分解、细化,在方案实施过程中可能会有方案的调整与完善,直至基本解决问题。促进学生更好地认识数学与现实的联系和差异,形成正确的数学观
反思改进	通过系列问题对设计方案、实施过程、实施效果进行反思,反思最初的问题,优化已有的设计。培养学生严谨、有逻辑的数学思维

（3）认知水平维度：指向学生发展的高阶思维

《课程标准(2022年版)》中指出，"积极开展主题化、项目式学习等综合性教学活动"[1]，"初中阶段综合与实践领域，可采用项目式学习的方式，以问题解决为导向，整合数学与其他学科的知识和思想方法，让学生从数学的角度观察与分析、思考与表达、解决与阐释社会生活以及科学技术中遇到的现实问题"[2]。综合分析学者的论述以及项目式学习在初中数学课程中的定位，发现项目式学习均指向了学生的高阶思维。因此在本研究中将测评框架中的认知水平维度划分为"分析、评价、创造"三个层次（如表4-5）。

表4-5 初中生数学项目式学习测评框架的认知水平维度

认知水平	具体描述
分析	能将数学任务分解成各个组成部分,确定各部分之间、部分与整体结构之间的关系;能区分条件中哪些是重要的和不重要的,明确条件之间、条件和结论之间具有怎样的关系;能将问题进行适当转化
评价	能对自己或他人的思维过程和结论进行反思和评价。例如:检查或评论自己或他人的数学过程是否正确,所得结论是否存在矛盾或错误,等等
创造	能综合应用已有知识,将问题进行分解后得到的信息进行重新组合,通过形成一个新的模式或结构,组成一个新的整体,或者创造性地解决问题

基于以上分析，本研究认为可以从活动过程、认知水平和问题情境三个维度，对项目式学习视域下初中学生的数学学习水平进行考查，由此初步构建出项目式学习视域下初中数学的测评框架（如图4-7）。

---

[1] 中华人民共和国教育部.义务教育课程方案(2022年版).[M].北京:北京师范大学出版集团,2022:14.

[2] 中华人民共和国教育部.义务教育数学课程标准(2022年版)[M].北京:北京师范大学出版集团,2022:77-78.

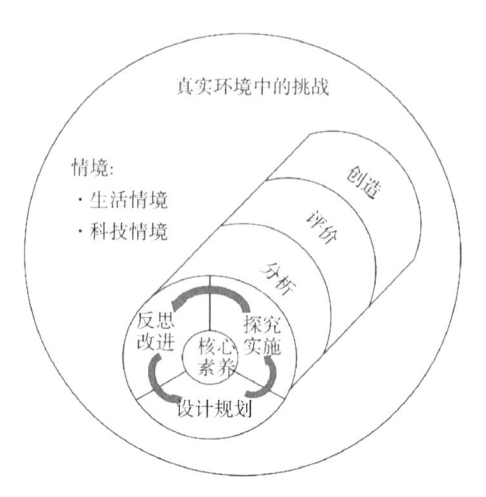

图 4-7 项目式学习视域下的初中数学测评框架

该框架具体包括"活动过程、认知水平、问题情境"三个测评维度，每个维度下再细分为若干个二级维度："活动过程"分为"设计规划、探究实施和反思改进"；"认知水平"分为"分析、评价和创造"；"问题情境"分为"生活情境和科学情境"（见表 4-6）。

表 4-6 项目式学习视域下初中数学的测评框架的二级类目及内容描述

维度	二级类目	具体描述
活动过程	设计规划	通过系列问题引导学生发现问题、提出初步的解决方案,力图培养学生会用数学的眼光观察现实问题、分析问题蕴含的数学规律、尝试提出解决问题的方案。
	探究实施	通过系列问题注重发展学生的问题解决能力，进一步对问题进行解释、细化,在方案实施过程中可能会有方案的调整与完善,直至基本解决问题,促进学生更好地认识数学与现实的联系和差异,形成正确的数学观
	反思改进	通过系列问题对设计方案、实施过程、实施效果进行反思,反思最初的问题,优化已有的设计。培养学生严谨、有逻辑的数学思维

续表:

维度	二级类目	具体描述
认知水平	分析	能将数学任务分解成各个组成部分,确定各部分之间、部分与整体结构之间的关系;能区分条件中哪些是重要的和不重要的,明确条件之间、条件和结论之间具有怎样的关系;能将问题进行适当转化
	评价	能对自己或他人的思维过程和结论进行反思和评价。例如:检查或评论自己或他人的数学过程是否正确,所得结论是否存在矛盾或错误,等等
	创造	能综合应用已有知识,将问题进行分解后得到的信息进行重新组合,通过形成一个新的模式或结构,组成一个新的整体,或者创造性地解决问题
问题情境	生活情境	聚焦于学生在学习和生活中能够接触到的实际情境。该情境下的问题包括食物准备、购物、游戏、健康、交通、体育、旅行、日程安排和个人理财等;以及经济发展、公共交通、社会管理、公共政策、人口统计等
	科学情境	聚焦于将数学应用于自然界以及与科学和技术相关的问题。该情境下的问题包括天气或气候、生态、医学、空间科学、以及数学世界本身;还包括测量、成本计算、订购材料、设计和架构以及与职业相关的决策等。纯数学的问题也属于科学情境的问题

(二) 测评框架等问题的修订

早在1923年,布里奇曼就指出:"一个概念的真正定义不能用属性,而只能用实际操作来给出"。1971年,该观点被美国《科学》杂志列为世界五大哲学成就之一。操作性定义,是根据可观察、可测量、可操作的特征来界定变量含义的方法[1][2]。故项目式学习的操作性定义的准确性需要专家进行讨论与修订。

项目式学习视域下的初中数学测评框架是基于国际和一些国家大型测评项目与中国数学课程标准综合形成的成果。然而在建构框架的过程中,仍需要考

---

[1] 王光明,张楠,周九诗.高中生数学素养的操作定义[J].课程,教材,教法,2016,36(07):50-55.

[2] 朱立明.高中生数学关键能力:价值、特质与操作性定义[J].天津师范大学学报(基础教育版),2021,22(02):49-54.

虑实践层面的可操作性。在这个过程中，研究者采用访谈法、问卷调查法，征集高校教师、中学教研员、一线中学教师、数学教育博士生的意见，以保证测评框架在教学过程中的可操作性。作为学科领域的精英，高校教师能准确把握本学科的发展趋势，征询他们的意见能提高测评指标的科学性；教研员和一线中学教师深入了解数学教学现状，征询他们的意见和建议能提高测评指标的可操作性；数学教育专业的博士生能够认真阅读文献，结合国内外研究现状给出他们的意见，从而提高测评指标的全面性。访谈采用一对一的访谈形式，访谈的内容包括对项目式学习概念、操作性定义、测评框架的理解与看法及其在现实教学中的可操作性等问题，为项目式学习视域下初中数学的测评框架的修订提供依据。

在进行一对一访谈之前，研究者把问卷发放给各位老师，以便各位老师理解项目式学习产生的背景，并根据自己对项目式学习的概念与操作性定义的认同程度进行打分，通过回收 8 位数学教育研究者的问卷发现，他们对项目式学习概念的认同程度平均分为 3.375。由此可见，数学教育研究者对项目式学习的操作性定义的认同程度达到了"比较认同"的程度。

三、初中数学项目式学习的试题研制

构建项目式学习视域下初中数学测评框架后，本研究需要根据测评框架维度命制测评工具并进行测试，因此本章主要介绍项目式学习视域下的初中数学试题研制、预测试、正式测试等一系列过程。

（一）试题研制

试题研制遵循大规模测评项目的测试工具开发流程，包括建立严格的测试题的命制流程、测试题的命制原则、双向细目表的编制等，以保证试题质量。本研究以构建好的测评框架为基础进一步开发了本研究的测试工具——项目式学习视域的下初中数学试题。为了保证题目的科学性和严谨性，研究者邀请在读博士生 6 人以及在读硕士生 8 人参与了本次题目的讨论与修订。对于测试工具的编制，首先，研究团队对项目式学习视域下初中数学测评框架中各维度的操作性定义进行了具体细致的解读，并且初步拟定试题的题目数量为16道。其次，研究者对国内外各种初中数学项目式学习试题进行了相关的收集工作，并对其进行了相关的分析和总结，在信效度较好的题目的基础上进行了改编，形成了项目式学习视域下初中数学测评试题的初稿，其中题目主要来源于PISA试题、TIMSS试题、中考试题、教材试题以及各地模拟考试题等等。之后，在研究团队成员的多轮讨论下逐步对项目式学习视域下的初中数学测评试题进行修改，逐步开发本研究的测试工具。同时，在本研究的测试工具开发流程中，先后进行了30人预测试、6人访谈并根据访谈反馈结果以及测试结果进行了试题的修改与完善。最后，为确保试题的有效性，研究者邀请多位数学教育在读博士生与硕士生对试题进行了相应的修改与评定。对于测评试题整体开发流程以及具体开发过程如图4-8所示：

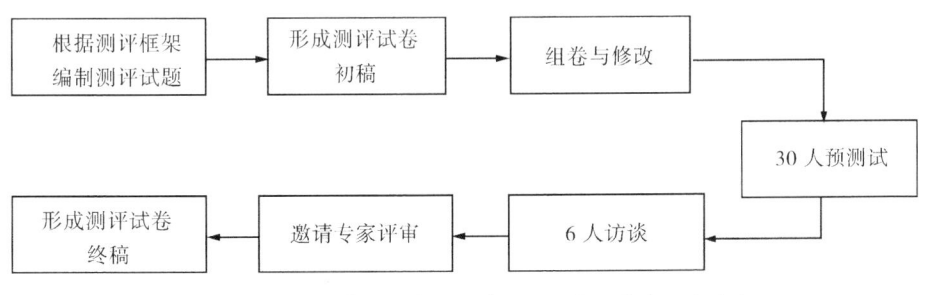

图4-8 八年级学生数学项目学习测评试题整体开发流程

1. 测试题的命制流程

本研究首先根据测试的需要组建命题团队，命题团队根据双向细目表的编排命制试题，形成试题初稿。然后进行第一轮30人预测试，从参与第一轮预测试的学生中挑选出高、中、低水平每个水平各2名学生进行出声思维访谈，根据访谈结果对试题进行修改。再进行第二轮200人预测试。在预测试的基础上，对测试数据进行统计学分析。然后邀请命题专家对测试题的质量进行评估，并结合外审专家意见、试题难度、区分度等统计学指标由命题团队对试题进行研磨修改，形成测试题定稿，最后进行正式测试。测试题命制流程如图4-9所示。

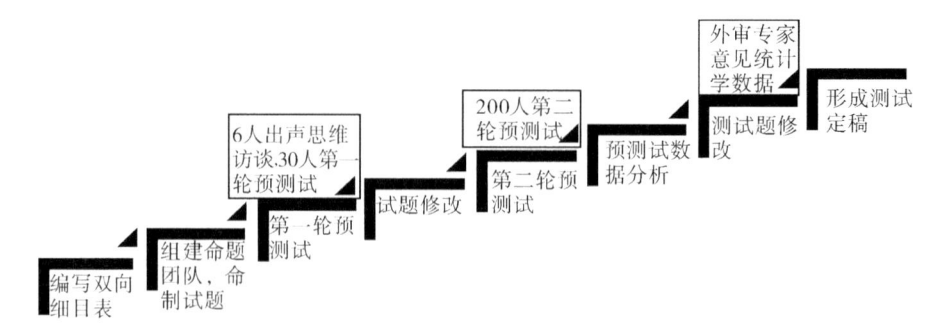

图 4-9　测试题命制流程

(1) 组建命题队伍

在中国基础教育质量监测协同创新中心（以下简称协同中心）的支持下，本研究形成了由北京师范大学、首都师范大学、东北师范大学和上海师范大学等师范院校专家、数学教研员和初中数学教师为重要组成部分的核心专家团队。核心专家团队成员中，有长期从事中学数学教育研究教授、博士生导师 1 人，数学教育博士 2 人，数学教育硕士 8 人，数学教研员 1 人，一线数学教师 2 人，以及项目秘书 1 人。

(2) 研制项目式学习视域下初中数学测评框架

关于初中数学学业测试框架的研制，学科组在任务分解的基础上，经过 3 次会议交流、研讨和协商，形成了包括命题原则与理念、数学学业质量内涵、数学命题结构、命题流程和样题等内容的中学数学命题指南。

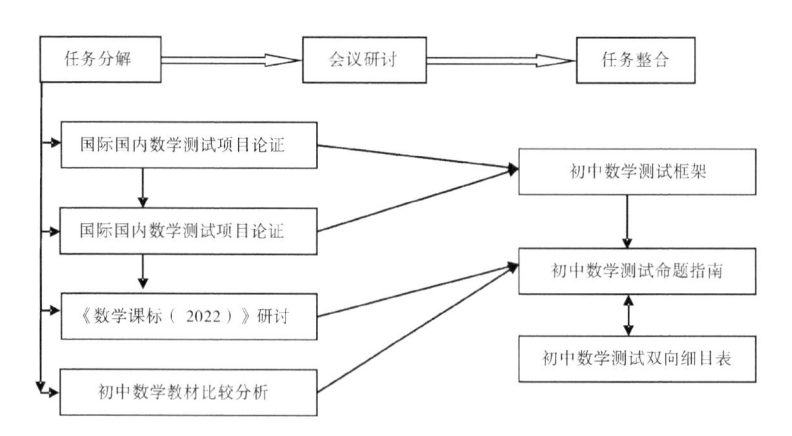

图 4-10　初中数学学业测试框架

(3)初中数学测试试题征集与研磨、30人预测试、6人访谈与修改

在前期准备工作的基础上，綦春霞教授将依据测评框架对初中数学测评试题编制工作进行科学分配，主要参加人员有曹辰、王瑞霖等，以及多名在读研究生。为了保证测评试题的科学性和有效性，项目组将进行多次研讨会议。根据内容领域进行小组研讨，结合项目组成员征集的测试题进行初筛。随后项目组将进行大组集中讨论，对每一道保留的试题进行分析，提出修改意见。之后将根据具体情况分小组进一步分析试题。按照测试框架要求初步确定试题后，将组织人员进行6人访谈，并根据访谈结果对试题进行进一步修改。

(4)初中数学测试试题的初测与修改

项目组将采用规范、严谨的程序开展试题和问卷编制工作。以下是工具开发的过程及时间安排：

表4-7 工具开发的过程及时间安排

工具开发过程	时间
参与制定2024年测试工作方案及年度项目命题启动会	1月中旬
根据国内外项目调研及课程标准讨论、撰写并确定《测试框架》；确定开发原则与理念，界定工具内涵，编制《命题指南》及《工作方案》；梳理历年问卷框架及题目，撰写2024年测试的专题研究设计及问卷框架。	2月底
编制、研磨题目，形成"2+4套"测试卷及问卷(2套传统试题,4套项目学习试题；学生问卷、教师问卷)	4月底
依据学生反馈意见对试题或问卷的内容、结构进行修改,第一次修改后筹备实施不少于30人的学生测试工作,并进行6人访谈	5月上旬
参与内部多名专家审题,根据专家评审意见对测试工具进行第二次修改,提交预测试试卷	5月中旬

(5)大样本测试，基于质量分析报告，进行修改、组卷

对上一阶段形成的测试试卷，进行大样本（一般为300人）的再次测试，对测试的数据再次进行分析，形成质量分析报告。根据分析报告，进行修改、

调整试题，并初步确定试卷。

(6)专家评审基础上，调整、修改、定稿

试卷初步确定后，由中心聘请初中数学教育各方面的专家构成专业命题评价机构，对试卷的题量、难度等进行评估。在评估结果基础上，进行再次调整、修改和定稿。

2. 测试工具的命制原则及修订原则

测试工具的命制原则：

为了保证测试工具的科学性和有效性，测试工具的命制需经历"教材比较分析→制定命题双向细目表→命制试题→测试工具质量分析→测试工具筛选与修改定稿"这五个基本流程，由数学课程研究人员和一线数学教师组成的命题小组共同开发。所有测试题目均需经过出题小组成员的讨论。命题遵循以下原则：

(1)真实性原则：测试工具应基于实际生活中的问题或情境进行设计，以使学生在解决问题的过程中能够真切地体会到数学知识和实际生活之间的关系。这种真实性并不是要让学生离开教室，而是要在教学中创建真实的生活情境，激发学生的学习兴趣。

(2)情境性原则：在数学测试工具的命制中，教师可以创建一些学生感兴趣的情境，让学生参与到情境模式的教学过程中。这样可以使学生更加主动地学习，提高学习效率。同时，测试题目也应具体明确，避免模糊性和歧义。

(3)探究性和开放性原则：测试工具应设计具有探究性和开放性的问题，鼓励学生主动探索和发现数学规律，培养学生的思维能力和创新能力。问题的解答过程应具有一定的开放性，允许学生从不同的角度和思路进行解答。

(4)科学性原则：测试题目的条件和结论应符合数学原理和逻辑，不出现科学性错误。同时，测试题目的难易程度应适中，既不过于简单也不过于复杂，以合理评估学生的数学能力。

(5)明确性和确切性原则：测试工具的命制应确保题目叙述清晰、概念明确，避免使用含糊不清或具有歧义的语言。题目的用词应准确恰当，确保学生能够准确理解题目要求。测试工具的命制应适应当前的教学内容、要求以及学生的学习习惯。

测试工具的修订原则：

本研究在整个测评试题的开发流程中总共经历了七轮修订，修订过程中，所遵循的依据或原则主要如下：

(1)遵循课程标准：测试工具的修订应严格遵循初中数学课程标准的要求，确保测试内容与教学目标相一致。这包括对数学知识点的准确覆盖，以及对学生能力层级要求的合理设定。

(2)保持特色与创新：在修订过程中，应保持测试工具原有的鲜明特色，同时注重创新。可以结合项目式学习的特点，设计具有探究性和开放性的问题，激发学生的创新思维和解决问题的能力。

(3)科学性与严谨性：测试题目的设计应科学严谨，避免出现逻辑错误或歧义。题目的表述应清晰明确，条件设置应合理，确保测试结果能够真实反映学生的数学能力水平。

(4)适应性与层次性：测试工具的修订应考虑到不同地区、不同学校以及不同学生的实际情况，确保测试内容具有广泛的适应性。同时，题目设置应具有层次性，以满足不同层次学生的需求，准确评估他们的数学能力。

(5)注重过程与结果并重：在项目式学习视域下，测试工具不仅要关注学生的最终答案，还要注重解题过程和思路的考察。因此，在修订过程中，应设计能够体现学生解题过程和思维方式的题目，以全面评估学生的数学素养。

(6)反馈与调整：测试工具的修订应是一个动态的过程。在实际使用过程中，应根据师生的反馈和测试结果进行及时调整和优化，以确保测试工具的有效性和准确性。

此外，在整个测试工具的修订过程中，首先，根据构建的项目式学习视域下初中数学测评框架，试题的数量以及设置需要对项目式学习视域下初中数学测评框架中三个维度进行覆盖；其次，根据预测试中学生的作答情况进行简单的数据分析，可以对试题的难度、区分度以及效度进行掌握，为试题的修订提供了非常重要的方向；最后，根据命题专家在评审过程中提出的建议以及研团队的讨论结果进行修订。由于试题修订的过程过于繁琐，在这里也因篇幅上的限制很难做到全面的呈现，故在此选出具有代表性的修订记录对试题的修订过程进行部分展示。

3. 双向细目表的编制

双向细目表是设计试卷的蓝图，它通常具有两个基本作用：一是保证试题所检测的内容具有代表性，并能反映出各部分内容之间的相对重要性，提高测试的效度；二是规划测试的知识内容与学习水平在测试中的比例分配，在保证效度的同时，保障测试的难度分配合理[①]。

在项目式学习视域下，编制初中数学测评工具的双向细目表有以下五个步骤：一是确定测评目标。依据项目式学习的目标和初中数学课程标准，明确测评的重点是学生在项目式学习中获得的知识和技能。二是梳理考查内容。根据初中数学课程标准和项目式学习的内容，罗列出需要考查的知识点，可以按照教材章节或知识块进行分类。三是界定掌握目标层次。参照布卢姆教育目标分类法，并根据项目式学习的特点，将掌握目标分为分析、综合和评价三个层次。四是分配分数比重。根据考查内容的重要性和难易程度，为每个知识点分配相应的分数比重，确保测评的公平性和有效性。五是设计双向细目表。创建一个表格，将考查内容、掌握目标层次、分数比重以及框架维度填入表格中，形成双向细目表。框架维度主要分为"活动过程维度""认知水平维度"和"问题情境维度"。"活动过程维度"包含设计规划、探究实施和反思改进环节；"认知水平维度"包含分析、评价和创造；"问题情境维度"包含生活情境和科学情境。这个表格将作为命题和组卷的直接依据。

4. 测试题的题型设计

在项目式学习视域下，初中数学测试题的题型设计应当紧密结合项目式学习的特点和目标。题型设计的原则有：（1）实践性。题型设计应体现学生在项目式学习中的实践操作和应用能力。（2）综合性。题目应融合多个知识点，考查学生的综合运用能力。（3）创新性。鼓励设计新颖、具有挑战性的题目，激发学生

---

① 黄光扬.教育测量与评价[M].上海:华东师范大学出版社,2002:115.

的创新思维。

具体题型有:(1)情境应用题。设计基于实际情境的题目,让学生在解决问题的过程中运用数学知识。例如,在规划校园活动时,如何合理安排场地和资源,涉及面积、比例等数学概念的应用。(2)探究性问题。提出一个开放性问题,让学生通过探究和实验来找出答案。(3)案例分析题。提供一段与数学相关的案例材料,让学生分析并解决问题。例如,分析一个企业的销售数据,让学生运用统计知识来提出合理的销售建议。(4)跨学科综合题。结合其他学科如物理、化学等,设计需要利用跨学科知识解决的数学问题。如:"在化学实验中,某物质的溶解度与温度的关系可以用一次函数来表示,请你根据实验数据确定这个函数的表达式。"(5)数学建模题。要求学生根据实际问题建立数学模型,并运用数学知识进行求解。例如,让学生根据城市交通流量数据,建立一个数学模型来预测未来某一时段的交通拥堵情况。

设计注意事项:(1)难度适中。题目难度应适中,既要能区分学生的水平,又要避免过于复杂或简单。(2)明确评分标准。对于开放性较强的题型,应制定明确的评分标准,以确保评价的公正性和客观性。(3)紧密结合项目内容。题型设计应与项目式学习的主题和内容紧密相连,体现学生在项目中的学习成果和实践能力。通过以上题型设计,可以有效地评估学生在项目式学习视域下的初中数学学习效果,同时促进学生的全面发展。

(二) 试题预测试

试卷初稿确定后,在小样本范围进行试测,以鉴别试题性能的优劣。

1. 测试对象选择

本研究对象为义务教育阶段初中学生,研究目的是根据《课程标准(2022年版)》中的内容要求命制项目式学习视域下合理的、科学的试题进行测试,以得到初中学生项目式学习的能力现状。基于研究者人际、时间等因素的实际情况,选择学校区域在 B 市 F 区的两所学校,应用整群抽样方法采集样本,2所学校于 2021 年 6 月 1 日—6 月 10 日期间实施测试,发放样本 664 份。试卷回收后，经统计，总测试样本有效数为647人，有效率为97.4%。此外，需要特别说明的是，测试卷为C卷、D卷两套测试卷，为了在一定程度上避免由于教师教学方式等产生的差异性，采取每一个班级的学生进行随机分成两组，分别测试C卷、D卷的方式进行正式测试。

2. 正式评阅流程及录入数据

由于正式作答收集647份试卷，涉及对15853（总共21029个编码，其中排除掉8道选择题涉及的编码为5176个，剩下的是主观题编码）道试题编码，工作量巨大，为了确保编码的准确性，先由研究者进行独立编码。然后由研究者对一位数学教育研究生进行培训，培训效果直接影响到评阅质量及测评数据的准确性和有效性，故在培训后由数学教育研究生进行试评阅，试评阅后正式核验。核验的过程是由一名数学教育研究生采取分层抽样（萨姆休斯顿州立大学的琼斯等学者为了提高分析效率，分别采用简单随机抽样、系统抽样、分层随机抽样、整群抽样4种抽样方法来调查统计内容在以上教材中的分布状况，并将抽样结果与全面调查的结果进行对比。研究发现，在以上的抽样方法中，分层随机抽样后的统计结果误差最小，这将有利于进行大范围的传统教材评价工作[1]）的方式进行对编码的核验，抽取的原则是对每个班级学号为5的倍数的学生试卷进行核验，一共核验129份试卷，涉及3160个编码的，其中一致性编码为99.6%，最后对编码不一致的问题进行讨论修订，达成一致后，进行数据录入。录入数据一共有4名数学教育研究生参加，两人一组，进行录入，为了避免在录入的过程中发生可能由于编码书写的模糊导致难以辨识、录入人员手误等情况，在录入全部数据后，对数据进行核查及检验，对不正确的编码进行修改，以为下一步正式测试数据清理与核查做准备。

3. 测试题总体质量分析

本研究测试题先进行第一轮30人试测，再进行第二轮200人试测，然后提交学科专家进行匿名外审。根据专家的外审意见，能够基于数据的基础上对

---

[1] 綦春霞,曹辰,付钰.第三届国际数学教材研究与发展会议综述[J].数学教育学报,2020,29(02):89-93.

试题的质量进行质性分析。然后在200人预测试的基础上，对部分试题进行修订与分析，从而为项目式学习测试项目的试题质量提供科学准确的数据支持。根据上述利用经典测量理论和项目反应理论分析的翔实数据结果可知，测试题C卷与D卷均能够得到较好的信度与效度保证，能够对初中学生项目式学习能力的表现情况进行科学有效地考查。在测试题质量得到了有效保障的基础上，为进一步收集测评数据、深入分析奠定了坚实的基础。

(三) 项目式学习视域下初中数学测评内容效度的质量控制措施

1. 试题设计阶段采取的措施

在试题设计阶段，为了确保试题的质量、提高测评内容的效度，采取了以下措施：(1)设计双向细目表。双向细目表是本研究测评试卷的蓝图，它可以保证试题考查内容具有代表性，并能反映出各部分内容之间的相对重要性，提高测试的效度；也可以规划测试的知识内容与学习水平在测试中的比例分配，保障测试的难度分配合理。在双向细目表的编制、试题编写、审查与完善中，质量控制措施主要采取专家访谈法，依靠本学科的大学教授、中学教研员、一线数学教师、数学教育博士生多次讨论确保试题的内容效度。(2)广泛搜集与筛选题目。从多个渠道搜集题目，包括项目式学习教学案例、数学建模教学案例、问题解决教学案例等。对搜集到的题目进行筛选，保留符合项目式学习目标和课程标准的题目。(3)注重试题的实践性。设计一些与现实生活紧密相关的试题，让学生在解决问题的过程中体验数学知识的实际应用。创设项目式问题情境，让学生在解决问题的过程中锻炼数学思维和实践能力。(4)进行试题的试测与反馈。在正式考试前，对设计的试题进行预测试，以检测其科学性和有效性。根据试测结果和反馈，对试题进行调整和优化，确保其更符合学生的实际水平和需求。(5)制定详细的评分标准。为每道题目制定明确的评分标准，确保评分的客观性和公正性。对主观题部分，提供详细的答案解析和评分细则，以便阅卷人员能够准确评分。其中，题目科学性的核验主要通过匿名评审来实现。通过专家对试题的匿名评审主要检查项目式学习视域下初中数学的测试题是否严格按照双向细目表编制，测试内容是否符合测试目标。专家小组审查需对试卷进行整体评价，对每道题目的活动过程维度、认知水平维度、问题情境维度的适切性进行核验，把握试题能否正确体现所要测量内容的知识和能力要求范围，在此基础上对每道试题的难度进行估计，对每道试题进行质量评价，专家评审表如表4-8所示：

表4-8 专家评审表

专家评审表	
姓名：	工作单位：
数学试题整卷审题表	
本套试卷整体水平：_____ （A.优秀 B.良好 C.合格 D.不合格）	
试卷整体评价（优点、不足和建议。可从考查的能力、内容、形式、与八年级学生能力、认知水平的适合程度等方面考虑）	
试题评价：试题评价主要从三个方面评价，具体如下：	
本题考查点符合程度：1.不同意 2.不太同意 3.一般同意 4.比较同意 5.同意	
本题难度估计：请给每个题目估计出一个难度（经典测量理论的难度，范围在0-1之间，越接近1，代表试题难度越小）。	

题号	具体描述	考查点符合程度	预估难度	本题评价	修改建议（如果"不合格"，请说明理由）
1					
2					
3					
4					
5					
6					
7					
8					

2. 试题开发阶段采取的措施

试题的代表性越好，整份试卷的内容效度就越高。为提高每一道试题对测量目标的代表性，采取的控制措施有：

（1）制定命题原则。命题原则是指导专家命题和审校试题的依据和标准，所以编写规范的命制试题的基本原则是重中之重。在本研究中，明确规定测试题的命制原则应包含：测试题应清晰反应测评目标，测试题应与学习目标相匹配，测试题应涵盖各个能力水平，测试题考查主题应简洁清晰，测试题背景应公平合理，测试题内容应科学，表述应规范无歧义等。

(2)组织命题团队进行培训。命题团队成员由高校教师、一线数学教师、数学教育博士生、课程与教学论（数学）研究生组成。为帮助命题团队成员准确领会命题要求，对命题成员进行理论培训，让命题团队成员领悟项目式学习能力的本质，并结合项目式学习习题剖析命题思路，组织命题成员集中讨论、修改、完善试题。

(3)实施试题审查制度。

①审查内容：试题内容是否符合社会主义核心价值观。试题是否能够实现对课程相应教学目标达成情况的合理评价，包括试题内容、范围、深度是否符合课程标准中对知识、能力的要求。试题结构在题型、题量、难易度和区分度方面是否分配合理，以及"基础知识、基本理论、基本技能"、综合部分和提高（扩展）部分的比例是否适当。试题命题与近两年该课程考试命题的重复部分分值是否控制在一定范围内（如小于30%）。

②审查试题的叙述和表达：试题叙述是否简洁、明确，并检查是否有漏字、错别字、别字，以及语句是否通顺。试题中的图表、符号、专业术语和数学表达式是否符合规范，题意是否清晰明确。需要注意试题中间是否有误加的空格，以及试题中的标点符号是否规范。

③审查试题的逻辑和科学性：对于数学运算与数字推理类试题，要检查逻辑是否正确，数学符号是否准确，以及题意是否明确。对于需要逐题计算推理的题目，审查人员应能自行解答并添加评析，确保答案与评析的一致性。

④审查流程：首先，由命题团队的成员对题库内的试题进行打磨，建立分组核验试题质量制度；其次，对试题进行分组，由不同组命题成员对试题的科学性进行检验；最后，不用独立于命题团队的专家进行匿名评审试卷，匿名评审的目的包含以下三点：一是试卷是否全面体现了本研究的测评目标；二是试卷是否包含与项目式学习无关的试题；三是试题内容的科学性，例如：试题之

间是否存在相互提示现象，是否存在同类型的题目考查重复等问题，文字叙述是否简明扼要等。经专家审查后，需对质量不高的试题进行淘汰、更换或修改，以确保试卷的内容效度。在命题团队形成试题初稿的基础上，进行第一轮30人预测试，从参与第一轮预测试的学生挑选出不同水平的6名学生进行出声思维访谈，主要考查学生对题目表述是否清楚、流畅；在一些设置背景的题目中是否存在难以理解的概念或情境；有图象的题目中图象是否清晰；题目难度如何，读过题目后是否有解题思路，能否辨认出考查的知识点；在选择题中，是算出正确答案还是采用排除法得出答案等问题的回答。结合统计数据和对试题的定性分析对试题进行修改，然后进行第二轮200人预测试，第二轮预测试后将质量差的题目进行剔除，以便正式测试。

第五章 项目式学习中的驱动性问题分析

一、研究设计

(一) 研究对象

近年来,项目式学习在中小学各学科领域中的应用十分普遍。笔者搜索了中国知网中以"项目式学习""中小学"为主题的文献,时间跨度从2002年开始,截止到2022年8月,挑选出了内容涉及中小学各学科项目式学习案例的文献,并且筛选出了初等和中等教育核心期刊的文献,例如:《化学教学》《中学政治教学参考》《语文建设》《物理教学》《生物学教学》《地理教学》《历史教学》等以及教育学领域的核心期刊,例如:《中国电化教育》《教育学报》《教育理论与实践》《上海教育科研》《中国教育学刊》《课程·教材·教法》等,共搜集文献84篇。除了2篇文献发表于2003年外,其余82篇文献均发表于2010年以后,特别是《普通高中课程标准(2017年版)》和《义务教育课程标准(2022年版)》颁布后,使得近五年中小学项目式学习的案例研究得到了"井喷式"的发展,其中2018年相关文献8篇,2019年相关文献11篇,2020年相关文献20篇,2021年相关文献17篇,2022年截止8月相关文献21篇。这顺应了新一轮国家课程标准中以学科核心素养为纲,强调"大单元""主题式学习""项目式学习"的理念转变。笔者认为上述案例代表了各个学科项目式

注:"项目学习""项目化学习""项目式学习"名称略有差异,但内涵一致,故本文将该类文献均归为"项目式学习"。

学习的典型案例，通过对其分析，可以对基础教育阶段各个学科更好地开展项目式学习提供支持。

(二) 研究处理

项目式学习的关键是驱动性问题的设计，好的驱动性问题犹如糖葫芦串，将项目式学习的各个环节串联在一起，使得项目式学习顺利推进，层层深入。笔者参考学者夏雪梅关于项目式学习驱动性问题的分析框架[①]，该框架是从数学素养的视角下梳理出的。笔者认为，在新一轮以素养为纲的基础教育课程改革中，项目式学习正是基于落实学科核心素养而提出的，由此，这个分析框架对基础教育阶段的各个学科均有借鉴意义。框架共有5个维度，分别是：驱动性问题的真实性、驱动性问题情境的多样性、驱动性问题引发学生知识综合化或概念化的程度、驱动性问题的挑战性以及驱动性问题需要学生同时调用的跨学科素养。

1.在"问题的真实性"维度上，"虚假真实"指为了某个知识点而人为构造的假问题，情境与现实生活不相符。例如：化学学科中"元素周期表发展史、创新周期表、创编周期之歌、设计元素游戏等"[②]。"净化真实"指基于真实的情境而提出的简化的问题，为知识的习得设定、简化了特定的条件。例如：语文学科中"我们如何正确地看待颜宁的'出走'"[③]；物理学科中"自制简易密度计的刻度是否均匀"[④]。"模拟真实"指模拟过去、现在或未来的现实情境中的各种因素和限制条件而提出的问题，提出模拟问题解决的成果。例如：语文学科中"我为家乡文化振兴献一策"[⑤]；物理学科中"设计和制作一

[①] 夏雪梅.素养视角下中美数学项目驱动性问题设计的比较研究[J].全球教育展望,2022(7):49-51.

[②] 杜爱萍,顾建辛.高中化学人教版教材"研究与实践"栏目的教学设计与实施策略——以元素周期表为例[J].化学教学,2022(1):43-48.

[③] 姚友良.辩论赛项目化学习策略探究——以九年级下册第四单元口语交际《辩论》为例[J].语文建设,2022(5):32-36.

[④] 吴丽萍.项目学习下自制简易密度计的实验教学——以"刻度是否均匀"为例[J].物理教师,2019,40(6):32-35.

[⑤] 朱智枝,何章宝.基于项目式学习的"当代文化参与"实践探究——以高中语文统编教材必修上册《家乡文化生活》为例[J].基础教育课程,2019(24):20-25.

个模拟的调光灯"①。"现实真实"指源于现实世界的问题，在现实情境中可以应用和操作，面对真实的受众，形成可应用于现实世界的设计或方案，并接受真实世界受众或专家的检验。例如：地理学科中"厦门岛内外交通变化与区域发展"②；数学学科中"测量学校绿地面积"③等。

2.在"情境的多样性"维度上，"个人情境"指聚焦于个体活动、个体家庭以及个体的同辈群体。例如：化学学科中"如何通过化学实验证明深、浅呼吸呼出的气体中氧气含量的差异"④。"职业情境"指聚焦于真实世界中的工作。例如：语文学科中"亮相新闻视窗"⑤；化学物理生物学科中"我帮稻农选好种"⑥。"社会情境"指聚焦于人类群体（无论当地、国家，还是世界范围内）。例如：劳动学科中"探寻抗疫事件中劳动的价值和尊严"⑦；化学学科中"社区湿垃圾异味及其危害探究"⑧。"科学情境"指涉及自然界中的知识应用，以及与科学技术相关的问题与主题。例如：地理学科中"制作简易地球仪"⑨；物理学科中"制作'风力发电机模型'或'环保型手电筒模型'"⑩等。

---

①鲁佩用,夏文彬.基于项目学习开展初中物理综合实践活动——以"设计和制作一个模拟的调光灯"教学为例[J].物理教师,2021,42(10):47-49.

②林小红.基于问题解决的线上项目式学习路径——以"厦门岛内外交通变化与区域发展"为例[J].地理教学,2020(21):33-37.

③王洁.体验"做数学"——"测量学校绿地面积"的项目学习[J].人民教育,2003,(Z3):17-21.

④崔鹏,王祖浩.化学实验项目式学习的设计与实施——以"探究深、浅呼吸呼出气体中氧气含量的差异"为例[J].化学教学,2022(6):28-33.

⑤杨葛莉,陈艳华.以项目式学习突破"活动·探究"单元实施困境——以八年级上册新闻单元教学为例[J].语文建设,2020(13):15-18.

⑥黄满霞,秦晋,杨燕,傅志杰.核心素养导向下的"跨学科—项目式"教学设计——以"我帮稻农选好种"为例[J].化学教学,2020(10):50-55.

⑦李敏.劳动教育的重要契机——抗"疫"大事件下的项目学习[J].中学政治教学参考,2020(13):4-5.

⑧李法瑞,俞洪泽."素养为本"的化学项目式学习设计——以"社区湿垃圾异味及其危害探究"为例[J].化学教学,2020(7):65-69.

⑨赵峰,李健,夏科晴.项目式学习中环境素材的构建——以地理课堂教学为例[J].地理教学,2018(4):35-36,64.

⑩夏煜明,罗世洪.以项目式学习落实物理核心素养的教学设计——以"电磁感应现象及应用"教学为例[J].物理教学,2022,44(3):21-24.

3.在"知识综合或概念化程度"维度上，浅层是指包含 1~2 个知识点，中层是指包含 3~5 个跨领域知识点，深层是指统筹大观念或融合多个领域的知识点。

4.在"问题的挑战性"维度上，低阶水平是指依靠记忆和计算的问题，中阶水平是指依靠理解和应用的问题，高阶水平是指依靠分析、评价和创造的问题。

5.在"跨学科素养"维度上，本文定义的跨学科素养是指:(1)合作，(2)交流与沟通,(3)创造性思维,(4)批判性思维。少是指包含上述 1 个指标，中是指包含上述 2 个指标，高是指包含上述 2 个以上指标。

笔者依据上述框架对 84 篇文献中的项目式学习案例展开编码分析。

二、数据的统计与分析

（一）数据统计

不同学科在项目式学习的驱动性问题的选择上会有很大的不同，本文按照人文学科和自然学科进行分类统计，试图展开项目式学习驱动性问题的对比分析。本文统计的人文学科和自然学科的案例个数如表 5-1 所示。

表 5-1 项目式学习各学科案例统计表

	学科/年级	语文	历史	地理	政治	劳动
人文学科案例个数	小学	7	0	0	1	2
	初中	6	0	2	6	0
	高中	3	1	3	1	1
	学科/年级	数学	物理	化学	生物	STEM
自然学科案例个数	小学	2	0	0	0	2
	初中	2	5	8	1	0
	高中	0	7	19	3	2

由表 5-1 可知，人文学科案例共有 33 个，自然学科案例共有 51 个，从学段来看，小学案例共有 14 个，初中案例共有 30 个，高中案例共有 40 个。

人文学科项目式学习驱动型问题编码分析表如表 5-2 所示。

表 5-2 人文学科项目式学习驱动型问题编码分析表

维度	指标（案例数量）			
问题的真实性	虚假真实(0个)	净化真实(10个)	模拟真实(12个)	现实真实(11个)
情境的多样性	个人情境(0个)	职业情境(5个)	社会情境(27个)	科学情境(1个)
知识综合或概念化	浅层(10个)	中层(15个)	深层(8个)	
问题的挑战性	低阶水平(0个)	中阶水平(13个)	高阶水平(20个)	
跨学科素养	无(0个)	少(0个)	中(13个)	高(20个)

自然学科项目式学习驱动型问题编码分析表如表 5-3 所示。

表 5-3 自然学科项目式学习驱动型问题编码分析表

维度	指标(案例数量)			
问题的真实性	虚假真实(1个)	净化真实(8个)	模拟真实(33个)	现实真实(9个)
情境的多样性	个人情境(6个)	职业情境(21个)	社会情境(15个)	科学情境(9个)
知识综合或概念化	浅层(2个)	中层(10个)	深层(39个)	
问题的挑战性	低阶水平(0个)	中阶水平(17个)	高阶水平(34个)	
跨学科素养	无(0个)	少(1个)	中(10个)	高(40个)

（二）数据分析

1. 问题的真实性

人文学科和自然学科项目式学习在问题的真实性上的对比分析如图 5-1 所示。从图中可知，除了自然学科中的项目式学习有一个虚假问题外，即化学学科中的记忆元素周期表的案例，虽然这个项目的问题设置是为了记忆知识点，但它也增加了学生学习枯燥知识的兴趣。在净化真实和现实真实的编码上，自然学科的占比少于人文学科。在模拟真实的编码上，自然学科的占比要高于人文学科。这可以从各自学科特点上窥见端倪。自然学科研究的内容大部分是从现实世界抽象出的模型、数据，是真实存在的，属于自然科学范畴。而基础教育阶段的学习，鉴于学生已有知识的限制，只能通过模拟真实的问题形式，帮助学生尽可能地体会问题的真实性，更主要的是从解决问题的过程中培养学生的逻辑性。自然学科所接触的大都是公式、定理，所以自然学科习惯用模型和数据说话，习惯于用严密的推理方法来解决问题，逻辑性较强，比较理性。人文学科研究的内容文字性很强，每个字每个人给社会和历史以推进作用，学习历史、政治、地理，就不可避免地会有历史事件，他们没有什么既定的公式定理，都是用事件去评价人物，用意义去评价事件，意义的主观性较强，人文学科接触的更多的是对直观现实的主观感受。

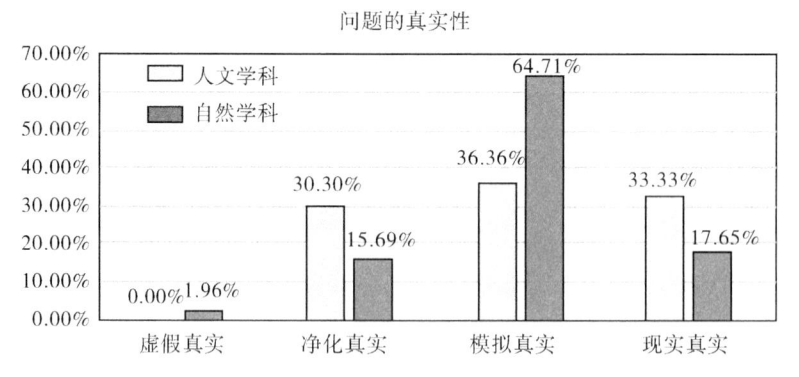

图 5-1　项目式学习问题的真实性对比图

2. 情境的多样性

人文学科和自然学科项目式学习在情境的多样性上的对比分析如图 5-2 所示。从图中可知，人文学科项目式学习中没有个人情境，科学情境也很少，占比最多的是社会情境。例如：语文学科中，"讲好不一样的春节"[1]；地理学科中，"认识家乡的土地利用类型"[2]；政治学科中，"关于学校商城路与杨绍线交叉路口安全问题的探究"[3]；劳动学科中，"探寻抗疫事件中劳动的价值和尊严"[4]等。以上案例均凸显了人文学科的特点，即直面社会，寻找意义。自然学科项目式学习中各类情境均有涉及，其中职业情境较多。例如：数学学科中，"以'制作销售物品统计图''设计购物路线图''丈量活动场地''制作活动位置图'四个项目推进"[5]；物理学科上，"设计病房呼叫电路"[6]；化学学科上，"探秘神奇的医用胶"[7]；生物学科上，"高品质的发酵产品制作"[8]等。以上案例都凸显了自然学科知识的实用性，自然学科旨在探究现实生活中的实际问题，研究结论以物化成果的形式反馈于生活，具有很强的应用价值。

---

[1] 程惠萍.基于小学语文统编教材的项目学习的思考——以《不一样的春节》为例[J].教育理论与实践,2021,41(5):49-51.

[2] 秦肖肖.基于遥感技术的地理乡土活动课程设计——以"认识家乡的土地利用类型"项目式学习为例[J].地理教学,2020(3):46-48.

[3] 郭露璐.道德与法治课项目化学习实施策略探究——以"国家行政机关"教学为例[J].中学政治教学参考,2022(3):32-34.

[4] 李敏.劳动教育的重要契机——抗"疫"大事件下的项目学习[J].中学政治教学参考,2020(13):4-5.

[5] 梁伟虹,熊应龙.以项目式学习促学生高阶思维发展——"宝贝市集"探究项目的设计与实施[J].基础教育课程,2019(6):20-23.

[6] 朱柏树,沈慧珠,顾俊琪.基于项目学习的初中物理综合实践活动的探索——以省级赛课"设计简单电路"教学为例[J].物理教学,2019,41(7):54-57.

[7] 陈颖,王磊,徐敏,尚荣荣,陈松,宁燕丹.高中化学项目教学案例——探秘神奇的医用胶[J].化学教育(中英文),2018,39(19):8-14.

[8] 张健惠,李艳梅.基于深度学习的项目式实验教学——以"高品质的发酵产品制作"为例[J].生物学教学,2020,45(10):54-56.

170　中学数学项目式学习的理论与实践

情境的多样性

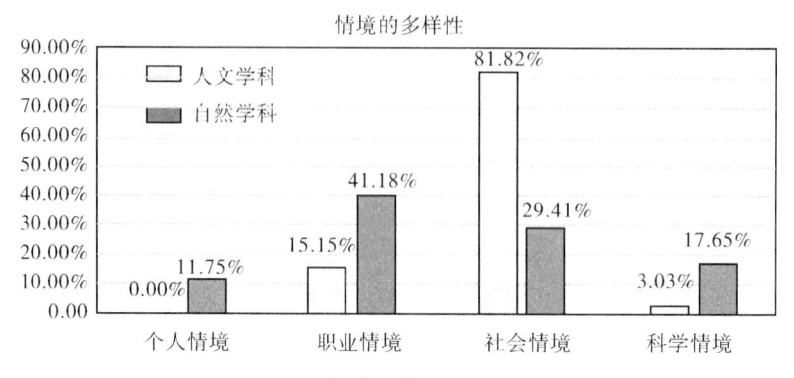

	个人情境	职业情境	社会情境	科学情境
人文学科	0.00%	15.15%	81.82%	3.03%
自然学科	11.75%	41.18%	29.41%	17.65%

图 5-2　项目式学习情境的多样性对比图

3. 知识综合化或概念化程度

人文学科和自然学科项目式学习在知识综合化或概念化程度的对比分析如图 5-3 所示。自然学科的项目式学习案例中涉及大概念和多领域知识的案例数量远远多于人文学科。

知识综合或概化

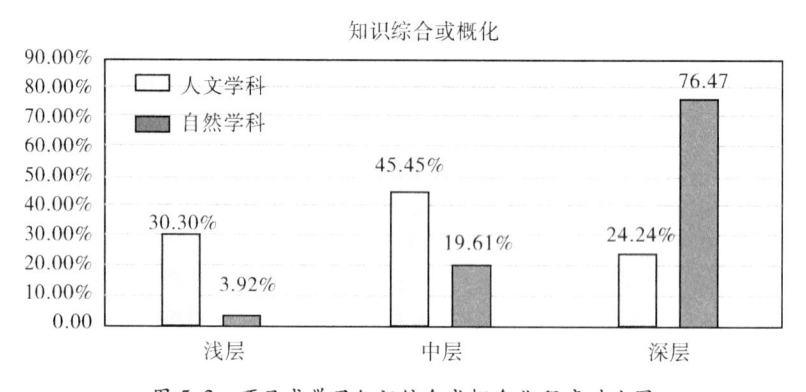

	浅层	中层	深层
人文学科	30.30%	45.45%	24.24%
自然学科	3.92%	19.61%	76.47

图 5-3　项目式学习知识综合或概念化程度对比图

4. 问题的挑战性

人文学科和自然学科项目式学习在问题的挑战性上的对比分析如图 5-4 所示。从下图可知，不论是人文学科，还是自然学科，项目式学习的驱动问题均具有一定的挑战性，没有仅仅依靠记忆和计算的低阶水平驱动问题。近 1/3 的项目式学习案例属于需要学生理解、应用的中阶水平，近 2/3 的项目式学习案例属于需要学生分析、评价和创造的高阶水平。

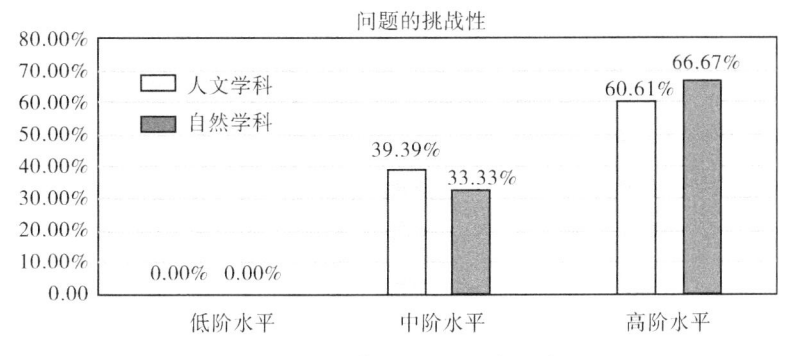

图 5-4　项目式学习问题的挑战性对比图

5. 跨学科素养

人文学科自然学科项目式学习在跨学科素养上的对比分析如图 5-5 所示。如下图所示，在四类跨学科素养：(1)合作，(2)交流与沟通，(3)创造性思维，(4)批判性思维中，自然学科的项目式学习案例均至少包含了其中 2 种或以上。跨学科素养对于学科核心素养的落实起到了辅助作用。

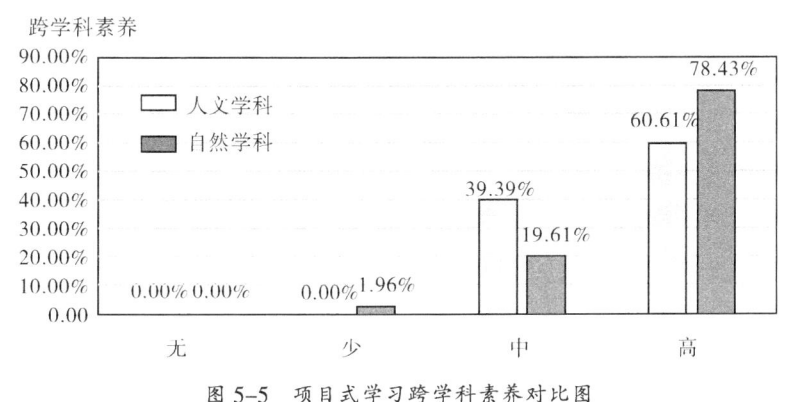

图 5-5　项目式学习跨学科素养对比图

三、结论与启示

（一）结论

1. 人文学科和自然学科项目式学习驱动性问题的相同点

人文学科和自然学科项目式学习在驱动性问题的设置上都很好地兼顾了"任务"线和"知识"线。首先在"任务"线上，各学科项目式学习的驱动性问题的真实性都较强，除了化学学科中"元素周期表"的案例外，其余案例不存在虚假真实问题。项目式学习旨在淡化知识和现实世界之间的壁垒，这淡化的程度就体现在问题的真实性上，考虑到中小学生已有的知识基础，完全现实真实的问题学生无法全部解决，因此不断地接近真实就体现了项目式学习的价值。其次，在"知识"线上，各学科项目式学习驱动性问题的挑战性水平适度。虽然学生学习的知识是客观的，但学习过程是作为主体的学生主动建构完成的，这就必须考虑学生学习的起点。心理学的实验表明，中等难度的任务水平最能激发学生的学习动机，各学科项目式学习的驱动性问题均没有低阶水平的问题，笔者认为记忆和计算属于夯实"双基"的内容，基础知识和基本技能也很重要，但它们可以在常态课程中实现。项目式学习更注重学生在"做任务"的过程中提升解决问题的能力，因此，项目式学习的驱动性问题的设置至少应该指向对于知识的理解和应用，最好能关涉到学生的分析能力、评价能力、创造能力的提升。

2. 人文学科和自然学科项目式学习驱动性问题的不同点

鉴于不同学科的学科特点，我们发现，首先，人文学科中项目式学习的驱动性问题的个人情境和科学情境明显少于自然学科，这可以从人文学科属于社会科学，而自然学科属于自然科学而得到印证。社会科学研究人类社会的种种现象，是关于社会事物的本质及其规律的学科，它通常是主观的且有不同的立场。自然科学是研究大自然中有机或无机的事物和现象的科学，它试图解释世界是依照自然程序而运作，而非经由超自然的方式，其建立基于敬畏宇宙自然本身，通常是客观的。尽管各学科研究的领域不同，但它们关注的事物对个体生活来说都是同等重要的。因此，把握不同学科的特点，找到适合各自学科的问题情境是项目式学习首先考虑的。其次，自然学科项目式学习的知识综合化或概念化程度要明显高于人文学科。自然学科的学习更强调逻辑性，知识之间环环相扣，因此自然学科中的综合性问题的解决往往需要融合大概念或者跨领域。人文学科的学习素材可以成为独立的闭环，例如：语文中的阅读教学，可以在学生的各个年龄段进行，虽然学生对于学习材料的理解深浅有差异，但没有绝对的对错之分。最后，自然学科项目式学习涉及的跨学科素养明显高于人文学科。本文提到的跨学科素养是指合作、交流与沟通、创造性思维、批判性思维，由于人文学科的主观性，在对社会问题进行意义建构时见仁见智，因此更加强调学生的独立思考能力，合作、交流与沟通会少于自然学科。自然学科研究自然规律时常常用到实验的方法进行验证，实验的过程需要学生合作、交流与沟通，设计实验时，无论证实还是证伪，都需要学生创造性思维和批判性思维的参与。

（二）启示

1. 项目式学习的驱动性问题必须指向学科的核心概念

项目式学习的两条线——"任务"明线和"知识"暗线，在整个项目推进过程中是交织在一起的。驱动性问题的重要性在于它正是这两条线是否融合自洽的证明。通过上述中小学各学科项目式学习的驱动性问题可以看出，好的驱动性问题在"任务"线上选择恰当真实的问题，问题来源也是情景多样，缓解了学生知识学习与现实世界之间的疏离感。在"知识"线上合理规划知识的综合化程度和问题的挑战性，在学生的最近发展区内规划知识进程，使得学生跳一跳就能够够上"桃子"。通过对任务的分解，合理设置脚手架。教师是学生的引路人，但是路必须学生自己走，而项目式学习留给学生充分积累基本思想和基本活动经验的机会。这个积累的过程，就得考虑跨学科素养的辅助作用，即"任务"线上需要学生合作、交流与沟通，"知识"线上需要学生通过创造性思维和批判性思维完成项目、收获知识。

怎样的驱动性问题才能更好地融合项目式学习的"任务线"和"知识线"呢？笔者认为，项目式学习的驱动性问题必须指向学科的核心概念。例如：数学学科的方程、函数、几何、概率统计等，物理学科的电、光、磁、力等，化学学科的物质、结构、反应等，生物学科的生命、生态等，语文学科的阅读、写作等。"项目式学习要驱动学生去面对学科中的核心概念或原则的关键问题，为此需要建立起项目活动和隐藏其后的希望掌握的概念性知识之间的关联。"这也正是新一轮课程标准中强调"大单元""主题式学习""项目式学习"的原因。孤立的、碎片化的知识不利于学生学科核心素养的培育，知识要摆脱孤立就应该基于情境，知识要脱离碎片化就必须是体系化和结构化的。因此，设计项目式学习之初就应该系统梳理学科基本概念，在学科基本概念中设计任务，"教师设计高质量的驱动问题，让学生沉浸于完成项目的过程，并自觉实现对概念的理解和跨越情境的迁移，最终形成核心素养。"特别重要的是，在项目式学习中，学生所追求的问题、活动、成果和表现，都要协同服务于真正重要的理智的目的，而不是作为传统课程后的一个展示、表演、附加实践或作为例证的部分。

2. 项目式学习的设计应逐步淡化学科边界

新一轮的基础教育课程改革中，项目式学习在课程标准层面是从中小学各学科进入的。其实在这之前，跨学科的项目式学习诸如 STEM 也在中小学逐步展开。跨学科的项目式学习不是不好，而是推广条件上不够成熟。现代的课堂教学是分学科进行的，培养教师的师范教育也是分学科培养的，各学科之间的知识壁垒不经过专业化的系统学习很难被轻易打破。与传统教学不同，在"跨学科—项目式"教学课堂上，有多位学科教师同台授课。例如：在"我帮稻农选好种"的课堂上，化学、物理和生物三位教师分别担任"项目主管"和"项目专家"，负责组织项目规划并提供技术支持，及时对个别学生进行精确实验指导，保障每一个任务的顺利完成。这样做的好处是显而易见的，既能够兼顾更多学生的指导需求，提高课堂效率，发挥课堂主阵地的作用，也能为学生带来很好的分工、协作示范作用。但在现实中，大部分学校的资源无法匹配这样的需求。

因此，项目式学习由学科到跨学科应该是一个逐步的过程。跨学科应该是项目式学习的总趋势，因为项目式学习的特点是逐步弱化知识和现实世界的隔阂，而在现实世界中，问题是一个整体，是综合性的，我们只是人为地把现实世界的问题"庖丁解牛"，为了各个学科、各个知识点的学习，一个个现实问题被条分缕析，解剖成了一块一块，尽管学科内部的项目式学习已经为孤立的知识学习向整体的知识学习迈进了一大步，但这也只是基础教育课程改革方向中的一小步。"项目式学习的目的是解决实际问题，学生在这个过程中建构自己的知识结构，形成解决实际问题的技能，因此要淡化学科边界。在研究的过程中多学科、多思维角度，不要事先预设或者囿于某一学科思维，在解决问题的过程中不断建构、不断整合，以达到学习的目的。"[1]因此，项目式学习的驱动性问题的设计也应该逐渐淡化学科边界。在实践中，我们也欣喜地看到了一些跨学科项目式学习的成熟案例，例如：人文学科中"我是'一带一路'非遗宣讲员"案例中，通过整合自然科学、人文科学、社会科学各学科领域内的知识，加强学科之间的相互交叉、渗透和融合，带领学生从生活、社会的实际问题出发，通过表现性任务加强课程的实践性，解决单一学科难以解决的问题。[2]自然学科中"爱护水资源"案例中，涵盖了"学习中心——水资源知识知多少""科学实验——水质检测""职业体验——自制简易净水器""工程体验——设计迷你水厂"四部分项目内容，融合了化学、地理、生态学、环境学等学科知识，运用多媒体技术、手持技术、实验操作技术等相关技术手段，辅以数学思想中的计算、图像分析，综合考虑工程领域的全局意识、成本意识等解决现实问题。[3]这样的案例为跨学科项目式学习的驱动性问题的设计提供了很好的借鉴。

3. 提供系统化的项目式学习组织与实施

项目式学习不同于传统常态教学，一个项目往往由若干个课时构成。"项目式学习常常是一个长周期的过程，大量碎片化、低结构的自主拓展学习（如查找资料）、自主探究或小组合作开展项目活动等非正式的课后学习环节，在其中发挥着重要作用，直接关系项目式学习的成败。需要调整原有的教学组织和实施模式，适应项目式学习相对松散、正式学习与非正式学习相互糅杂的新特点。"[4]各学科内部在组织该领域的知识学习时，应该通盘考虑，统筹规划。

---

[1] 徐艳军,高保卫,许丽.基于项目学习的文综学科融合探究——以"走进青岛纺织 寻找城市文化根脉"为例[J].地理教学,2019(2):24-26.

[2] 董宏伟,刘洋.聚焦核心素养的跨学科主题综合课程的研究性实践探索——以"我是'一带一路'非遗宣讲员"主题综合课程为例[J].中国教育学刊,2021,(S1):139-140,152.

[3] 吴晓红,田小兰,蒋思雪.以培养学生STEM素养为目标的项目化学习设计——以"爱护水资源为例"[J].化学教学,2017(12):38-43.

[4] 林莉,袁晓萍.基于学术性探究的学科项目化学习设计与实施——以小学数学"校园数据地图"项目化学习为例[J].上海教育科研,2021(1):83-87,9.

学科的核心概念应该设置若干课时的项目式学习进行系统学习，并且设计有挑战性的驱动性问题来统领学科的核心概念。项目式学习可以作为各学科教研活动中落实《义务教育课程标准（2022年版）》的重要抓手。"在项目式的教师培训中，学员教师和指导教师会共同商定驱动性问题，有利于增强培训的针对性和教师学习中的自我导向性。而项目化学习生成的'产品'，也帮助教师在工作场域中将理论与实践更好地联系在一起。"[1]

早在2013年开始，山西一些学校已经在积极推进有关项目式学习的探索性实验，积累了一些实践经验，也形成了一些理性认识[2]。并且也尝试了项目式学习课程资源的开发[3]，以及项目化实验教材的编写，例如：数学学科[4]、信息技术学科[5]等。虽然项目式学习在区域实践中取得了一些成果，但是"受中高考和课时等的限制，项目式学习更大范围的实践推广面临挑战，由局部实施到整体实施以及由学校到区域规模实施的转换挑战性大，开展过程性、嵌入式评价研究和严格的对比教学实验研究有难度，同时现有的项目式学习资源要依据新课标进行持续的修订和完善。"[6]

因此，中小学各学科想要大面积地推广项目式学习还必须解决以下问题：(1)基于新一轮国家课程标准的中小学各学科项目式学习课程、教材和学习资源的开发；(2)中小学各学科项目式学习教学设计的理论和实践研究；(3)基于项目式学习的教师专业发展机制和跨学科项目式学习在职教师培训研究；(4)基于项

---

[1]叶碧欣,桑国元,王新宇.项目化学习中的教师素养：基于混合调查的框架构建[J].上海教育科研,2021,(10):23-29.

[2]张卓玉.项目学习何以可能？——基于山西的实践与思考[J].中小学管理,2017(4):23-26.

[3]何声清,綦春霞.数学项目式课程资源开发的理论与实践[J].中小学教师培训,2017(10):41-45.

[4]薛红霞.PBL下数学项目化实验教材的编写与实践[J].教育理论与实践,2016(8):42-44.

[5]卢小花.初中信息技术教材发展方向刍议———以山西省初中信息技术教材编写为例[J].教育理论与实践,2018(8):41-43.

[6]王磊,胡久华,魏锐,赵亚楠.化学项目式学习的课程、教学与评价系统研究——北京师范大学化学教育研究团队20年研究历程与成果[J].化学教育(中英文),2022,43(16):24-29.

目式学习的系统评价工具和有效支持学生发展的证据等。

2021年7月，北京师范大学中国教育创新研究院启动了"指向核心素养的项目式学习区域整体改革"项目，项目分别在：北京丰台和海淀、山西晋中、上海黄浦、浙江温州5个区域率先启动。初中语文、数学、物理、化学、生物、历史、地理、道德与法治8个学科专家团队承担了各学科项目式学习的培训指导、组织管理与实践引领等活动。这样自发的实践探索，也为继续深化课程改革指出了一条创新路径，在国家课程标准和中小学课堂之间，专家团队和中小学教师携手并进，专家团队从国家课程标准出发，站在宏观的理论视角，探索课标落地的路径，中小学教师从课堂实际出发，在师生、生生互动的生成中迸发出实践的智慧，两条路线齐头并进终会在途中相遇，探索出一条中小学教师开展项目式学习的系统化路径。

综上所述，新一轮国家课程标准的颁布为中小学各学科开展项目式学习提供了很好的契机。已有的中小学项目式学习实践探索也为项目式学习进一步落实进课堂指明了方向。广大中小学教师要充分发挥一线教学智慧，使得学科核心素养不再仅仅停留在课程标准中，更要落实进一线课堂中，为学生终身发展奠定基础。

第六章　高中数学教科书中数学建模内容比较研究

一、问题提出

《普通高中数学课程标准（2017年版2020年修订）》（以下简称《20课标》）将数学建模活动和数学探究活动视为高中数学的重要内容，对数学建模活动的含义、过程或表现进行了具体说明[1]。从国际数学课程改革的趋势来看，数学建模也已经成为各国高中数学的重要内容。如2010年美国颁布的《美国统一州核心课程标准》中将数学建模作为课程目标的重要组成部分[2]；2012年德国颁布的《高中数学教育标准》将数学建模能力作为六大核心能力之一[3]；新加坡高中数学课程中也提出数学建模，并强调了数学建模在发展学生数学理解和数学能力中起着至关重要的作用[4]。2018年澳大利亚课程评估和报告局颁布的《澳大利亚课程标准：数学（8.4版本）》中将数学建模列为基本的数学活动[5]。

---

[1] 吕世虎,彭燕伟.2020版高中数学课标中课程结构的变化和特点[J].数学教育学报,2022,31(4):1-6.
[2] 曹一鸣,王立东,Paul Cobb.美国统一州核心课程标准高中数学部分述评[J]数学教育学报,2010,19(5):8-11.
[3] 徐斌艳.德国高中数学教育标准的特点及启示[J].课程·教材·教法,2015,35(5):122-127.
[4] 宁连华,崔黎华,金海月.新加坡高中数学课程标准评介[J].数学教育学报,2013,22(4):1-5.
[5] Curriculum, Assessment and Reporting Authority (ACARA). The Australian curriculum [EB/OL]. (2018-10-26)[2020-11-18]. http://www.australiancurriculum.edu.au/f-10-curriculum/mathematics.

各国均将数学建模内容作为高中数学课程改革的重要部分。但是，在中国，实施数学建模的学校少之又少[1]。有学者比较高中数学必修一中数学建模内容，认为中国高中数学教材建模内容总体上重在模型的应用，课本上的建模问题与真实情境差异较大，并且建模过程尚未作为重点[2]。我国的高中数学建模教育实施得并不理想[3]。过去一味强调数学模型的构造或许是数学建模教学难以深化的重要原因，相较于数学模型的构造来说，数学建模最为关键的环节是将真实问题转化为数学问题[4]。因此，为了便于数学建模的教与学，需要明确数学建模的内涵和阶段。尼斯（Niss）将数学建模定义为用数学模型处理数学以外某情境现象的过程，其中，数学模型指建立在数学外部领域到数学领域的映射[5]。数学教育界一般认为，数学建模是周期形式的循环过程，而这个周期必然是在"现实世界"与"数学世界"之间不断转换，以求利用数学最终解决实际问题[6]。数学建模也形成了一些固定的步骤，如四步骤模型[7]、

---

[1] 胡凤娟,吕世虎,张思明,等.《普通高中数学课程标准(2017年版)》突破与改进[J].人民教育,2018(9):56-59.

[2] 董玉成,徐斌艳.我国高中数学教材中数学建模的处理——以人教版、湘教版、苏教版和北师大版教材为例[J].课程·教材·教法,2014,34(12):51-56.

[3] 曹军,程元元,王纯旭.高中"数学应用题"学习现状调查与研究[J].中学数学教学参考(上旬),2015(1-2):137-140.

[4] 汪飞飞,张维忠.中国中学数学建模研究的历程与论题及其启示[J].数学教育学报,2022,31(2):63-68.

[5] Niss,M.Models and Modeling in Mathematics Education [J].EMS Newsletter,2012 (12):49-52.

[6] 黄健,徐斌艳,王思凯.教学转换理论视角下高中数学新编教材中数学建模的知识形态[J].全球教育展望,2022,52(3):33-48.

[7] Dunne, T., & Galbraith, P. Mathematical modelling as pedagogy—impact of an immersion program. In Q. Ye, W. Blum, K. S. Houston, & Q. Jiang (Eds.), Mathematical modelling in education and culture[J]. Chichester: Ellis Horwood. 2003,16-30.

五步骤模型[1]、六步骤模型[2]以及七步骤模型[3]。《20课标》提出的数学建模框架图与布卢姆的七步骤模型（如图6-1）相当[4]。

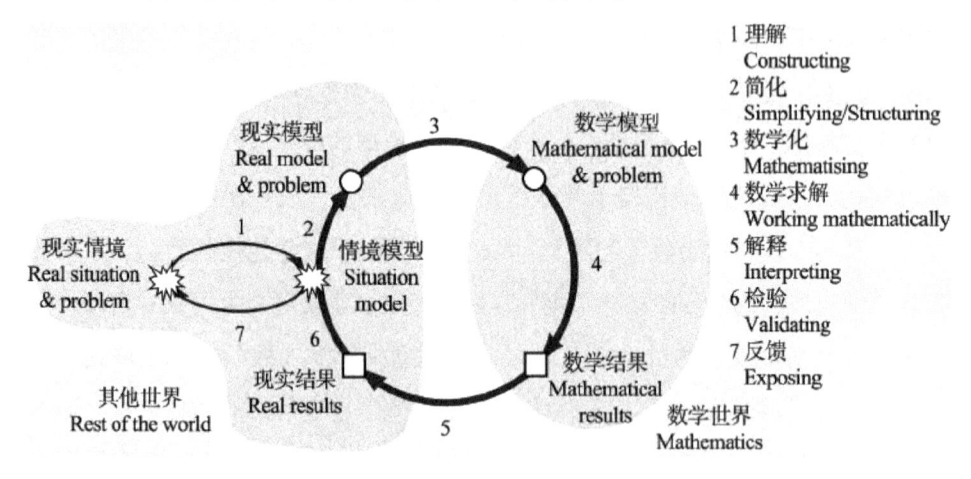

图6-1 七步骤建模循环模型[5]

对各国数学与科学教育课程材料的研究表明，教科书可以影响教师的教学内容、教学方式，以及学生的学习内容和学习方式[6]。根据《20课标》编写的新版教科书均比以往版本增加了数学建模内容。然而，作为学术形态的数学建模知识如何通过教科书这一载体传递给高中教师和学生？一些研究者认为，分

---

[1] 姜启源,谢金星,叶俊.数学模型(第四版)[M].北京:高等教育出版社.2001.

[2] Maa., K., & Mischo, C. Implementing modelling into day-to-day teaching practice-the project STRATUM and its framework[J]. Journal für Mathematik-Didaktik, 2011, 32(1), 103-131.

[3] Blum, W. Can modelling be taught and learnt? Some answers from empirical research. In G. Kaiser, W. Blum, R. Borromeo Ferri, & G. Stillman(Eds.), Trends in teaching and learning of mathematical modelling[J]. Dordrecht: Springer. 2011, 15-30.

[4] 黄健,鲁小莉,王鸯雨,徐斌艳.20世纪以来中国数学课程标准中数学建模内涵的发展[J].数学教育学报,2019(3):18-23.

[5] Blum,W.&Niss,M.Applied Mathematical Problem Solving,Modelling,Applications,and Links to Other Subjects—State,Trends and Issues in Mathematics Instruction[J].Educational Studies in Mathematics,1991(1):37-68.

[6] Herbel-Eisenmann,B.A.From Intended Curriculum to Written Curriculum:Examining the Voice of a Mathematics Textbook[J].Journal for Research in Mathematics Education,2007(4):344-369.

析教师如何使用课程材料的一个关键维度便是书面材料本身[1]。因此，研究不同版本教科书对于数学建模内容的呈现形式显得尤为重要。

二、研究设计

（一）研究对象

选取经国家教材委员会审核通过，由人民教育出版社、北京师范大学出版社、湖南教育出版社2019年出版的普通高中数学教科书（分别简称为PEP版教科书、BNUP版教科书、HEP版教科书）为研究对象。教材开发者在编写数学建模时有两种视角，一种把数学建模看作实践活动，突出数学建模的过程性，"数学建模是一个从'现实情境'转化为'数学问题'，再将结果带回到'现实情境'进行检验和调整，使得模型不断优化，最终得以更好地解决现实问题的过程"[2]。本文将此统计为数学建模专题。另一种把数学建模看作能力，本质上是应用能力，即在实际情境中用数学的眼光发现问题，用数学的语言描述问题，用数学的思维、方法、思想解决问题的能力[3]。本文将此统计为数学建模知识。

1.数学建模专题

教材开发者力求教材能够帮助教师以不同的方式将知识结构化，并且能够与学生互动[4]，呼应了《20课标》中"数学建模活动与数学探究活动"这一主线，因此，三版教科书中均设置了数学建模专题（见表6-1），以便于数学建模知识的结构化。

---

[1] Brown,M.&Edelson,D.Teaching as Design:Can We Better Understand the Ways in Which Teachers Use Materials So We Can Better Design Materials to Support Their Changes in Practice[R]. Evanston,IL:The Center for Learning Technologies in Urban Schools,2003.

[2] 蔡金法,刘启蒙.数学建模的内涵与意义[J].小学数学教师,2018(11):4-9,30.

[3] 王尚志,胡凤娟.数学教育的育人价值[J].人民教育,2018(Z2):40-44.

[4] Love,E.&Pimm,D."This Is So":A Text on Texts [A].Bishop,A.J.,et al(eds.).International Handbook of Mathematics Education[C].Dordrecht:Springer,1996:371-409.

表 6-1　三版教科书数学建模专题内容分布

PEP版教科书	BNUP版教科书	HEP版教科书
必修一 Ch.4指数函数与对数函数 数学建模：建立函数模型解决实际问题	必修一 Ch.8数学建模活动（一） 1.走进数学建模 2.数学建模 3.数学建模的主要过程	必修二 Ch.6数学建模 6.1走进异彩纷呈的数学建模世界 6.2数学建模——从自然走向理想之路 6.3数学建模案例（一）：最佳视角 6.4数学建模案例（二）：曼哈顿距离 6.5数学建模案例（三）：人数估计
选择性必修三 Ch.8 成对数据的统计分析 数学建模：建立统计模型进行预测	必修二 Ch.3数学建模活动（二） 1.建筑物高度的测量 2.测量和自选建模作业的汇报交流	选择性必修一 Ch.1 数列 数学建模：音乐频率与等比数列 Ch.3 圆锥曲线与方程 数学建模：冰川融化模型
	选择性必修一 Ch.4 数学建模活动（三） 1.数学建模实例 2.数学建模结题交流	选择性必修二 Ch.1 导数及其应用 数学建模：易拉罐的优化设计 Ch.3 统计 数学建模：体重与脉搏的数据拟合模型

2.数学建模知识

"数学建模是对现实问题进行数学抽象，用数学语言表达问题、用数学方法构建模型解决问题的素养"[①]。该描述偏实用主义与功利主义目标，强调要让学生学会运用数学建模解决实际问题。数学模型是针对或参照某种事物的主要特征、主要关系，用形式化的数学语言，抽象概括地、简化近似地表述出来的一种数学结构。其中，函数模型是应用最广泛的数学模型之一[②]。三版教科书中，均用部分章节呈现了用函数模型解决实际问题的内容，其中涉及的例题、练习题等，主要出现在"函数"这一主线中，本文将其统计为数学建模知识（见表

[①] 中华人民共和国教育部.普通高中数学课程标准(2017年版2020年修订)[M].北京：人民教育出版社,2020：3,10,13-14,36.

[②] 北京师范大学出版社.普通高中教科书·数学必修第一册[M].北京：北京师范大学出版社,2019：137.

6-2）。在"几何与代数"和"概率与统计"主线中，有很多几何模型和数据模型的应用，主要培养学生的直观想象和数据分析素养，故不在此进行统计。

表 6-2 三版教科书数学建模知识内容分布

PEP版教科书	BNUP版教科书	HEP版教科书
必修一 Ch.3 函数的概念与性质 3.4 函数的应用 Ch.4 指数函数与对数函数 4.5.3 函数模型的应用 Ch.5 三角函数 5.6.1 匀速圆周运动的数学模型 5.7 三角函数的应用	必修一 Ch.5 函数应用 5.2 实际问题中的函数模型	必修二 Ch.4 幂函数、指数函数和对数函数 4.5 函数模型及其应用 Ch.5 三角函数 5.5 三角函数模型的简单应用

（二）分析框架

1. 分析数学建模专题的维度和框架

《20课标》的附录 1 呈现了数学建模评价的三水平框架，每一水平下的具体阐述反映了数学学科核心素养的四个方面：情境与问题、知识与技能、思维与表达、交流与反思。参考黄健等学者的数学建模教学知识编码框架（如表 6-3 所示）。两名研究者对同一教材进行双盲编码后，评分者信度为 0.87，研究工具信度较好。故通过对数学建模专题中关键的四个过程进行编码，从而对三版教科书中数学建模专题进行分析。

表 6-3　数学教材中的数学建模知识编码框架

方面	水平	编码与指标描述
情境与问题	1.1	1.1.1 呈现熟悉的数学模型的背景及其数学描述，介绍数学模型中的参数、结论的实际含义
	1.2	1.2.1 在熟悉的情境中，经历发现问题并转化为数学问题的过程，体现数学问题的价值与作用
	1.3	1.3.1 在综合情境中，经历运用数学思维进行分析、发现情境中的数学关系、提出数学问题的过程
知识与技能	2.1	2.1.1 体现数学建模的过程，包括提出问题、建立模型、求解模型、检验结果、完善模型等
		2.1.2 在熟悉的实际情境中，模仿学过的数学建模过程解决问题
	2.2	2.2.1 在关联的情境中，选择合适的数学模型表达所要解决的数学问题
		2.2.2 体现模型中参数的意义
		2.2.3 体现如何确定参数
		2.2.4 体现如何建立模型
		2.2.5 体现如何求解模型
		2.2.6 根据问题的实际意义检验结果，完善模型，解决问题
	2.3	2.3.1 运用数学建模的一般方法和相关知识，创造性地建立数学模型，解决问题
思维与表达	3.1	3.1.1 对于学过的数学模型，举例说明建模意义，体会其蕴含的数学思想
		3.1.2 感悟数学表达对数学建模的重要性
	3.2	3.2.1 在关联的情境中，经历数学建模的过程，理解数学建模的意义
		3.2.2 运用数学语言，表述数学建模过程中的问题以及解决
	3.3	3.3.1 体现完整数学建模活动的意义和作用
		3.3.2 运用数学语言，清晰、准确地表达数学建模的过程和结果
交流与反思	4.1	4.1.1 在交流的过程中，借助或引用已有数学建模的结果说明问题
	4.2	4.2.1 在交流的过程中，用模型的思想说明问题
	4.3	4.3.1 在交流的过程中，通过数学建模的结论和思想阐释科学规律和社会现象

例如，HEP版教科书中选择性必修一的冰川融化模型中，旨在揭示冰川融化的机制，以及对全球气候与环境变化的影响。因此，情境与问题编码为1.3.1，知识与技能编码为2.3.1，思维与表达编码为3.3.2，交流与反思编码为4.3.1。

2.分析数学建模知识的维度和框架

数学建模在教材中的基本功能为反映函数模型在解决实际问题中的作用[1]。三版教科书中关于函数模型的应用主要在幂函数、指数函数、对数函数、三角函数中呈现。数学建模知识的教学，重点针对数学建模的不同阶段展开。本文参考倪黎等学者用上游问题、中游问题和下游问题来对数学建模知识进行区分比较[2]（见表6-4）。两名研究者对同一教材进行双盲编码后，评分者信度为0.86，研究工具信度较好。

表6-4 数学建模知识阶段划分

建模阶段	解释	能力
上游问题	针对研究问题，还未建立数学模型，主要处于问题分析阶段	模型假设能力
中游问题	针对研究问题，还未建模或已建模，主要处于模型求解阶段	模型构建能力
下游问题	针对研究问题，已经建立数学模型，主要处于模型应用阶段	模型检验能力

---

[1] 钱月凤.数学应用与建模的中德比较[J].数学通报,2018,57(10):9-13,17.
[2] 倪黎，茹凯，颜宝平."数学建模"核心素养试题分析与命题探索[J].数学教育学报，2022,31(2):69-76.

这 3 个建模阶段可简称为"上游""中游""下游",与数学建模活动的基本过程之间的关系见图 6-2。这三个建模阶段分别对应数学建模中的模型假设能力、模型构建能力和模型检验能力①。故用这三个建模阶段分别对三版教科书中的数学建模知识进行编码。

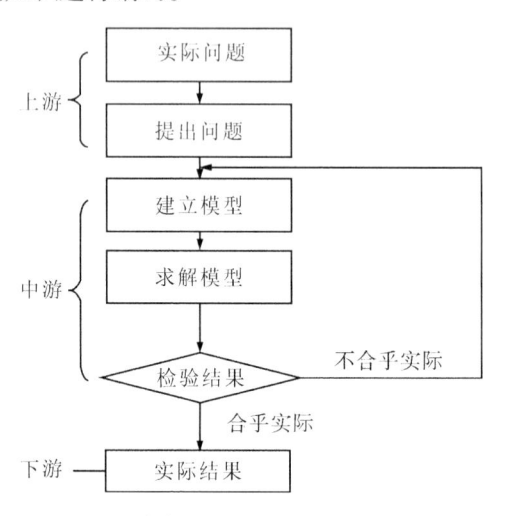

图 6-2 数学建模活动的基本过程与建模阶段

例如,HEP 版教科书中必修一第 139 页的例 3,估算商用无人机公司以后几个月的产量,编码为上游、中游、下游问题。

---

②祖丹,丁锐,孔凡哲.双维多水平数学建模能力测评框架的构建[J].数学教育学报,2022,31(4):56-61.

三、结果分析

(一) 教科书中数学建模专题的编写各有侧重

三版教科书均设置了数学建模专题，编写时侧重略有不同。PEP版教科书在数学建模时强调收集数据的重要性，并且提到数学建模可能需要用到一些数学软件工具，还有可能涉及一些课外的知识，同学们可以通过阅读一些课外的学习材料获得相关的知识[①]。BNUP版教科书强调数学建模的研究过程包括选题（选定研究的问题）、开题（报告研究问题的数学表达，拟解决问题的思路、计划，预期结果等）、做题（包括建立模型、求解模型、得到结论等）、结题（报告研究过程和研究结果等）四个环节[②]。HEP版教科书的数学建模专题提供的案例最多。三版教科书数学建模专题编码数据如表6-5。由于各版教科书编码数量差异较大，故分析上我们更多以百分比数据作为讨论依据。

表6-5 三版教科书数学建模专题编码数据

方面	水平	编码	PEP版教科书 编码数	PEP版教科书 百分比	BNUP版教科书 编码数	BNUP版教科书 百分比	HEP版教科书 编码数	HEP版教科书 百分比
情境与问题	水平一	1.1.1	0	0%	1	2%	1	1.25%
情境与问题	水平二	1.2.1	1	6.67%	10	20%	19	23.75%
情境与问题	水平三	1.3.1	1	6.67%	2	4%	3	3.75%

[①] 人民教育出版社.普通高中教科书·数学必修第一册(A版)[M].北京:人民教育出版社,2019:154,248.

[②] 北京师范大学出版社.普通高中教科书·数学必修第一册[M].北京:北京师范大学出版社,2019:137.

续表：

方面	水平	编码	PEP版教科书 编码数	PEP版教科书 百分比	BNUP版教科书 编码数	BNUP版教科书 百分比	HEP版教科书 编码数	HEP版教科书 百分比
知识与技能	水平一	2.1.1	0	0%	0	0%	0	0%
		2.1.2	0	0%	6	12%	8	10%
	水平二	2.2.1	1	6.67%	0	0%	4	5%
		2.2.2	0	0%	0	0%	2	2.5%
		2.2.3	2	13.33%	0	0%	0	0%
		2.2.4	2	13.33%	0	0%	0	0%
		2.2.5	2	13.33%	0	0%	0	0%
		2.2.6	2	13.33%	0	0%	0	0%
	水平三	2.3.1	0	0%	5	10%	8	10%
思维与表达	水平一	3.1.1	0	0%	1	2%	7	8.75%
		3.1.2	0	0%	0	0%	2	2.5%
	水平二	3.2.1	0	0%	1	2%	0	0%
		3.2.2	2	13.33%	7	14%	1	1.25%
	水平三	3.3.1	0	0%	2	4%	0	0%
		3.3.2	0	0%	3	6%	8	10%
交流与反思	水平一	4.1.1	0	0%	3	6%	8	10%
	水平二	4.2.1	0	0%	0	0%	1	1.25%
	水平三	4.3.1	2	13.33%	9	18%	8	10%
	总计		15		50		80	

将21个编码按四个方面与三个水平分别聚类，生成图6-3所示的条形图。由图6-3（上）可见，PEP版教科书更注重数学建模专题内的知识与技能的教

学，BNUP 版教科书和 HEP 版教科书在编写时分配到四个方面的内容大体相当。由图 6-3（下）可见，三版教科书中数学建模的水平二的编码数量最多，PEP 版教科书最明显，水平二的编码数量接近 80%，水平一的编码数量为 0；BNUP 版教科书中水平一的编码数量最少，水平三的编码数量略低于水平二的编码数量。HEP 版教科书三个水平的编码数量相当。

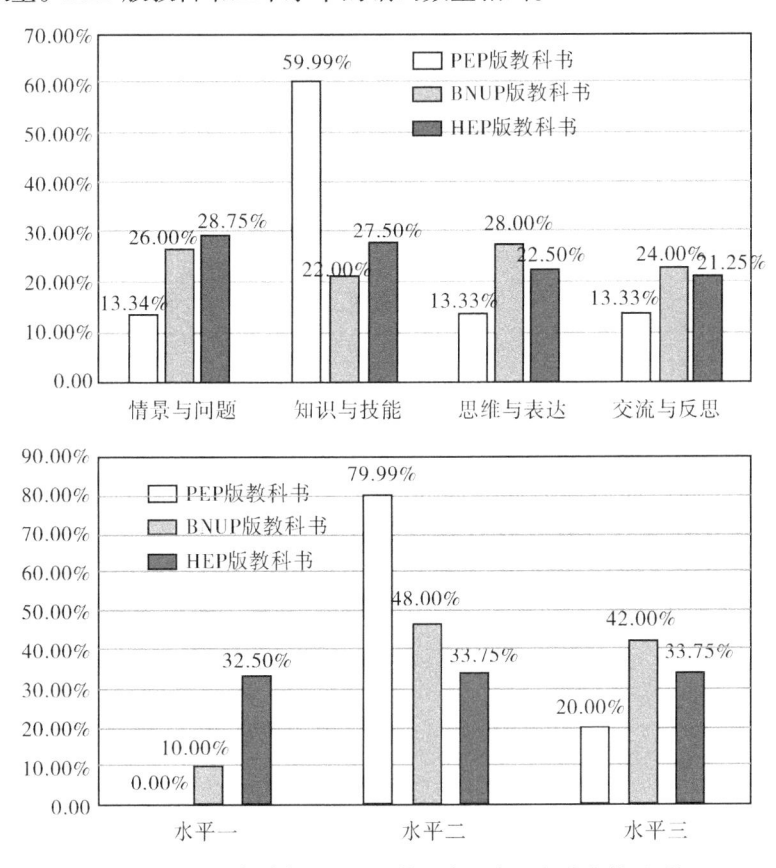

图 6-3　三版教科书四方面比较（上）和三水平比较（下）

（二）教科书中数学建模知识的编写兼顾了建模三个阶段

用函数建立数学模型解决实际问题的基本过程如图 6-4，这一过程包括分析和理解实际问题的增长情况（是"对数增长""直线上升"还是"指数爆炸"）；根据增长情况选择函数类型构建数学模型，将实际问题划归为数学问题；通过运算、推理求解函数模型；用得到的函数模型描述实际问题的变化规律，解决有关问题。

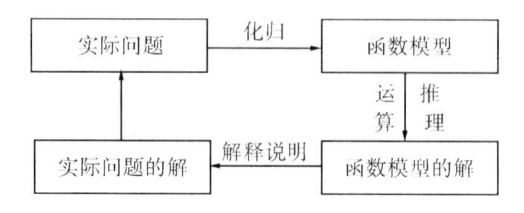

图 6-4 用函数建立数学模型解决实际问题过程图

本文将三版教科书中，按照数学建模阶段的"上游""中游""下游"对三版教科书数学建模知识进行编码，得到编码数据如表 6-6。

表 6-6 三版教科书数学建模知识编码数据

		上游问题	中游问题	下游问题
PEP 版教科书	数量	19	39	30
	百分比	21.6%	44.3%	34.1%
BNUP 版教科书	数量	10	11	9
	百分比	33.3%	36.7%	30%
HEP 版教科书	数量	13	19	8
	百分比	32.5%	47.5%	20%

三版教科书数学建模阶段见图 6-5。由图可以看出，三版教科书的中游问题比例最高，即三版教科书中均重视模型构建能力的培养。BNUP 版教科书的上游问题和下游问题比例相当，说明 BNUP 版教科书在编写时对数学建模的模型假设能力和模型检验能力同等看重。PEP 版教科书和 HEP 版教科书在编写时略有不同，PEP 版教科书更注重培养学生的模型检验能力，HEP 版教科书更注重培养学生的模型假设能力。

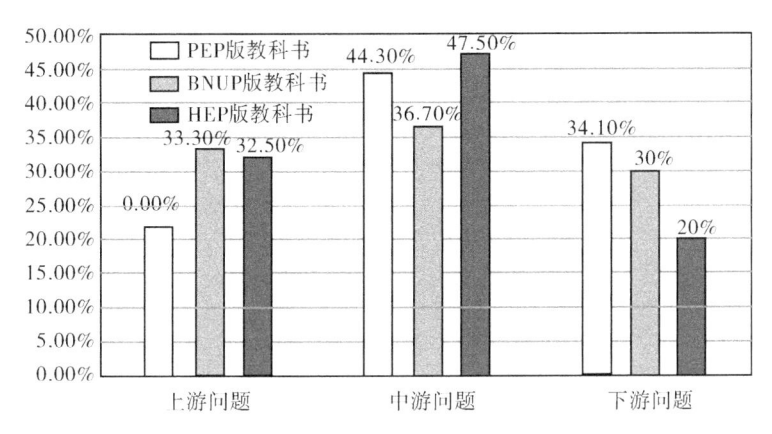

图 6-5　三版教科书数学建模阶段比较

四、研究结论

教材开发者对数学建模内容的理解差异导致数学教科书中呈现了不同的数学建模内容样态。通过对三版教材中数学建模专题和数学建模知识的对比分析，差异主要体现在"数学建模是什么"，即概念界定和过程描述，这从数学建模专题的框架"知识与技能、思维与表达、交流与反思"中得到体现；"为什么学数学建模"，即教学目标，这从数学建模专题的框架"问题与情境"中得到体现；"如何学习数学建模"，即教学侧重，这从数学建模知识的框架"上游问题、中游问题、下游问题"中得到体现。表6-7围绕以上四个方面对三版教科书数学建模内容的关键信息进行了梳理。

表 6-7　三版教科书数学建模内容的关键信息梳理

	PEP版教科书	BNUP版教科书	HEP版教科书
概念界定	必修一(P162)：用函数构建数学模型解决实际问题时,首先要对实际问题中的变化过程进行分析,析出其中的常量、变量及其相互关系；明确其运动变化的基本特征,从而确定它的运动变化类型。然后根据分析结果,选择适当的函数类型构建数学模型,将实际问题划归为数学问题；再通过运算、推理,求解函数模型。最后利用函数模型的解说明实际问题的变化规律,达到解决问题的目的	必修一(P224)：数学建模是对现实问题进行数学抽象,用数学语言表达问题、用数学方法构建模型解决问题的过程。主要过程包括：在实际情景中从数学的视角发现问题、提出问题,分析问题、构建模型,确立参数、计算求解,检验结果、改进模型,最终解决实际问题	必修一(P139)：把现实世界中的问题加以提炼,抽象为数学模型,求出模型的解,验证模型的合理性,并用该数学模型所提供的解来解释现实问题,数学知识的这一应用过程称为数学建模

续表：

	PEP 版教科书	BNUP 版教科书	HEP 版教科书
过程描述	必修一(P164)：数学建模活动的要求：1.组建合作团队；2.开展研究活动；3.撰写研究报告；4.交流展示。附流程图如图 6-6（左）	必修一(P225)：数学建模的一般步骤如下：1.提出问题；2.建立模型；3.求解模型；4.检验结果。附流程图如图 6-6(中)	必修一(P139)：数学建模的步骤通常是：1.正确理解并简化实际问题；2.建立数学模型；3.求得数学问题的解；4.将求解时分析计算的结果与实际情形进行比较，验证模型的准确性、合理性和适用性。附流程图如图6-6(右)
教学目标	建立函数模型解决实际问题，建立统计模型进行预测	中学的"数学建模活动"是运用模型思想解决实际问题的综合实践活动，以课题研究的形式开展，可以小组合作，也可以独立完成。课题研究的过程包括"选题、开题、做题、结题"四个环节	对现实问题进行抽象，用数学语言表达问题、用数学知识与方法构建模型解决问题的过程
教学侧重	数学建模知识教学中更侧重对学生模型构建能力的培养，其次是模型检验能力，对学生的模型假设能力关注最少。数学建模专题教学中更关注学生的知识与技能，教科书中涉及数学建模水平二的内容最多，水平三的内容较少，没有水平一的内容	数学建模知识的教学中，对培养学生的模型假设能力、模型构建能力和模型检验能力同样看重。数学建模专题中，同样关注了数学建模的四个方面：情境与问题、知识与技能、思维与表达以及交流与反思。教科书中设计数学建模水平一的数量最少，水平二和水平三的内容相当	数学建模知识的教学中，重点培养学生的模型构建能力，其次是模型假设能力，对学生的模型检验能力的培养关注最少。数学建模专题的教学中同样关注了数学建模的四个方面和三个水平

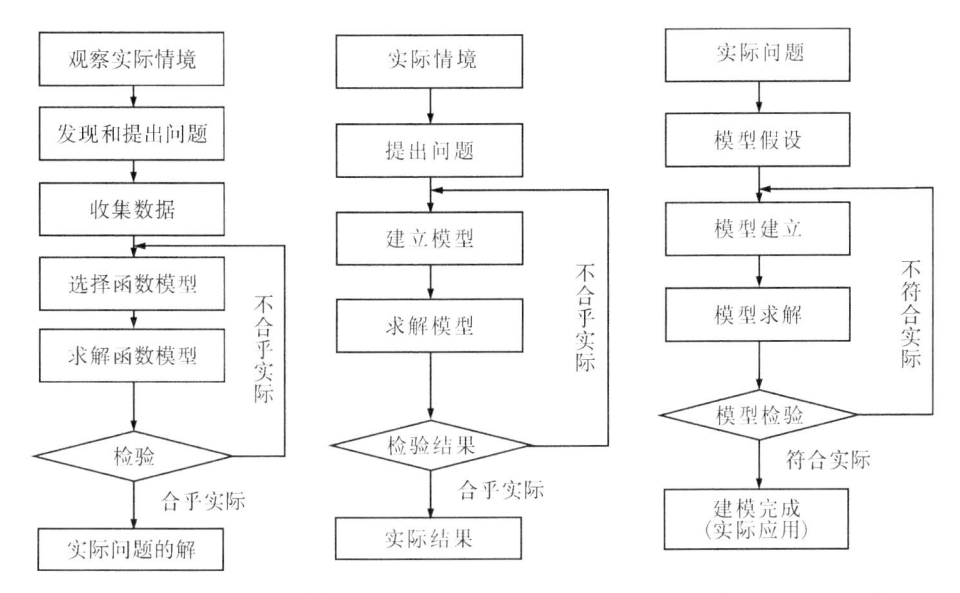

图 6-6　三版教科书数学建模流程图：PEP 版（左）、BNUP 版（中）、HEP 版（右）

从概念界定来看，BNUP 版教科书和 HEP 版教科书均对数学建模的概念进行界定，概念的界定按照数学建模的流程进行。PEP 版教科书对数学建模概念的界定是利用函数模型解决实际问题来展开的，具有一定的特殊性。从过程描述来看，PEP 版教科书强调了数学建模活动的要求，并没有提到数学建模的步骤和环节。BNUP 版教科书和 HEP 版教科书均围绕数学建模的步骤对数学建模过程进行了详细描述，强调数学建模的外显性行为。三版教科书的数学建模流程图与《20 课标》基本一致，不过 PEP 版教科书多增加了一个数据收集的环节。从教学目标来看，PEP 版教科书强调用函数模型或统计模型解决实际问题或进行预测；BNUP 版教科书强调数学建模按照课题研究的过程展开，培养学生用模型思想解决实际问题的能力；HEP 版教科书强调通过数学建模培养学生的"三会"，即会用数学的眼光观察现实世界，会用数学的思维思考现实世界，会用数学的语言表达现实世界，符合《20 课标》中对数学建模素养的刻画。从教学侧重来看，PEP 版教科书最注重培养学生的知识与技能，PEP 版教科书和 HEP 版教科书均更强调培养学生的模型构建能力，数学建模的水平二内容最多。BNUP 版教科书同等重视学生数学建模能力的三个阶段及数学建模的四个方面。

五、讨论与启示

(一) 应加强数学建模的学理分析并采取多样化的教学形式

在中国，数学建模正式写入课程标准的时间相对较晚，且课程标准中对数学建模的要求不甚明晰，这也就导致了数学教科书在一定程度上弱化了数学建模内容的呈现。《20课标》颁布之后，在三版教科书中，相较以往均增加了数学建模专题的内容。随着教材编制理念的多元化，课程标准的开放及评价方式的改变，我国的数学教材在建模材料组织方式上将会有更多形式和导向性[①]。三版教科书中数学建模专题的呈现，体现着教材开发者对建模知识如何教与学的理解。教师要充分借鉴各个版本的优势，取百家之长。数学建模内容不同于高中数学的其他三大传统领域，有着明确的研究范围和内涵。作为学术知识的数学建模和教学知识的数学建模需要加以厘清，才能让高中教师和学生对于数学建模这一领域有更加明晰的定位。数学建模教学研究方面，教学策略的研究多，数学建模教学的性质、方式、模式、原则等学理分析少，明确数学建模的内涵是更加科学地开展数学建模教学的前提。当前教科书中，数学建模与数学模型概念相近，本文旨在帮助教师厘清作为过程的数学建模与作为知识的数学建模的异同，以便于教师采取差异化的教学策略进行教学。另外，数学建模内容应该如何评价在高考中没有确定的样例，这尚未有准则，因此高中教师也缺少了"指挥棒"，建议教材中应该编写数学建模的测试题目，以便于教师明确数学建模的学习目标和评价方向。

三版教科书的数学建模专题都侧重选择一些与教学内容相关的、跨学科的、复杂而有趣的现实世界的数学问题，鼓励学生利用数学真正地解决实际问题。学生要完成一个完整的数学建模过程，涉及一系列的观察、实践等操作，需要收集数据、建立模型、求解模型、检验结果等，这不是一个课时能够完成的，故数学建模专题的教学不同于其他知识的学习。中学数学建模教学有3种

[①] 钱月凤.数学应用与建模的中德比较[J].数学通报,2018,57(10):9-13,17.

方式：一是融入式，指在日常的数学课堂教学中，结合相关内容融入数学建模思想；二是活动式，指以数学建模为主题，单独在课外开展数学建模活动；三是课程式，指与其它数学课程内容一样，单独开设数学建模课程。第一种形式在用模型解决实际问题的教学中会经常使用，在日常的课堂中，把数学建模当作知识逐步渗透给学生，不过应该注意，除了关注学生建立模型和求解模型的环节，还应该关注学生提出问题和检验模型的环节。第二种形式在以往的高中课程中以研究性学习的实践样态展开，学生们有时需要花费一整个学期的时间完成一个数学建模的研究报告，BNUP版教科书强调数学建模活动是微科研，包括选题、开题、做题、结题，即以课题研究的形式展开，属于第二种活动式。第三种课程形式更适合于开展数学建模专题的教学，这种方式仍处在探索阶段，需要广大一线教师发挥智慧，创造性地将教科书中数学建模专题的内容落实进课堂。如张思明的《理解数学：中学数学建模课程的实践案例与探索》一文[1]详细介绍了北京市部分中学实施数学建模课程的全过程，以及推广的"双课堂"数学建模教学模式，这为广大一线教师提供了实践参考。

(二) 教科书中关于数学建模知识的编写应重视建模的各个阶段

之前的教科书都将函数模型的应用作为数学建模的内容呈现，但一直以来建模过程中的"检验"与"应用"步骤未得到充分的重视，相比于其他建模环节，这两个步骤依旧是"短板"。从本文编码数据也可以看出，三版教科书中对于数学建模的各个子能力的培养也并未平均用力。用函数解决实际问题作为数学建模知识的重要载体，教学过程中更注重培养学生的模型构建能力，对于学生的模型假设能力和模型检验能力的培养略有欠缺。在解决实际问题的过程中，还应该注重培养学生的各种能力，模型假设能力和模型验证能力也应该得到足够的重视。

---

[1] 张思明.从课程标准到课堂教学：中学数学建模与探究[M].北京：高等教育出版社,2018：4-14.

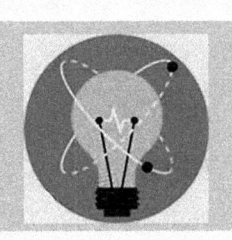

实践篇
SHI JIAN PIAN

第七章　初中数学项目式学习的案例开发

《义务教育数学课程标准（2022年版）》中明确指出："初中阶段综合与实践领域，可采用项目式学习的方式，以问题解决为导向，整合数学与其他学科的知识和思想方法，让学生从数学的角度观察与分析、思考与表达、解决与阐释社会生活以及科学技术中遇到的现实问题，感受数学与科学、技术、经济、金融、地理、艺术等学科领域的融合，积累数学活动经验，体会数学的科学价值，提高发现与提出问题、分析与解决问题的能力，发展应用意识、创新意识和实践能力。"下面将按照"数与代数"、"图形与几何"以及"统计与概率"三个领域分别列举项目式学习的案例，以供老师们思考与研讨。

一、问题的提出

21世纪以来，随着社会科学技术的进步，学科交叉、综合素质、复合型人才、协同创新、高新技术等成为时代发展的重要特征，基础教育课堂教学也因此发生了巨大的变革。数学作为基础教育阶段的基础性学科，尤其是"数学应用"的发展使得其在社会、科学、技术发展中发挥着不可替代的作用。基础教育数学课程改革中，强调培养学生综合运用所学习的数学思想、方法、知识、技能解决数学问题或现实问题，课堂教学中探究、发现、应用、问题解决以及实践创新受到高度重视。因此，基础教育数学课程中设置了综合与实践内容，给学生提供适合探究与应用的课程内容，帮助学生进一步理解数学本质，发展应用意识与创新意识。

《义务教育数学课程标准（2022年版）》（以下简称《标准（2022）》）保

留了综合与实践作为数学学习的四个领域之一，发展更新了相关要求。"初中阶段综合与实践领域，可采用项目式学习的方式，以问题解决为导向，整合数学与其他学科的知识和思想方法，让学生从数学的角度观察与分析、思考与表达、解决与阐释社会生活以及科学技术中遇到的现实问题，感受数学与科学、技术、经济、金融、地理、艺术等学科领域的融合，积累数学活动经验，体会数学的科学价值，提高发现与提出问题、分析与解决问题的能力，发展应用意识、创新意识和实践能力。"[1]初中学段，最大的变化就是强调用项目式学习的方式进行综合与实践领域内容的实践探索。

项目式学习在初中数学阶段的开展是培养学生"会用数学的眼光观察现实世界，会用数学的思维思考现实世界，会用数学的语言表达现实世界"的重要形式，是落实学生核心素养的重要载体。那么如何在初中数学中设计合适的项目式学习案例？这正是本文要探索的主题。

二、初中数学跨学科项目式学习设计流程

初中数学教学中如何开展跨学科项目式学习？对于广大教师来说这是一项新的挑战。目前，中国跨学科课程主要分两类：基于学科渗透的相关课程模式，基于学科融合的广域课程模式。[2]北京师范大学綦春霞教授团队在和一线教师实践探索中，重点研究了第一种，即在数学作为单一主体学科的"综合与实践"活动中，日常生活或其他学科充当为活动提供问题情境的角色，基于此尝试开展了初中数学跨学科项目式学习，总结出了如下设计流程。

（一）确定项目主题

确定项目主题是开展项目式学习的首要问题。初中数学跨学科项目式学习依然要以数学学科为中心，反映学科特点，探索在不同的情境中从数学的角度

---

[1] 中华人民共和国教育部.义务教育数学课程标准(2022年版)[M].北京:北京师范大学出版集团,2022:77-78.

[2] 李志辉,邵晓霞.我国中小学跨学科教学实施之动因、困境及对策探析[J].现代中小学教育,2020,36(5):34-39.

发现和提出问题，综合运用数学和其他学科的知识从不同的角度寻求分析问题和解决问题的方法，能运用几何直观、逻辑推理等数学方法解决问题。由于项目式学习的主题通常来源于初中数学的大概念，单一的知识点不足以支撑整个项目式学习的推进。"大概念是一种具有高度抽象性、思想性和整合性的观念，其位于学科内容的中心，在教学中具有线索、整合和目标性的功能，使人们能够连接其他零散的知识点。大概念是将素养落实到具体教学中的锚点，是指反映专家思维方式的概念、观念或论题，具有生活价值。理解大概念有助于达成高通路迁移，形成具体与抽象交错的复杂认知结构，不仅可以打通跨学段、跨学科的学习，而且能解决学校教育和真实世界相阻隔的问题。"[①]因此，我们分别从数与代数、图形与几何、概率与统计三个领域析取大概念，并从中确定项目式学习的主题。

1.数与代数部分——"式"大概念。初中数学的数与代数部分与小学数学最大的区别在于"代数"的学习，即"用字母表示数"，这是学生思维发展的一个极大的进步，有了"式"的引入，数学研究的范围大大扩展并且有规律可循。初中数学中数与代数领域的知识内容如表7-1所示。

表7-1 数与代数领域知识

主题	数与式	方程与不等式	函数
内容	有理数	方程与方程组	函数的概念
	实数	不等式与不等式组	一次函数
	代数式		二次函数
			反比例函数

我们从数与代数领域的知识中析取了"式"大概念（如图7-1）。数学是研究数量关系和空间形式的科学，借助"式"，我们可以表达不同的量，并且

[①] 刘徽."大概念"视角下的单元整体教学构型——兼论素养导向的课堂变革[J].教育研究,2020,41(06):64-77.

可以把变量之间的关系表达成常见的数学语言——函数和模型。而有理数、实数的学习是为了"式"所做的铺垫，方程、不等式和函数是对"式"的运用。

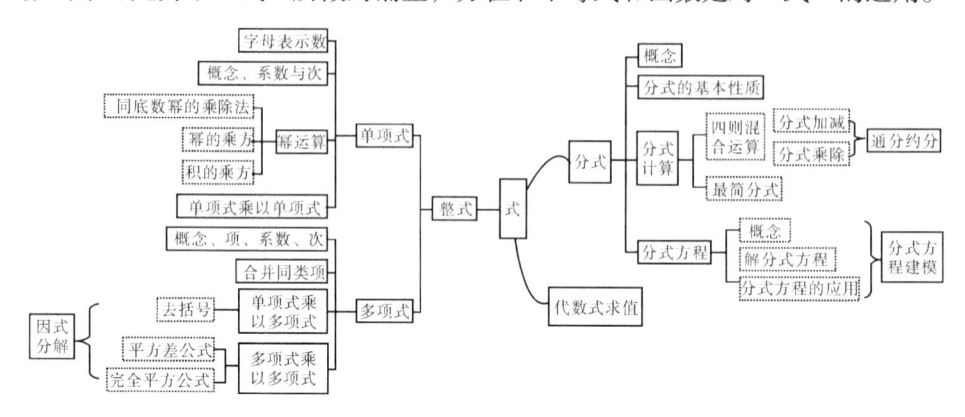

图 7-1 "式"知识思维导图

2.图形与几何部分——"三角形"大概念。初中阶段作为学生具体思维到抽象思维的过渡阶段，图形与几何领域主要研究对象为平面图形，并从演绎证明、运动变化、量化分析三个方面研究点、线、面、角、三角形、多边形和圆等几何图形的基本性质和相互关系。图形与几何领域的知识如表 7-2 所示。

表 7-2　图形与几何领域知识

主题	图形的性质	图形的变化	图形与坐标
内容	点、线、面、角	图形的轴对称	图形的位置与坐标
	相交线与平行线	图形的旋转	图形的运动与坐标
	三角形	图形的平移	
	四边形	图形的相似	
	圆	图形的投影	

从上表可以看出，点、线、面、角均是为了学习平面图形所做的铺垫，而在平面图形三角形、四边形和圆中，最重要的图形就是三角形，三角形是研究其他一切平面图形的基础，学习内容如图 7-2。

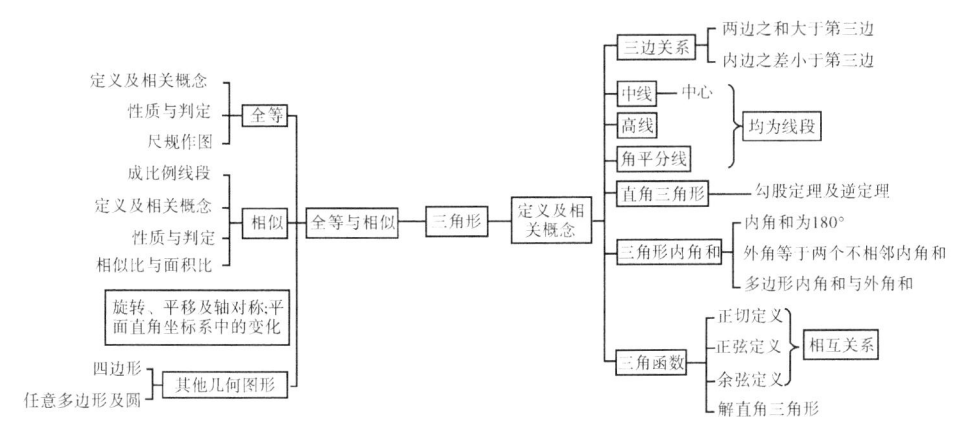

图 7-2 "三角形"知识思维导图

3.统计与概率部分——"数据分析"大概念。初中阶段统计与概率知识所占的比重较少，主要包括"抽样与数据分析"和"随机事件的概率"两个主题，学生将学习简单的获得数据的抽样方法，通过样本数据推断总体特征的方法，以及定量刻画随机事件发生可能性大小的方法，形成和发展数据观念。数据是数学中除了模型以外的另一种语言，是数学表达世界的一种方式，学生要读懂数据背后的含义，最重要的学会数据分析。在统计与概率领域，析取"数据分析"大概念思维导图如图 7-3 所示。

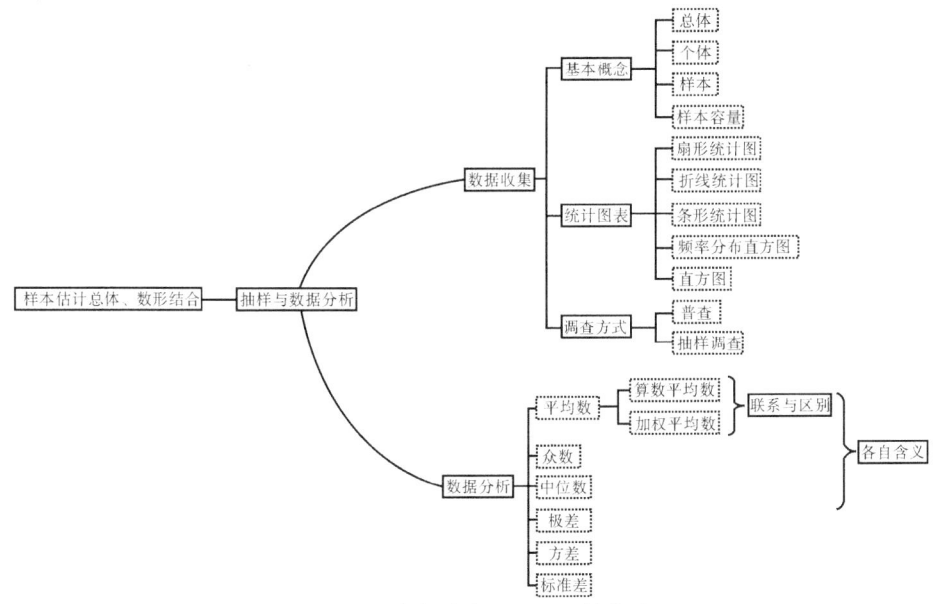

图 7-3 "数据分析"知识思维导图

基于上述三个领域的大概念，我们设计了初中数学跨学科项目式学习主题（如表 7-3）。

表 7-3　初中数学跨学科项目式学习主题[①]

领域	学科	大概念	主题	核心素养
数与代数	数学+历史	"式"	筹划后勤运输方案	模型观念、应用意识
图形与几何	数学+美术	"三角形"	制作正多角形	几何直观、推理能力
统计与概率	数学+信息	"数据分析"	如何选购手机	数据观念、创新意识

（二）创建驱动性问题

项目式学习的内容无论是指向数学知识学习还是数学及其他各学科知识应用，都必须明确要解决的问题。问题可以由教材或者教师提供，也可以由学生尝试在情境中发现、提出。驱动性问题的设计要能够巧妙地串联起整个项目，保证项目的持续推进，一般具有如下特征：1. 综合性。这不仅表现为数学内部各领域的知识及数学思想方法在解决问题过程中的综合，而且还增加了"跨学科"主题内容，打通各学科之间的壁垒，将数学与其他学科、日常生活实际紧密联系起来。2. 实践性。学科实践活动是学生形成核心素养的重要路径。[②]项目式学习的内容，区别于以学科知识为线索的内容学习，应特别注重从现实背景出发，引导学生通过自主参与、实践探究、合作交流等方式进行学习。学习过程应包含观察、猜测、调查、实验、测量、计算、推理、验证以及归纳模型、设计方案等丰富的形式。3. 过程性。项目式学习要求学生在亲历思考、试误、反思、调整的过程中，积累数学活动经验，提升数学素养。因此驱动性问题的设计，应为每一位学生提供不同的学习机会，让他们能够根据自身的特点参与进去，承担相应的具体任务，经历学习过程，让每一位学生从中都有收

[①] 注：三个案例是由北京师范大学綦春霞教授团队开发。
[②] 余文森.学科育人价值与学科实践活动：学科课程新标准的两个亮点[J].全球教育展望，2022,51(4):14-15.

获。4.现实性。驱动性问题应关注社会现实问题，挖掘与学生生活密切相关以及能引发学生关注的问题，将这些问题作为项目式学习的素材进行活动设计，让学生感受数学知识的应用价值。基于此，创设初中数学跨学科项目式学习的驱动性问题如表7-4所示。

表7-4 初中数学跨学科项目式学习驱动性问题

主题	驱动性问题	项目任务
筹划后勤运输方案	在完成行军任务的前提下，如何设计后勤运输方案，以降低行军途中的粮草消耗？	任务一：明确行军问题中的重要变量 任务二：规划后勤运输方案 任务三：对后勤运输方案进行一般化推广
制作正多角形	如何制作正多角星？	任务一：制作五角星与六角星 任务二：解读五角星与六角星的制作过程 任务三：探究"七角星"的制作方法
如何选购手机	如何根据自己的需求选购手机？	任务一：初步确定购买手机意向 任务二：细化购买手机评价维度 任务三：制定个性化购买手机方案

（三）持续性的探究

项目式学习可根据项目涉及的知识及预设的目标，将项目大体分为体验应用、问题解决、项目设计等类别。其中涉及调查、测量、访谈、方案设计、实验、探究等学习任务或方法，这个过程均需要学生进行持续性的探究。1.体验应用类：包括"明确目的任务→体验与应用→交流与评价"等环节。2.问题解决类：包括"提出问题→制定计划→方法指导→活动实施→展示交流→评价反思"等环节。3.综合设计类：包括"提出问题→介绍范例→查找资料→组建小组→制定计划→方法指导→活动实施→中期交流→撰写报告→展示交流→评价反思"等环节。这些环节可以灵活调整步骤，为项目式学习的持续推进提供阶梯。下面以项目式学习《如何选购手机》（如表7-5）为例，展示项目式学习的任务设计。

表7-5 《如何选手机》项目式学习任务框架

项目任务	故事线	问题序列	知识发展
任务一 初步确定购买手机意向	老师最近打算购买一部智能手机，请同学们为我提供一些合理建议。	1.在购买手机过程中，最重要的因素是什么？ 2.考虑到我的经济状况，这部手机的预算在3000元左右，在下发的资料中，你们推荐我买哪部手机？ 3.评分是怎么得出的？ 4.评分越高，质量就越好吗？ 5.根据材料二提供的信息，你有哪些推荐？为什么？	数据收集
任务二 细化购买手机评价维度	老师也在网上做了一些攻略，查询了相关品牌手机的外观、颜色、性能、性价比、网上评价等信息。	1.参与调查的人数越多，结果的可信度越高吗？ 2.仅参考购买手机人的评分来选购手机，是否合理？ 3.专业人士是怎么评价手机的？ 4.在材料三中，专家从5个维度对手机进行评价，将5个维度的平均分作为手机的最终得分，结合以上的评价方式，你会更推荐哪部手机？	平均数
任务三 制定个性化购买手机方案	老师根据大家所收集的信息给出的建议，已经选择好了想要购买的手机。我的同事也需要购买一部手机，同学们能为他提供专业意见么？	1.如果其他人也想买一部3000元左右的手机，那他会不会跟我们有一样的选择？ 2.如果要考虑个性化的需求，我们怎么对手机进行评价？ 3.以小组为单位，根据不同的购机目的及喜好，挑选出符合各小组购买需求的手机。	加权平均数

(四) 公开学习成果

项目式学习的学习成果内容多样，可以包含：学生知识的学习与应用，信息资料的收集与处理，数学思维发展与学习方法，参与活动的情感态度等。1.展示学生数学思维。可以从学生能否积极主动思考问题，是否有创造性的问题解决思路，能否清晰地用数学语言表达自己的观点等方面展示。例如：《制作正多角形》中学习成果要求：（1）利用轴对称与三角函数知识；（2）通过手绘或软件作图的方式呈现制作方案；（3）展示裁剪前的基本图形、中间步骤和裁剪后的作品，并说明设计思路；（4）作品应尽可能美观、富有创意，具有一定的文化意义。2.展示学生学习方法。可以跟踪学生查找、搜集资料的方法，数学工具的选择和使用等方面的变化。例如：《筹划后勤运输方案》中学习成果要求：（1）在制定后勤方案的过程中，所需要的数据需要得到相关史料的支持；（2）所制定的后勤运输方案需要具备一定的可行性；（3）需要对模型进行检验，提出改进建议；（4）可以对后勤运输问题进行一般化推广。

项目式学习的学习成果形式多样，可以包含：调查报告、研究笔记、数学小论文、主题演讲、问题解决方法集、项目报告书、成果展览、项目完成的模型或实物作品等。教师需要明确学习重点，有针对性地在活动过程中观察、记录，积累数据和过程资料，设计合适的项目成果要求，并鼓励学生公开学习成果，提高学生活动参与质量，促进学生发展。

(五) 全程性评价

在项目式学习的设计与实施过程中，评价应伴随始终。项目式学习评价重点关注的是学生核心素养发展的长远目标，关注激发学习兴趣、激励学生参与、促进学生发展、总结学习经验、改进活动设计等学习活动过程的多维、多元、多样的评价。因此，项目式学习的评价要做到：1.评价指向多元目标，过程与结果并重；2.倡导多主体参与评价，评价方法灵活多样。如可以设计《学习过程评价量表》，分为"问题解决""知识理解""学习投入""合作交流"

四个维度，评价标准分为"待提升""良好""优秀"三个水平。设计《项目成果评价量表》，分为"问题解决""知识理解""反思意识""创造性"和"艺术性"五个维度，评价标准分为"待提升""良好""优秀"三个水平。

三、启示

从《义务教育课程方案（2022年版）》的要求来看，"各门课程用不少于10%的课时设计跨学科主题学习。"[①]因此，教学实践中，要从整体上纵向规划好各学段综合与实践的活动目标，以确保各维度的活动目标进阶发展。在实施项目式学习的过程中，师生也要做好以下方面：

1.充分发挥学生的主体作用。应了解学生的内在项目式学习需求，与学生共同商量项目的具体内容、活动方式，增加选择性。例如组织形式中分组，班内、校内活动或校外活动可以根据活动内容的性质、难度、范围，与学生共同商议。学生在选择具体的研究问题、组建小组等事项中，教师不要过多干预，鼓励并尊重项目式学习中学生不同的思考方法、处理问题的策略。转变学习方式，让学生自主地进行合作交流、调查研究、探究分析、猜测验证、实验论证等多种方式的学习。

2.教师应关注活动过程，注重学习反思。教师要认真观察学生在项目式学习过程中的行为、情绪情感、参与程度、努力程度，关注学生在认识和体验方面的变化，尤其关注学生的创造性，引导学生运用新的问题、新的想法，将项目式学习引向深入。教师应该有针对性地引导学生反思、梳理自己或小组的思维过程、解决问题过程，引导学生思考：我是怎样想的？怎么做的？是怎样想到的？这样做对吗？这样做合理吗？还有其他方法吗？还有更好的方法吗？指导学生总结研究成果，交流汇报，积累解决问题的策略。

项目式学习的开展需要一定的教具、学具、场地、信息技术（如网络、软件、计算机、教学装备、实验器材）、人员等条件支持，应伴随着项目任务的

[①]中华人民共和国教育部.义务教育课程方案(2022年版)[M].北京:北京师范大学出版集团,2022:211.

设计进行同步考虑。设计项目任务时需要多方沟通，方便学生在方案设计中采访教师，获得学校、家庭、社会等相关方面的支持等。

综上所述，初中数学跨学科项目式学习被赋予了新定位，增加了新内容，提出了新要求，更加有着实践探究的空间，需要教师开展创造性的教学实践，不断提升对综合与实践活动的理解，积累活动设计经验，提炼活动指导策略，以促进学生长远发展为目标，做好落实学生核心素养发展的路径探索。

第八章 初中数学项目式学习案例解析

《义务教育数学课程标准（2022年版）》指出："数与代数是数学知识体系的基础之一，是学生认知数量关系、探索数学规律、建立数学模型的基石，可以帮助学生从数量的角度清晰准确地认识、理解和表达现实世界。在小学阶段，学生认识了正有理数，掌握了正有理数的四则运算，知道可以用字母表示数、数量关系及规律。在初中阶段，学生将认识负数、无理数，学习它们的四则运算，还将学习代数式、方程、不等式、函数等内容。这些内容构成了初中阶段数与代数领域'数与式''方程与不等式'和'函数'三个主题。"

"数与式"是代数的基本语言，初中阶段关注用字母表述代数式，以及代数式的运算，字母可以像数一样进行运算和推理，通过字母运算和推理得到的结论具有一般性；"方程与不等式"揭示了数学中最基本的数量关系（相等关系和不等关系），是一类应用广泛的数学工具；"函数"主要研究变量之间的关系，探索事物变化的规律，借助函数可以认识方程和不等式。

数与代数领域的学习，有助于学生形成抽象能力、推理能力和模型观念，发展几何直观和运算能力。下面将展示"数与代数"领域的一些项目式学习案例。

一、"数与代数"领域

基本信息

【活动名称】筹划后勤运输方案

【开发人】曹辰、陈智豪、程艺

【适用年级】七年级上学期

【课时】3 课时（建议用 5-8 学时完成）

【学科范围】数学、历史

（一）问题情境分析

"兵者，国之大事。"中华民族五千年的文明也是在血与火中逐渐成长的。但我们对于战争，往往只局限在"兵对兵、将对将"的层面，对于后勤的重要性缺乏认识。所谓"外行谈战术，内行谈后勤"，后勤往往是决定一场战争胜负的重要因素之一。沈括在《梦溪笔谈》中便对宋朝军队的后勤供应情况进行了详细描述。

众所周知，后勤方案的筹划需要数学知识的严密支持。在筹划后勤运输方案的过程中，最具挑战的是根据情境建立合理的假设，通过材料分析和获取问题情境中重要的量，比如行军时间，每人每天的粮食消耗等。在活动中，我们将对运粮问题进行深入的研究和分析，建立数学模型，解决实际问题，体会古代中国劳动人民的智慧。

（二）跨学科知识分析

1. 数学

（1）数学知识

筹划后勤运输方案主要涉及的知识内容为"一元一次方程"。强调在筹划后勤运算方案的过程中，通过建立合理假设，发现并建立变量之间的关系，最后列出一元一次方程求解。在活动过程中，学生需要借助筹划后勤运输方案的情境了解代数式，进一步理解用字母表示数的意义；能分析具体情境中的数量关系，建立一元一次方程；并在解一元一次方程的过程中，进一步认识等式的性质，解读方程的解在实际情境中的意义。

（2）数学核心素养

①模型观念

在筹划军队后勤方案的过程中，认识到数学建模是数学与现实联系的基本途径；从现实生活或具体情境中抽象出数学问题，感知数学建模的基本过程。在确定运粮民工人数的过程中，用方程表示所运粮食数量与所消耗粮食数量之间的数量关系和变化规律。

②推理能力

在筹划军队后勤方案的过程中，能通过比较运粮民工在进军与回程路途中的粮食消耗数量，推断出运粮民工在行程规划中的关键节点，进而通过逆向推理建立方程，逐步推导出运粮民工的行程规划。

③数据观念

在筹划军队后勤方案的过程中，学生需要根据问题的背景和所要研究的问题确定所需要的相关数据并查阅相关资料。本项目有助于培养学生的跨学科文献查阅能力，养成重证据、讲事实的科学态度。

2. 历史

(1) 历史知识方法

在该项目中，初步学会从多种渠道获取历史信息，提高对史料的识读能力；能够尝试运用史料说明历史问题，初步形成重证据的意识和处理历史信息的能力。同时初步体会将事件、人物、现象等置于历史发展的特定进程中加以考察的分析过程，并从历史发展的角度认识事件的发展过程，进一步形成对中华民族的认同意识。具体来看，学生需要：

①学会运用文献查阅的方法，了解中国古代社会生产生活的具体情况，获得具体数据；

②学会从量化的角度对历史中的事件展开研究，了解战争对于国力的巨大损耗，帮助学生认识到中华文明发展的艰辛，有助于帮助学生形成正确价值观和必备品质。

(2) 历史核心素养

①家国情怀

在筹划军队后勤方案的过程中，学生是在解决现实问题，过程中应充满人文情怀，感受到中华文明筚路蓝缕的发展历程，形成对家乡、国家和中华民族的认同感，将个人发展与国家富强、中华民族伟大复兴和人类命运共同体的构建紧密相连。

②时空观念

在筹划军队后勤方案的过程中，学生需要在古代情境中对行军过程及后勤消耗进行观察与分析，认识到只有在特定的时空框架中，才能对史事进行准备；学生需要认识到古代社会发展的局限性，进一步感受中华文明发展的不易。

③历史解释

在筹划军队后勤方案的过程中，学生需要通过对史料的搜集、整理和辨析，揭示历史表象背后的深层因果关系，从而不断接近历史真实，认识到很多历史事件的发生都受制于当时客观条件的限制；同时感受到数学知识是用来解释历史事实的重要工具。

（三）活动目标

1.会用数学的眼光分析军队后勤问题，在实际情境中抽象出数学模型，认识到代数式、方程是分析具体情境中的数量关系、解决实际问题的有力工具。

2.会用数学的语言解读军队后勤问题，在解读过程中用字母表示数，对不同的量进行比较，从而运用数学的方法解决现实问题。

3.会用数学的思维筹划军队后勤方案，在筹划过程中培养学生的模型观念与推理能力，进一步发展学生的家国情怀与时空观念素养。

（四）驱动问题

在完成行军任务的前提下，如何设计后勤运输方案，以降低行军途中的粮草消耗？

(五) 学习任务

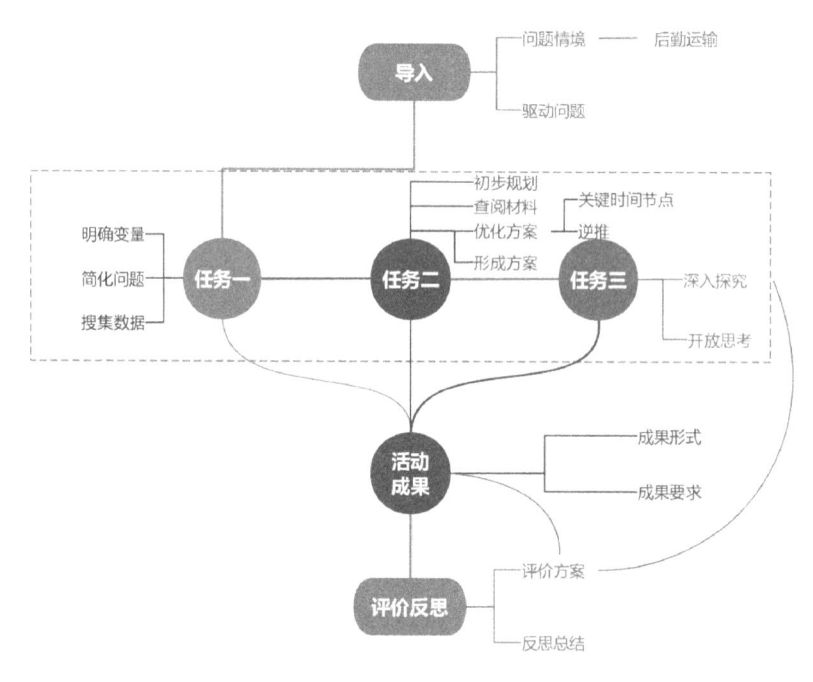

图 8-1 后勤运输方案的学习任务

历史情境回顾

北宋时期，辽、西夏、北宋三国并立。地理上，辽和西夏占领产马和养马地，因此行军多使用骑兵；北宋缺乏战马，多使用步兵进行军事行动。

近日敌军侵袭国家边境，需带兵 10000 人，攻击距离边境 1000 里外的敌军城市，为更好地统筹后勤，幕僚团先行规划后勤运输方案，以保证行军补给。（幕僚：泛指古代统帅身边参谋、书记、副官、秘书等等佐助人员。）

任务一 明确行军问题中的重要变量

环节 1 明确变量

1. 如果一支 10000 人的军队需要赶赴 1000 里之外的前线，需要明确哪些问题？

【预设回答】

行军需要多少天？

为这场战争最少需要准备多少粮食？最少需要雇佣多少民夫？

2.行军过程中，有哪些需要考虑的重要因素？

【预设回答】

军队的行军时间，每天的行军距离，军人和民夫分别所携带粮食的数量，军人和民夫每天的粮食消耗量。

环节 2 简化问题

3.为了简化问题，需要对哪些因素进行限制？

【预设回答】

(1)仅考虑行军的过程，带的粮食足够吃完全程就算完成任务；

(2)仅考虑纯步兵情境，无马匹等牲畜，无推车等运输工具来运输军粮，只能雇佣民夫运粮；

(3)军队和民夫一起行军,行军速度相同;军人与民夫路上不会逃亡;除了饮食外，粮食不会有多余损耗；路上没有敌军袭扰，军人与民夫不会出现减员；民夫所背粮食是军队的唯一补给源；

(4)军队和民夫每天所消耗的粮食相同;只计算粮食的重量,不考虑其他食物与饮水；

(5)如果粮食不能充分供应,就会影响当天的行军,无法按时到达目的地；军事行动就会失败。

环节 3 搜集数据

4. 如何获得这些重要的量？

【预设回答】

(1)查阅每天的行军距离数据

《汉书·陈汤传》：重装日行三十里，轻装日行五十里。

《武经总要》：平常日行三十里，快速时日行六十里。

因此，我们将每天的行军距离定为 50 里。

(2)查阅资料获得军人和民夫的粮食携带量数据

宋朝士兵平均负重："全装共四十五斤至五十斤止"（《宋史》卷 197《兵志》）。宋一斤约合 600 克。

根据文献可知，民夫"负米六斗"，六斗约为 60 升，1 升米约为 1.25 斤，接近 600 克，因此约为宋一斤。

因此以升为计量单位的话，民夫可以背负 60 升米，士兵每天携带的装备重量约为 50 升米，并且自己可以携带 10 升口粮。

（3）查阅资料获得军人和民夫的每天粮食消耗量数据

根据文献可知"卒自携带五日干粮"，还有"人日食两升"。考虑到前文的信息，推算出每人每天消耗两升粮食，因此士兵在行军过程中可以携带 10 升粮食。

任务二 规划后勤运输方案

环节 1 初步规划

1. 根据之前调查的数据，如果一支军队需要远赴 1000 里之外开展军事行动，这支军队需要行军多少天？

【预设回答】

（1）行军距离

经过查阅资料，按照每天行军距离 50 里估算；

（2）行军天数

1000÷50=20（天）

2. 根据之前调查的数据，如果所有的运粮民夫背负粮草，同大军一起赶赴前线，我们至少需要民夫多少人，准备多少升粮草？

【预设回答】

设最少需要民夫 x 人，则民夫背负的粮草为 $60x$，军人背负的粮草为 $10000×10$，

$60x+10000×10=（10000+x）×20×2$

$20x=300000$

$x=15000$

15000×60+10000×10=1000000（升）

因此应该是 10000 名军人，加上 15000 名民夫，携带 100 万升粮食出发。

环节 2 查阅资料

3. 怎么才能降低需要征调的民夫数量，尽可能减少所需要的粮食呢？通过《梦

溪笔谈》中的材料，你们有哪些发现？

【预设回答】

在沈括的《梦溪笔谈》中有后勤运输方案的说明：

"二人饷一卒，一去可二十六日；米一石二斗，三人食，日六升，八日，则一夫所负已尽，给六日粮遣回。后十八日，二人食，日四升并粮。若计□回，止可进十三日。前八日，日食六升。后五日并回程，日食四升并粮。三人饷一卒，一去可三十一日；米一石八斗，前六日半，四人食，日八升。减一夫，给四日粮。十七日，三人食，日六升。又减一夫，给九日粮。后十八日，二人食，日四升并粮。计□回，止可进十六日。前六日半，日食八升。中七日，日食六升，后十一日并回程，日食四升并粮。"

根据文献可知，为了降低粮食的消耗，所背的粮消耗完了的民夫需要回到出发地，而不会随着军队一起行军。同时为了体恤民力要保证返回的民夫携带返程所需的足额粮食。

环节 3 优化方案

4. 在筹划后勤运输方案的过程中，哪天是最为关键的节点呢？

【预设回答】

在 20 天的行军中，前 10 天内，民夫距离出发点比较近，因此应发粮返回；自第 11 天开始，吃完粮的民夫应跟随军队前进，这样更加节省粮食。

因此，在第 11 天早上：

设第 11 天早上最少需要民夫 x 人

$$60x+10000×10=(10000+x)×10×2$$
$$40x=100000$$
$$x=2500$$

则在第 11 天早上，应该是 10000 名军人，加上 2500 名民夫满载粮食出发。

5. 那在其他的时间，我们该怎么进行规划呢？可以采用哪些方法呢？

【预设回答】

可以采用逆推的方法。

在第 10 天早上，应该也是军队和民夫满载粮草出发，其中一部分民夫所背负的粮草将会供给 12500 人的主力一天的粮食消耗。这些民夫将在第 11 天早上携带剩下的部分作为 10 天的回程的口粮。

设第 11 天早上需要派遣民夫 a 人携带 10 天的口粮回程。

$60a=$（$12500+a$）$\times 2+10\times 2a$

$38a=25000$

$a\approx 657.89$

因此第 11 天早上需要派遣民夫 658 人携带 10 天的口粮回程。

那么在第 10 天早上呢？

设第 10 天早上需要派遣民夫 a 人携带 9 天的口粮回程。

$60a=$（$12500+658+a$）$\times 2+9\times 2a$

$a\approx 657.89$

因此第 10 天早上需要派遣民夫 658 人携带 9 天的口粮回程。

……

由此逆推，可以得到，第 2 天早上也需要派遣民夫 658 人携带 1 天的口粮回程。

环节 4 形成方案

6. 总体而言，我们的后勤运输方案是什么呢？

【预设回答】

第 11 天早上，共有 2500 名民夫随军出发，从第 2 天早上到第 11 天早上，每天都需要往回派出 658 名民夫。因此民夫总数为：

2500+658×10=9080 人

因此粮草总数为：

民夫携带+军人携带

9080×60+10000×10=644800 升

因此，一支一万人的军队需要雇佣民夫 9080 人满载粮食共 644800 升出发；将民夫 658 人编为一营，共 10 营，剩下 2500 名民夫编为大营。

第一天行军吃第一营携带的粮食，将剩余的粮食作为回程口粮；

第二天行军吃第二营携带的粮食，将剩余的粮食作为回程口粮……第十天行军吃第十营携带的粮食，将剩余的粮食作为回程口粮。

第十一天往后，大营 2500 人和军队 10000 人一起开赴前线，不再遣返民工。

任务三 对后勤运输方案进行一般化推广

环节 1 深入探究

1.在筹划后勤方案的过程中，你能发现哪些规律呢？

【预设回答】

在刚刚我们的讨论中，我们发现从第二天早上到第十一天，每天都需要往回派出 658 名民夫。

这是一个巧合吗？还是一个规律？为什么会有这样的规律呢？

【预设回答】

以第 11 天为例：

设第 11 天早上需要派遣民夫 a 人携带 10 天的口粮回程。

$60a=$（12500+a）$\times 2+10\times 2a$ ①

以第 10 天为例：

设第 10 天早上需要派遣民夫 b 人携带 9 天的口粮回程。

$60a=$（12500+a+b）$\times 2+9\times 2b$ ②

①-②得：

$60a-60b=$（12500+a）$\times 2+10\times 2a-$（12500+a+b）$\times 2-9\times 2b$

$60(a-b)=2(a-b)$

因此 $a=b$

由此逆推，可以发现，每天都需要遣返的民夫人数都是相等的。

2.根据所总结的数据，古代行军天数有没有极限呢？

为简化计算，可以从每一个军人配备不同数量的民夫的前提条件下，考虑该军人和所配备民夫一起行军的极限天数。

【预设回答】

民夫	天数	民夫	天数
1	$\frac{10+60\times 1}{2+2\times 1}\approx 17$	10	$\frac{10+60\times 10}{2+2\times 10}\approx 27$
2	$\frac{10+60\times 2}{2+2\times 2}\approx 21$	……	……
3	$\frac{10+60\times 3}{2+2\times 3}\approx 23$	30	$\frac{10+60\times 30}{2+2\times 30}\approx 29$
4	$\frac{10+60\times 4}{2+2\times 4}\approx 25$	……	……
……	……	x	$\frac{10+60x}{2+2x}$

根据以上计算公式，进行一般化推广。

【预设回答】：有极限，假设民夫的数量为 x，每人每天消耗 c，民夫背负粮食重量 d，军人背负粮食重量 e，则可以支持的行军天数为：

$$\frac{10000e+dx}{(10000+x)}=\frac{d}{c}-\frac{10000(d-e)}{(10000+x)\ c}$$

则其最多可以支持的天数上限为 $\frac{d}{c}$。

3.你能对我们提出的后勤运输方案进行推广吗？

我们设军队人数 a，行军天数 b，每人每天消耗 c，民夫背负粮食重量 d，军人背负粮食重量 e 这五个参数，建立起筹划后勤方案的模型。

【预设回答】

设第 $(\frac{b}{2}+1)$ 天早上最少需要民夫 x 人

$$dx+ae=(a+x)ec$$

$$x=\frac{(c-1)ae}{d-ec}$$

则在第 $(\frac{b}{2}+1)$ 天早上，应该是 a 军人，加上 $x=\frac{(c-1)ae}{d-ec}$ 民夫满载粮食出发。

设第 ($\frac{b}{2}$+1) 天早上需要派遣民夫 y 人携带 $\frac{b}{2}$ 天的口粮回程。

$$dy=\left[a+\frac{(c-1)\ ae}{d-ec}+y\right]\times c+\frac{b}{2}\times c\times y$$

$$y=\left[a+\frac{(c-1)\ ae}{d-ec}\right]\times c\times\frac{1}{d-c-\frac{bc}{2}}$$

因此第 ($\frac{b}{2}$+1) 天早上需要派遣民夫 $\left[a+\frac{(c-1)\ ae}{d-ec}\right]\times c\times\frac{1}{d-c-\frac{bc}{2}}$ 人携带 10 天的口粮回程。

设第 $\frac{b}{2}$ 天早上需要派遣民夫 y 人携带天 ($\frac{b}{2}$-1) 的口粮回程。

$$dy=\left[a+\frac{(c-1)\ ae}{d-ec}+2y\right]\times c+(\frac{b}{2}-1)\times c\times y$$

$$y=\left[a+\frac{(c-1)\ ae}{d-ec}\right]\times c\times\frac{1}{d-c-\frac{bc}{2}}$$

因此第 $\frac{b}{2}$ 天早上需要派遣民夫 $\left[a+\frac{(c-1)\ ae}{d-ec}\right]\times c\times\frac{1}{d-c-\frac{bc}{2}}$ 人携带 ($\frac{b}{2}$-1) 天的口粮回程。

……

由此逆推，可以得到，第 2 天早上也需要派遣民夫 $\left[a+\frac{(c-1)\ ae}{d-ec}\right]\times c\times\frac{1}{d-c-\frac{bc}{2}}$ 人携带 1 天的口粮回程。

4. 如果敌军国都与我们的距离已经超过了目前我们后勤保障的极限距离，我们该怎么策划方案，以保障前线的军粮运输呢？你能提供哪些思路呢？

【预设回答】：在途中建立粮仓据点，筑垒屯田，通过水路运输。

汉武帝北伐；提供案例让学生去查，去感悟。给学生查一些资料的机会。

（六）活动成果

写明本活动要完成的成果。成果可以是模型类作品、研究报告类作品、小论文类作品等。

书写形式：写明成果名称和成果要求。其中成果要求需体现跨学科学习的特点。

成果要求：

①在制定后勤方案的过程中，所需要的数据要得到相关史料的支持；

②所制定的后勤运输方案需要具备一定的可行性；

③需要对模型进行检验，提出改进建议；

④可以对后勤运输问题进行一般化推广。（可选）

（七）评价方案

1.学习过程评价量表

标准	待提升	良好	优秀
问题解决	①不能监控进展情况或调整解决问题的方法 ②不能发现解决方案中的错误 ③不能向他人解释方案	①意识到需要监控和评估进展情况,可以在教师的指导下调整解决问题的方法 ②可以发现解决方案中的错误 ③能够向他人解释部分方案	①能够主动监控和评估进展情况,及时调整解决问题的方法 ②能自觉通过检查发现解决方案中的错误 ③能够完整地向他人解释方案
知识理解	①不能理解后勤运输问题的全过程 ②不能理解历史文献资料中的信息 ③不能建立数学模型解决实际问题,得出后勤运输方案 ④不能对数学模型进行检验和改进	①能够理解后勤运输问题的全过程 ②能够理解历史文献资料中的信息 ③能够建立数学模型解决实际问题,得出后勤运输方案 ④能对数学模型进行检验和改进	①能够理解并分析后勤运输问题的全过程 ②能够独立搜集并理解历史文献资料中的信息 ③能够建立正确的数学模型解决实际问题,得出后勤运输方案 ④能对正确的数学模型进行检验,提出合理的改进建议
学习投入	①不能积极主动地参与教学活动 ②能够积极讨论	①在同伴带领下能积极主动地参与教学活动 ②能够积极讨论,并发现一些规律	①能够积极主动地参与教学活动 ②能够积极讨论,并总结规律
合作交流	①小组讨论参与度较低 ②语言表达有所欠缺 ③组内分工失衡	①小组讨论参与度一般 ②语言基本流畅,表达基本清晰 ③组内分工基本得当	①积极参与小组讨论,并提出问题解决思路 ②语言流畅,表达清晰 ③组内分工得当

2.项目成果评价量表

标准	待提升	良好	优秀
问题解决	①不能监控进展情况或调整解决问题的方法 ②不能发现解决方案中的错误 ③不能向他人解释方案	①可以在教师的指导下监控和评估进展情况,并调整解决问题的方法 ②可以发现解决方案中的错误 ③能够向他人解释部分方案	①能够主动监控和评估进展情况,及时调整解决问题的方法 ②能自觉通过检查发现解决方案中的错误 ③能够完整地向他人解释方案
知识理解	①不能理解后勤运输问题的全过程 ②不能理解历史文献资料中的信息 ③不能建立数学模型解决实际问题 ④不能对数学模型进行检验和改进	①能够理解后勤运输问题的全过程 ②能够理解历史文献资料中的信息 ③能够建立数学模型解决实际问题 ④能对数学模型进行检验和改进	①能够理解并分析后勤运输问题的全过程 ②能够独立搜集并理解历史文献资料中的信息 ③能够建立正确的数学模型解决实际问题 ④能对正确的数学模型进行检验,提出合理的改进建议
反思意识	①回避反思学习过程中遇到的困难 ②没有思考自身的优势和不足 ③不能针对困难提出改进建议	①在教师引导下能够反思学习过程中遇到的困难 ②在教师引导下能够对比其他小组,思考自身的优势和不足 ③可以针对困难提出改进建议	①主动反思学习过程中遇到的困难 ②对比其他小组,思考自身的优势和不足 ③针对困难提出有效的改进建议
创造性	①只能在教师的指导下建立一元一次方程解决后勤运输问题 ②项目成果缺乏创意	①能够从不同的史料中,搜集一些所需的数据 ②能够掌握从特殊到一般化的数学模型建立过程,并得出后勤运输方案 ③能提出其他影响行军的因素,并重新建立模型进行求解	①能够从不同的史料中,找到其他影响行军的因素,并搜集出所需的全部数据 ②能为古代国家的远程提出一些创造性的解决方案

(八) 拓展资源

1. 书籍。

[宋]沈括.梦溪笔谈[M].金良年,点校.北京:中华书局,2015.

何绍庚.《梦溪笔谈》中的运筹思想[M].北京:科学出版社,1992.

钱宝琮.中国数学史[M].北京:科学出版社,1992.

(汉)班固.《汉书》.

丁度,曾公亮.《武经总要》,四库全书本.

2. 论文。

吴长富.《数书九章》与宋代军事数学问题研究[D].保定:河北大学,2019.

【案例点评】

该项目学习的开展以学生感兴趣的历史故事引入。授课教师在课堂引入环节娓娓道来：我们在关注一场战争的时候，往往会把目光聚焦在将军身上。但是事实上"兵马未动，粮草先行"，这句古语告诉我们，后勤运输在整个战争过程中不可或缺的地位和重要性。那么如何规划一个后勤运输方案呢？这就需要数学知识的严密支持。接着，教师提到了一些历史资料：北宋科学家沈括曾在《梦溪笔谈》这本著作中记载了宋代行军时的后勤供应情况。以上背景信息引出了本节课的研究问题。在该引入环节，建议教师使用小组合作的形式开展教学活动，帮助把学生带入幕僚团的角色，帮助将军形成后勤运输方案的规划。接下来教师通过问题串联的形式，引导学生在本案例的学习过程中，通过问题情境分析，建立合理的假设，分析并获取数据，建立数学模型，最终带领学生解决了这个实际问题。

该案例涉及数学和历史两门学科知识。学生在规划后勤运输方案的过程中，需要了解代数式，进一步理解用字母表示数的意义，分析情境中的数量关系，根据等量关系建立一元一次方程；进一步认识等式的性质，解读方程的解的实际意义，这些数学学科知识的学习涉及模型观念、推理能力和数据观念三个核心素养的培养。学生在解决问题的过程中，也需要学会运用文献查阅方法，获得具体数据，学会从量化角度对历史事件展开研究，形成正确的价值观和必备品质。其中涉及历史学科知识的学习对培育学生家国情怀、时空观念和历史解释三个核心素养有重要的作用。

教师在引导学生了解了历史情境后，带领学生进行了任务一的探索，主要通过以下三个环节，即：环节一明确变量，环节二简化问题，环节三搜集数据，给学生搭建了脚手架，引导学生具备解决问题的正确思考路径。在任务二的教学中，教师需要带领学生形成方案，这个环节的教学重难点是教师引导学生在文献资料中找到解决问题的关键点，这部分的内容涉及跨学科的知识，教师可以布置给学生课下完成。通过《梦溪笔谈》中的记载可知，如果民夫遣返所需要的粮食是少于他跟随军队前行所需要的粮食的话，就可以选择将民夫遣返。那么究竟哪天的民夫需要遣返，而哪天的民夫不需要遣返呢？我们就需要找到这个关键节点。在教学活动过程中，教师通过画图来帮助学生解决问题。如果军队所行路程已经超过了全程的一半，那么接下来民夫跟随军队前行所消耗的粮食就要少于他返程所需要的粮食；如果军队所行路程没有达到全程的一半，那么他返程所需要的粮食就少于他跟随军队前行所需要的粮食。教师在教学过程中，引导学生数形结合，明确了在第 10 天以后，也就是第 11 天的早晨这是一个关键节点，民夫继续随军前进所消耗的粮食，少于回到出发地所消耗的粮食。因此在第 11 天早晨之后，所有民夫都会随军前往最终的前线，而不再出现任何人数的变动。那么从第 11 天的早晨开始，这个问题就又转化成了环节一当中人数不发生变动的情况下，所消耗的粮食和所背负粮食之间等量关系的问题。教师通过带领学生解决这个关键点，任务二的问题解决顺利推进。

在任务三环节中，教师重点引导学生进行了进一步的开放性思考，即：已经思考到行军天数极限的前提下，当敌军国都与我们的距离已经超过了后勤保障的极限距离时，该如何规划方案来保证军粮运输呢？学生可以进行开放性的思考，也可以查阅古籍，去看一看古人在此问题解决过程中究竟有怎样的智慧。那么通过古籍记载，可以发现在古代运粮过程当中，多通过水运的方式去减少粮食的消耗。除此之外呢，还会在行军途中建立城市去保障粮食储备和补给。教师还可以引导学生去查阅更多的相关资料，进行更多的开放性思考。

总的来看，该项目学习问题情境新颖，三个任务环节步步相扣，全部指向大的驱动问题：筹划后勤运输方案？每一个任务线都有一个具体的知识线做支撑，学生感兴趣，成果展示考查了学生综合分析问题、解决问题的能力，上课效果良好，是培养学生的数学建模素养的一个很好的学习素材。

二、"图形与几何"领域

《义务教育数学课程标准(2022年版)》指出："通过小学阶段图形与几何领域的学习，学生对立体图形和平面图形有了初步的认识，掌握了简单图形的周长、面积、体积的计算方法，初步认识了图形的平移、旋转和轴对称，能判断物体的方位，用数对描述平面上点的位置，形成了初步的空间观念和几何直观。"

初中阶段图形与几何领域包括"图形的性质""图形的变化"和"图形与坐标"三个主题。学生将进一步学习点、线、面、角、三角形、多边形和圆等几何图形，从演绎证明、运动变化、量化分析三个方面研究这些图形的基本性质和相互关系。

"图形的性质"强调通过实验探究、直观发现、推理论证来研究图形，在用几何直观理解几何基本事实的基础上，从基本事实出发推导图形的几何性质和定理，理解和掌握尺规作图的基本原理和方法；"图形的变化"强调从运动变化的观点来研究图形，理解图形在轴对称、旋转和平移时的变化规律和变化中的不变量；"图形与坐标"强调数形结合，用代数方法研究图形，在平面直角坐标系中用坐标表示图形上点的位置，用坐标法分析和解决实际问题。这样的学习过程，有助于学生在空间观念的基础上进一步建立几何直观，提升抽象能力和推理能力。下面将展示"图形与几何"领域的一些项目式学习案例。

基本信息

【案例名称】设计埃舍尔镶嵌作品

【开发人】李睿思、阮珂怡、曹辰

【适用年级】九年级上学期

【课时】2-3 课时（建议用 8 个学时完成）

【学科范围】数学、艺术（美术）

（一）问题情境分析

莫里茨·科内利斯·埃舍尔（Maurits Cornelis Escher，1898-1972）是荷兰著名版画家，他的主要创作方式包括木板、铜板、石板、素描，涉及风景画、球面镜等，他善于从事物的精确、规则、秩序等特性中发现美、创造美，运用镶嵌创造了许多令人印象深刻的艺术作品。

埃舍尔作品的艺术精华之一在于"平面图形的镶嵌"，即用形状、大小完全相同的一种或几种平面图形进行拼接，彼此之间不留空隙，不重叠地铺成一片。我们应该如何解读这些艺术作品？这些艺术作品与数学知识存在哪些联系？在活动中，我们将欣赏、解读、设计埃舍尔的镶嵌作品，感悟艺术作品中的数学之美。

图 8-2 "燕子" 　　　　图 8-3 "鱼" 　　　　图 8-4 "大雁"

（二）跨学科知识分析

1. 数学

（1）知识

图形与几何中，埃舍尔镶嵌作品主要涉及的知识内容为"图形的运动与变化"，强调从运动变化的观点来研究图形，理解图形在旋转、平移时的变化规律和变化中的不变量。

①图形的旋转

a.在欣赏和解读埃舍尔镶嵌作品的过程中，认识并探索平面图形旋转的基本性质：一个图形和旋转得到的图形中，对应点到旋转中心距离相等，两组对应点分别与旋转中心连线所成的角相等；b.在欣赏和解读埃舍尔镶嵌作品的过程中，认识并探索中心对称及中心对称图形的基本性质：成中心对称的两个图形中，对应点的连线经过对称中心，且被对称中心平分；c.探索镶嵌图案中平行四边形、正多边形的中心对称性质；d.认识并欣赏艺术作品中的中心对称图形。

②图形的平移

a.在欣赏和解读埃舍尔镶嵌作品的过程中，认识并探索平移的基本性质：一个图形和它经过平移所得的图形中，两组对应点的连线平行（或在同一条直线上）且相等；b.认识并欣赏平移在艺术作品中的应用；c.运用图形的旋转、平移进行图案设计。

（2）核心素养

①空间观念

理解旋转、平移等基本的图形运动及其特征，学会从埃舍尔镶嵌作品中抽象出几何基本图形，通过观察镶嵌作品中不同图案之间的位置关系，感知并描述基本图形的运动和变化规律，在此过程中直观理解所学的数学知识及其现实背景。

②几何直观

感知埃舍尔镶嵌作品中的各种几何图形及其组成元素，分析图形运动与变换的性质，探究镶嵌作品中蕴含的数学规律，利用这些数学规律分析实际情境与数学问题，探索解决问题的思路。

③抽象能力

能够从艺术作品中抽象出几何基本图形，发现图形之间的关系，并能够用数学语言予以表达，感悟用数学的眼光观察艺术作品的价值，形成数学想象力，提高数学学习兴趣。

2. 艺术（美术）

（1）知识

运用形式原理和欣赏方法，欣赏、评述埃舍尔镶嵌作品，领略美术的多样性；运用各种工具、材料和媒介，以及所习得的美术知识、技能和思维方式，创作平面镶嵌的美术作品，提升创意表达能力。

①学会运用感悟、讨论、分析和比较等方法欣赏、评述美术作品，感受世界美术的多样性；②分析平行四边形、正多边形等构图形式的美术作品，体会不同构图形式的美感；③使用不同的工具、材料和媒介，采用写实、变形等手法，表达自己对生活的感受和认识。

（2）核心素养

①审美感知

在欣赏和解读埃舍尔镶嵌作品的过程中，能够发现埃舍尔镶嵌作品中美的特征及其意义与作用，能够认识到埃舍尔镶嵌作品中存在基本图案，并感受这些图案蕴含的艺术语言、艺术形象、风格意蕴、情感表达等。审美感知的培育，有助于发现美、感知美，丰富审美体验，提升审美情趣。

②艺术表现

能够仿照埃舍尔镶嵌作品的设计原理进行艺术创作。通过联想和想象的发挥，选择不同的表现手段与方法，尝试运用多种媒介和技术，在艺术创作中实现情感的沟通和思想的交流。艺术表现的培育，有助于掌握艺术表现的技能，认识艺术与生活的广泛联系，增强形象思维能力，涵养热爱生命和生活的态度。

③创意实践

能够综合运用数学、艺术等多学科知识，紧密联系现实生活，进行艺术创新。可以营造氛围，激发灵感，对创作的过程和方法进行探究与实验，生成独特的想法并转化为艺术成果。创意实践的培育，有助于形成创新意识，提高艺术实践能力和创造能力，增强团队精神。

（三）活动目标

1. 会用数学的眼光欣赏埃舍尔镶嵌作品，在欣赏过程中回顾图形运动与变换的相关知识，认识并体会平移、旋转在艺术创作中的应用。

2. 会用数学的语言解读埃舍尔镶嵌作品，在解读过程中理解图形平移、旋转的性质。

3. 会用数学的思维设计埃舍尔镶嵌作品，在设计过程中培养学生的几何直观和空间观念，进一步发展艺术创意实践素养。

(四) 驱动问题

如何设计你的"埃舍尔镶嵌"作品？

(五) 学习任务

任务一 欣赏埃舍尔的镶嵌作品

1.观察图 8-2~图 8-4，你发现它们有什么共同特征？

【预设回答】

①每个图片中都有基本的图案——燕子、鱼、大雁；

②基本图案是全等的；

②这些全等的图案平移、旋转能够实现平面镶嵌。

2.埃舍尔的镶嵌作品中涉及哪些关于"图形运动与变换"的知识？

【预设回答】平移、旋转。

任务二 解读埃舍尔的镶嵌作品——"大雁"

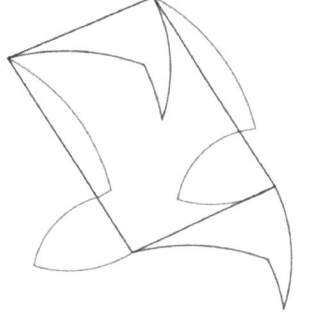

图 8-5 "大雁"　　　　图 8-6 "大雁"的基本图形

1.依次连接相邻四只"大雁"的各组对应点，你有什么发现？

【预设回答】

(1) 平行四边形：

①选择相邻四只大雁的上翅膀的顶点，依次连接可以得到平行四边形；

②选择相邻四只大雁的眼睛，依次连接也可以得到平行四边形；

(2) 平行四边形满足平面镶嵌的条件，可以铺满整个平面。

2. 比较图 8-5 与图 8-6，两者之间有什么关系？你有什么发现？

【预设回答】

(1) 图 8-5 与图 8-6 的关系：

①图 8-5 中白色人雁和黑色人雁是平移的关系；

②图 8-5 中的任意一只白色或黑色"大雁"可以抽象成图 8-6 所示的基本图形。

(2) 可以发现：

①图 8-6 中的红色和蓝色的曲线可以通过平移形成；

②割掉平行四边形中的三部分，将其平移并补到平行四边形外对应的位置，由此可以形成大雁的基本图形。

③从平行四边形出发，利用平移（割补），即可得到大雁的基本图形的轮廓；

④利用平移（割补）可以将大雁的基本图形还原为平行四边形。

3. 从该作品的解读过程中，你获得了哪些启发？

【预设回答】

(1) 解读埃舍尔镶嵌作品时，我们可以利用整体与部分的思想：

①发现关系——平移基本图案可以完成平面镶嵌；

②找到基本图案之间的各组对应点，依次连接形成基本几何图形；

③观察基本图形，找到基本图形内部的平移与全等。

(2) 平移、旋转、全等等几何知识可以应用到美术创作中。

任务三 解读埃舍尔的镶嵌作品——"鱼"

仿照大雁作品的解读过程，如何解读镶嵌作品"鱼"？你在作品"鱼"中有哪些发现？

图 8-7 "鱼"

【预设回答】

(1) 解读一（仿照"大雁"的解读方式）：

①先从整体上发现关系，连接相同颜色的四条小鱼的各组对应点（以嘴巴的顶点为例），得到平行四边形；

②可以将平行四边形的几部分进行平移（割补），得到作品"鱼"中的基本图形；

③这个基本图形能够通过平移铺满整个平面，从而形成镶嵌作品"鱼"。

(2) 解读二（其他解读方式）：

①四条不同颜色的小鱼的尾巴交于一点；

②四条小鱼可由旋转形成。以棕色小鱼为例，绕该点旋转一圈，分别形成其他三条红色、白色、蓝色的小鱼，最后回到棕色小鱼的位置；

③连接这四条小鱼的眼睛，可以形成正方形。

④将这四条小鱼形成的图案作为基本图案进行平移，可以覆盖整个平面。

(3) 总结：

①不同颜色的鱼之间不仅存在平移变换，也存在旋转变换；

②对应点相连可以构成一个平行四边形；

③通过将平行四边形中的几个部分进行平移变换，可以得到埃舍尔作品中的"鱼"。

任务四 设计镶嵌作品

1.通过解决以上问题,我们发现埃舍尔镶嵌作品中的图案与几何图形有着密切的联系,这些几何图形具有什么特点?

【预设回答】

①平行四边形能够单独完成平面镶嵌;

②仿照埃舍尔镶嵌作品的原理进行设计,需要选择特殊的几何图形——这些几何图形本身可以完成平面镶嵌,例如正方形、平行四边形、菱形、正三角形、正六边形等。

2.请仿照埃舍尔的设计过程改造一个几何图形,使其可以完成平面镶嵌并具有一定的意义。

学生通过小组合作,仿照埃舍尔镶嵌作品的设计过程,完成艺术作品的创作。

(六)活动成果

设计你的"埃舍尔镶嵌"作品。

成果要求:

①利用平面图形运动与变换的知识(平移、旋转等);

②几何基本图形要符合平面镶嵌的要求;

③仿照埃舍尔镶嵌作品的原理进行艺术创作;

④以小组为单位分工合作,通过手绘图案或软件作图的方式设计作品;

⑤作品尽可能美观、富有创意,如有余力可以考虑增加图案设计的文化意义。

(七)评价方案

1.学习过程评价量表

标准	待提升	良好	优秀
问题解决	①不能监控进展情况或调整解决问题的方法 ②不能发现解决方案中的错误 ③不能向他人解释方案	①意识到需要监控和评估进展情况,可以在教师的指导下调整解决问题的方法 ②可以发现解决方案中的错误 ③能够向他人解释部分方案	①能够主动监控和评估进展情况,及时调整解决问题的方法 ②能自觉通过检查发现解决方案中的错误 ③能够完整地向他人解释方案
知识理解	①不能理解图形运动与变换的知识 ②不能理解与镶嵌有关的美术知识 ③不能理解数学和美术的知识与方法	①能够理解图形运动与变换的知识 ②能够理解与镶嵌有关的美术知识 ③能够理解数学知识和美术知识之间的关联	①能够理解并应用图形运动与变换的知识 ②能够理解并应用与镶嵌有关的美术知识 ③能够理解并整合数学与美术的知识与方法
学习投入	①不能积极主动地参与教学活动 ②能够积极讨论	①在同伴带领下能积极主动地参与教学活动 ②能够积极讨论,并发现一些规律	①能够积极主动地参与教学活动 ②能够积极讨论,并总结规律
合作交流	①小组讨论参与度较低 ②语言表达有所欠缺 ③组内分工失衡	①小组讨论参与度一般 ②语言基本流畅,表达基本清晰 ③组内分工基本得当	①积极参与小组讨论,并提出问题解决思路 ②语言流畅,表达清晰 ③组内分工得当

2.项目成果评价量表

标准	待提升	良好	优秀
问题解决	①不能监控进展情况或调整解决问题的方法 ②不能发现解决方案中的错误 ③不能向他人解释方案	①可以在教师的指导下监控和评估进展情况,并调整解决问题的方法 ②可以发现解决方案中的错误 ③能够向他人解释部分方案	①能够主动监控和评估进展情况,及时调整解决问题的方法 ②能自觉通过检查发现解决方案中的错误 ③能够完整地向他人解释方案
知识理解	①不能理解图形运动与变换的知识 ②不能理解与镶嵌有关的美术知识 ③不能理解数学和美术的知识与方法	①能够理解图形运动与变换的知识 ②能够理解与镶嵌有关的美术知识 ③能够理解数学知识和美术知识之间的关联	①能够理解并应用图形运动与变换的知识 ②能够理解并应用与镶嵌有关的美术知识 ③能够理解并整合数学与美术的知识与方法
反思意识	①回避反思学习过程中遇到的困难 ②没有思考自身的优势和不足 ③不能针对困难提出改进建议	①在教师引导下能够反思学习过程中遇到的困难 ②在教师引导下能够对比其他小组,思考自身的优势和不足 ③可以针对困难提出改进建议	①主动反思学习过程中遇到的困难 ②对比其他小组,思考自身的优势和不足 ③针对困难提出有效的改进建议
创造性	①只能仿照埃舍尔的镶嵌作品进行艺术创作 ②项目成果缺乏创意	①能够利用不同的几何图形,仿照埃舍尔的创作过程进行艺术设计 ②项目成果新颖,但缺乏文化意义	①能够利用不同的几何图形,仿照埃舍尔镶嵌作品进行艺术创作 ②项目成果新颖,富有创意,具有一定的文化意义

(八) 拓展资源

[1] Schattschneider D. M.C. Escher: Visions of Symmetry[J]. Harry N Abrams Inc, 2004.

[2]林迅.文化和艺术中的数学——M.C.埃舍尔图形创意的数学观研究[J].上海

交通大学学报(哲学社会科学版),2010,18(05):37–45.

[3]吴军.数学之美.第2版[M].北京:人民邮电出版社,2014.

【案例点评】

《埃舍尔镶嵌作品》案例点评

《埃舍尔镶嵌作品》选材新颖，驱动问题设计合理真实，知识线目标以素养为导向，指向"三会"。任务线和知识线环环相扣，项目任务设计逻辑严密。

任务一：欣赏埃舍尔镶嵌作品。这个任务重点在于培养学生"三会"中的数学的眼光，教师在引导学生欣赏作品的过程中，让学生畅所欲言，但要时刻把握数学课的主线。学生会从多个视角去欣赏作品，但教师要敏锐地捕捉到学生答案中涉及"图形的全等、平移、旋转"的字眼，适时引导，并且要及时总结并高屋建瓴地指出，数学的眼光是抽象的、直观的。数学的研究对象是数量关系和空间形式，研究的基本方式即是对现实世界进行抽象，基于抽象结构，通过符号运算、形式推理、模型构建等，理解和表达现实世界中事物的本质、关系和规律。教学难点：学生的欣赏视角是综合的、多学科的，教师不要着急，耐心引导学生回到数学的主线上，引导学生理解数学的简洁美。

任务二、任务三：解读埃舍尔镶嵌作品——"大雁"和"鱼"。这两个任务的重点在于培养学生"三会"中的数学的思维。数学的思维是逻辑的、推理的，任务重点在于培养学生逻辑推理的数学思维，引导学生能够分析出这两幅作品均是由基本图形重复得到的，"大雁"是通过基本图形不断平移得到的，"鱼"是通过基本图形不断平移和旋转得到的。作品中为了凸显基本结构，用不同颜色进行区分，视觉上一黑一白的大雁可以让学生直观想象出大雁的平移轨迹，红蓝白棕的鱼可以让学生直观想象出鱼平移且旋转的轨迹。解读作品的过程是充满理性的，凸显了学科特色，教师教学时要及时强调数学与人类生活和社会发展的紧密关联。数学不仅是运算和推理的工具，还是表达和交流的语言。埃舍尔镶嵌作品可以看作是数学抽象逻辑的一种语言表达。教学难点：引导学生找到作用中的基本结构，鉴于大雁和鱼的复杂性，引导学生找到基本的四边形是难点也是关键。

任务四：设计镶嵌作品。这个任务的教学重点是理论向实践的转化。项目学习是以成果为导向的，可以及时监督学习过程并检验学习效果。该过程培养学生"三会"中的数学的语言，数学的语言是模型语言和数据语言，学生必须在理解上述作品中的模型结构的基础上，才能有创造性的设计。建议教师在开展该环节的教学活动时，加强和美术教师的合作。让美术教师在绘画构图技巧上加强对学生的引导，使得学生的作品蕴含文化寓意。同时，在制作成果的过程中，学生应抓住该项目的数学知识线，进一步认识到图形之间的对应关系，感受数学之美。教学难点：学生能在等边三角形、正方形、正六边形等基本图形的基础上添加想象，基本结构的复杂程度显示了学生思维的逻辑严密程度。这个过程也培养了学生的应用意识和创新意识。

该项目的评价环节分为过程性评价和结果性评价。在项目实施过程中，教师应该注意从多维度对学生的表现进行评价。例如，在教学过程中，教师应注意从"问题解决""知识理解""学习投入""合作交流"等维度对学生的表现进行评价；在学生成果展示上，教师应注意从"问题解决""知识理解""反思意识""创造性"等维度对学生的表现进行评价。使得各组学生可以根据自己的特点获得个性化的评价结果，进一步提升学生的学习积极性。

总体而言，该综合实践项目情境新颖，任务设计合理，实现了与美术学科的深度融合。从学生的视角看，该项目学习解决了一个真实问题，驱动问题的设计使得学生有兴趣、有挑战、有意义，在教学上可操作性强，活动效果积极良好。

三、"统计与概率"领域

《义务教育数学课程标准（2022年版）》指出："在小学阶段，学生学习了收集、整理、描述、分析数据的简单方法，会定性描述简单随机现象发生可能性的大小，建立了数据意识。初中阶段统计与概率领域包括'抽样与数据分析'和'随机事件的概率'两个主题，学生将学习简单的获得数据的抽样方法，通过样本数据推断总体特征的方法，以及定量刻画随机事件发生可能性大小的方法，形成和发展数据观念。"

"抽样与数据分析"强调从实际问题出发，根据问题背景设计收集数据的方法，经历更加有条理地收集、整理、描述、分析数据的过程，利用样本平均数估计总体平均数，利用样本方差估计总体方差，体会抽样的必要性和数据分析的合理性；"随机事件的概率"强调经历简单随机事件发生概率的计算过程，尝试用概率定量描述随机现象发生的可能性大小，理解概率的意义。

统计与概率领域的学习，有助于学生感悟从不确定性的角度认识客观世界的思维模式和解决问题的方法，初步理解通过数据认识现实世界的意义，感知大数据时代的特征，发展数据观念和模型观念。下面将展示"统计与概率"领域的一些项目式学习案例。

基本信息

【活动名称】帮我选辆车

【开发人】袁依玲、曹辰、陈智豪

【适用年级】八年级上学期

【课时】1~2 课时

【学科范围】数学

（一）问题情境分析

数据在我们的生活中的运用无处不在。即使在购物这种生活中最常见的活动中，也存在着数据分析的影子。我们将借助现实生活中的购物决策问题，帮助学生体会数据分析的重要性。

在生活中，我们经常会遇到选择所要购买物品的情景，在这一过程中，我们往往要考虑多种因素，再将之与自身的预算进行综合考虑，最后做出选择。在选购车辆的过程中，我们应该考虑哪些因素？如何比较不同款式的车辆？如何解读各种数据的意义？……在活动中，让学生经历收集、整理、描述、分析数据的过程，制定个性化的选车方案，感悟生活中数据的意义与价值。

（二）学科知识分析

1. 数学知识

选购汽车的问题情境设置主要涉及的知识内容为"平均数"，强调在选车的真实背景下，通过搜集、整理、描述汽车的各项数据，最后用平均数来分析与推断汽车的总体特征，做出合理决策。

（1）经历收集、整理、描述、分析数据的活动，了解数据处理的过程；

（2）理解平均数和加权平均数的意义，知道它们是对数据集中趋势的描述；

（3）能解释数据分析的结果，能根据数据结果作出判断，并能根据自身需求制定个性化方案。

2. 数学核心素养

（1）数据观念

在购车方案选择的过程中，学生需要根据购车预算和对车辆性能的需求查阅相关资料，收集车辆价格、评分等数据，感知大数据时代数据分析的重要性，养成重证据、讲道理的科学态度。

（2）应用意识

在购车方案选择的过程中，灵活运用统计量，特别是平均数来评价车辆的性能以及与需求的贴合度，感悟现实生活中蕴含着大量的与数量有关的问题，并学会用数学的方法解决，养成理论联系实际的习惯，发展实践能力。

（三）活动目标

1.会用数学的眼光认识选车问题，发现选车问题中蕴含的统计知识，能够在实际情境中发现和提出有意义的数学问题，逐步养成从数学角度观察现实世界的意识和习惯。

2.会用数学的思维分析选车问题，在选车问题中理解平均数和加权平均数的意义与价值，能够认识到统计知识是在具体情境中进行决策的有力工具，逐步形成重论据、有条理、合乎逻辑的思维品质。

3.会用数学的语言描述选车问题，在决策过程中有意识地使用真实数据表达、解释和分析现实世界中的现象，逐步养成用数学语言表达和交流的习惯，培养学生的数据观念和应用意识。

(四) 驱动问题

如何根据自己的需求选购车辆？

(五) 学习任务

任务一 初步确定购车意向

1.在购车过程中，最重要的因素是什么？

【预设回答】：空间、油耗、性能……最重要的是预算。

2.考虑到我的经济状况，这辆车的预算在15万左右，在以下的资料中，你们推荐我买哪辆车？

【预设回答】：推荐J品牌，因为它的评分最高。

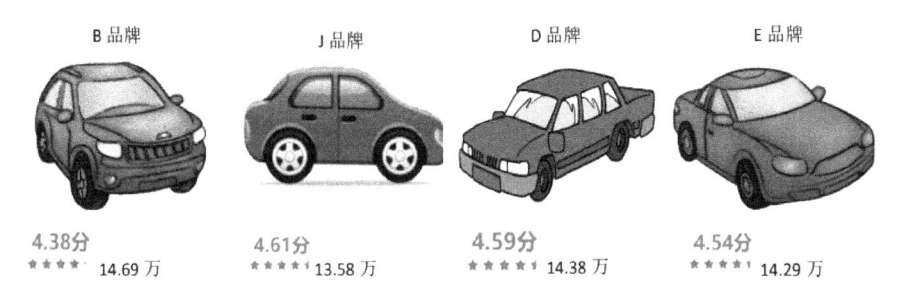

B品牌	J品牌	D品牌	E品牌
4.38分	4.61分	4.59分	4.54分
14.69万	13.58万	14.38万	14.29万

3.评分是怎么得出的？

【预设回答】：由买车的顾客评选出的，再取平均值。

4.评分越高，质量就越好吗？

【预设回答】：评分越高不一定质量就越好。

追问：你还需要知道哪些信息？

【预设回答】：参与评价的人数。

追问：在计算算术平均数的公式中，哪个量跟参与评价的人数有关？

【预设回答】：计算公式中的 n。

结论：参与调查的人数越多，其结果可信度相对越高。

5.根据材料二提供的信息，你有哪些推荐？为什么？

【预设回答】：

①我推荐 E 品牌，虽然它的评分比 J 品牌低，但是参与评价的人数更多，评分更可靠；

②我推荐 C 品牌，因为它的评分很高，参与评价的人数也很多，并且它的车型很好；

还有其他推荐吗？

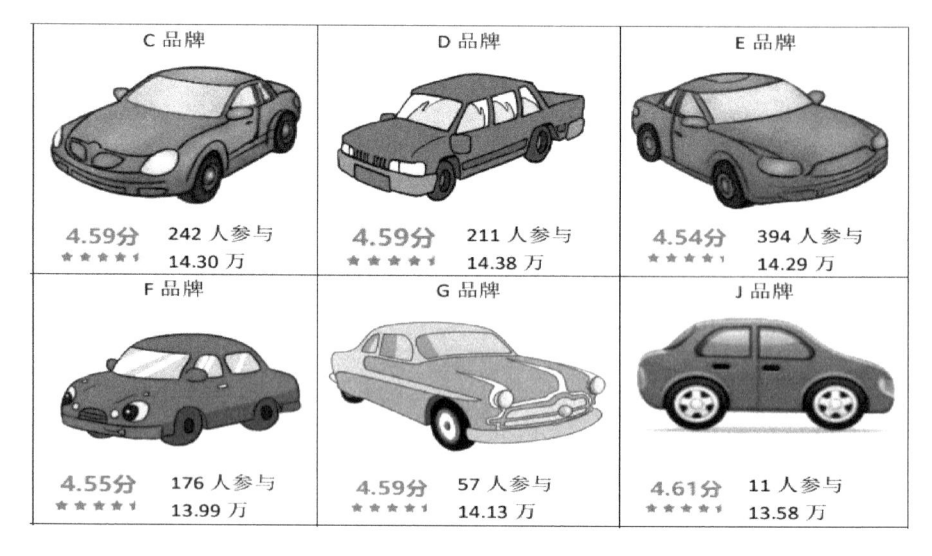

C 品牌	D 品牌	E 品牌
4.59分 242人参与 14.30万	4.59分 211人参与 14.38万	4.54分 394人参与 14.29万
F 品牌	G 品牌	J 品牌
4.55分 176人参与 13.99万	4.59分 57人参与 14.13万	4.61分 11人参与 13.58万

任务二 细化购车评价维度

1.参与调查的人数越多，结果的可信度越高吗？

【预设回答】：不一定，可能有网络"水军"参与。

2.仅参考购车人的评分来选购车辆，是否合理？

【预设回答】：评分人可能不够专业，给出的评价不够准确。

3.专业人士是怎么评价车辆的？

【预设回答】：从多维度对车辆进行评价。

4.在材料三中，专家从 8 个维度对车辆进行评价，将 8 个维度的平均分作为车辆的最终得分，结合以上的评价方式，你会更推荐哪辆车？

【预设回答】：我更推荐 E 品牌，综合 8 个维度，它的平均分最高。

D品牌	E品牌	F品牌	G品牌	C品牌
4.59分	4.54分	4.55分	4.59分	4.59分
211人参与	394人参与	176人参与	57人参与	242人参与
14.38万	14.29万	13.99万	14.13万	14.30万

任务三 制定个性化购车方案

1.如果其他人也想买一辆 15 万元左右的车，那他会不会跟我们有一样的选择？

【预设回答】：可能不会

追问：为什么？

【预设回答】：不一样的购车目的和偏好会导致对车辆的选择有所不同。

2.如果要考虑个性化的需求，我们怎么对车辆进行评价？

【预设回答】：利用加权平均数

我们可以根据实际需要对不同类型的数据赋予与其重要程度相应的比重，即不同的权重。

3.以小组为单位，根据不同的购车目的及喜好，挑选出符合各小组购买需求的车辆。

【预设回答】：小组确定购车目的和喜好，为车辆的各种评价维度加权，根据各组制定的权重结果，对各车辆进行评价。

D品牌	E品牌	F品牌	G品牌	C品牌
4.59分 ★★★★	4.54分 ★★★★	4.55分 ★★★★	4.59分 ★★★★	4.59分 ★★★★
211人参与	394人参与	176人参与	57人参与	242人参与
空间 ★★★★ 4 动力 ★★★★★ 5 操控 ★★★★★ 5 油耗 ★★★★★ 5 舒适性 ★★★★★ 5 外观 ★★★★ 4 内饰 ★★★★★ 5 性价比 ★★★★★ 5	空间 ★★★★ 4 动力 ★★★★★ 5 操控 ★★★★★ 5 油耗 ★★★★★ 5 舒适性 ★★★★★ 5 外观 ★★★★★ 5 内饰 ★★★★★ 5 性价比 ★★★★★ 5	空间 ★★★★★ 5 动力 ★★★★★ 5 操控 ★★★ 3 油耗 ★★★★★ 5 舒适性 ★★★ 3 外观 ★★★★★ 5 内饰 ★★★★★ 5 性价比 ★★★★★ 5	空间 ★★★ 3 动力 ★★★★ 4 操控 ★★★★★ 5 油耗 ★★★★ 4 舒适性 ★★ 2 外观 ★★★★ 4 内饰 ★★★★ 4 性价比 ★★★★ 4	空间 ★★★★ 4 动力 ★★★★★ 5 操控 ★★★★★ 5 油耗 ★★★★★ 5 舒适性 ★★★★★ 5 外观 ★★★★ 4 内饰 ★★★★ 4 性价比 ★★★★★ 5
14.38万	14.29万	13.99万	14.13万	14.30万

（六）活动成果

写明本活动要完成的成果。成果可以是研究报告类作品、小论文等。

书写形式：写明成果名称和成果要求。

成果要求：

①利用平均数的知识初步确定购车意向；

②利用加权平均数，进一步明确购车意向；

③以小组为单位分工合作，制定个性化购车方案。

小组1：

1.各项评分权重

空间：0.2　　操控：0.1　　动力：0.4　　舒适度：0.15

外观：0.1　　油耗：0.25　　内饰：0.1　　性价比：0.4

2.各车加权平均数

第一辆：4.20　　第二辆：4.79　　第三辆：4.82　　第四辆：4.83

第五辆：4.88　　第六辆：4.17　　第七辆：4.27　　第八辆：4.38

第九辆：4.80　　第十辆：4.12　　第十一辆：4.62　　第十二辆：4.35

第十三辆：4.79　　第十四辆：4.84　　第十五辆：4.12

3.最终推荐的车辆：

因为第十三辆的加权平均数最大，所以我买第十三辆。

小组 2：

1.各项评分权重

空间：4　　动力：3　　操控：4　　油耗：4

舒适性：5　外观：3　　内饰：4　　性价比：5

2.各车加权平均数

第三辆：4.75　　第四辆：4.67　　第五辆：4.88

第六辆：4.44　　第七辆：3.97　　第十一辆：4.56

3.最终推荐的车辆：

我们小组最终决定推荐第五辆车，因为它的各项评分几乎都是 5 星，参与评价的人数较多，评分也很高。最终算出的加权平均数也是最高的，所以我们推荐第五辆车。

(七) 评价方案

1.学习过程评价量表

标准	待提升	良好	优秀
问题解决	①不能监控进展情况或调整解决问题的方法 ②不能发现解决方案中的错误 ③不能向他人解释方案	①意识到需要监控和评估进展情况，可以在教师的指导下调整解决问题的方法 ②可以发现解决方案中的错误 ③能够向他人解释部分方案	①能够主动监控和评估进展情况，及时调整解决问题的方法 ②能自觉通过检查发现解决方案中的错误 ③能够完整地向他人解释方案
知识理解	①不能理解购车方案选择的全过程 ②不能理解车辆评分资料中的信息 ③不能理解平均数和加权平均数知识	①能够理解购车方案选择的全过程 ②能够理解车辆评分资料中的信息 ③能够理解平均数和加权平均数知识	①能够理解并分析购车方案选择的全过程 ②能够理解并分析车辆评分资料中的信息 ③能够理解并应用平均数和加权平均数知识
学习投入	①不能积极主动地参与教学活动 ②能够积极讨论	①在同伴带领下能积极主动地参与教学活动 ②能够积极讨论，并发现一些规律	①能够积极主动地参与教学活动 ②能够积极讨论，并总结规律

续表:

标准	待提升	良好	优秀
合作交流	①小组讨论参与度较低 ②语言表达有所欠缺 ③组内分工失衡	①小组讨论参与度一般 ②语言基本流畅,表达基本清晰 ③组内分工基本得当	①积极参与小组讨论,并提出问题解决思路 ②语言流畅,表达清晰 ③组内分工得当

2.项目成果评价量表

标准	待提升	良好	优秀
问题解决	①不能监控进展情况或调整解决问题的方法 ②不能发现解决方案中的错误 ③不能向他人解释方案	①可以在教师的指导下监控和评估进展情况,并调整解决问题的方法 ②可以发现解决方案中的错误 ③能够向他人解释部分方案	①能够主动监控和评估进展情况,及时调整解决问题的方法 ②能自觉通过检查发现解决方案中的错误 ③能够完整地向他人解释方案
知识理解	①不能理解购车方案选择的全过程 ②不能理解车辆评分资料中的信息 ③不能理解平均数和加权平均数知识	①能够理解购车方案选择的全过程 ②能够理解车辆评分资料中的信息 ③能够理解平均数和加权平均数知识	①能够理解并分析购车方案选择的全过程 ②能够理解并分析车辆评分资料中的信息 ③能够理解并应用平均数和加权平均数知识
反思意识	①回避反思学习过程中遇到的困难 ②没有思考自身的优势和不足 ③不能针对困难提出改进建议	①在教师引导下能够反思学习过程中遇到的困难 ②在教师引导下能够对比其他小组,思考自身的优势和不足 ③可以针对困难提出改进建议	①主动反思学习过程中遇到的困难 ②对比其他小组,思考自身的优势和不足 ③针对困难提出有效的改进建议

续表:

标准	待提升	良好	优秀
创造性	①只能在教师的指导下利用平均数解决购车问题 ②项目成果缺乏创意	①能够考虑多种因素,利用平均数解决购车问题 ②项目成果及其呈现方式新颖,但缺乏现实意义	①能够考虑多种因素灵活解决购车问题 ②项目成果及其呈现方式新颖,富有创意,具有一定的现实意义

（八）拓展资源

[1]石永东,胡树华.汽车购买行为模型及其评价[J].汽车工业研究,2003(02):7-10.

[2]12-16万之间的家庭第一辆车，怎么选？[EB/OL]. https://www.zhihu.com/question/40325739/answer/86231428.

[3]关于如何选车这件不小的事情【明确需求篇】[EB/OL]. https://zhuanlan.zhihu.com/p/19879663.

附录：

(1)材料一

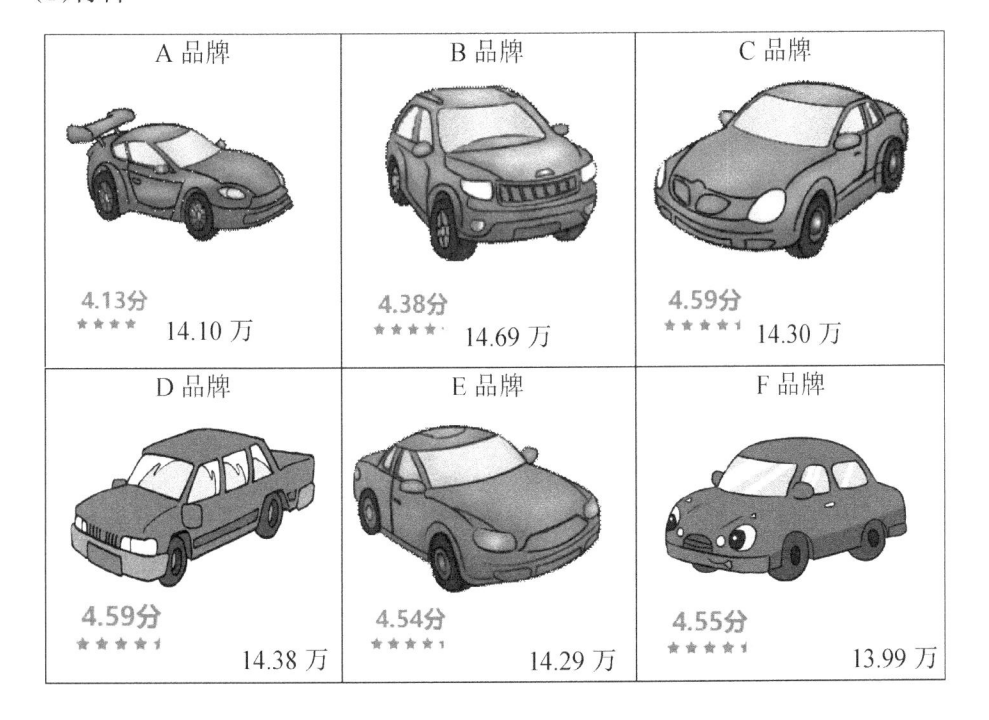

A 品牌	B 品牌	C 品牌
4.13分 ★★★★ 14.10万	4.38分 ★★★★ 14.69万	4.59分 ★★★★ 14.30万
D 品牌	E 品牌	F 品牌
4.59分 ★★★★ 14.38万	4.54分 ★★★★ 14.29万	4.55分 ★★★★ 13.99万

G 品牌	H 品牌	I 品牌
4.52分　14.13万	4.35分　13.90万	3.97分　14.29万
J 品牌	K 品牌	L 品牌
4.61分　13.58万	4.60分　13.89万	4.25分　12.58万
M 品牌	N 品牌	O 品牌
4.59分　13.98万	4.09分　14.28万	4.39分　13.28万

(2)材料二

A 品牌	B 品牌	C 品牌
4.13分　4人参与　14.10万	4.38分　199人参与　14.69万	4.59分　242人参与　14.30万

D 品牌	E 品牌	F 品牌
4.59分 ★★★★ 211人参与 14.38万	4.54分 ★★★★ 394人参与 14.29万	4.55分 ★★★★ 176人参与 13.99万
G 品牌	H 品牌	I 品牌
4.52分 ★★★★ 57人参与 14.13万	4.35分 ★★★★ 16人参与 13.90万	3.97分 ★★★★ 11人参与 14.29万
J 品牌	K 品牌	L 品牌
4.61分 ★★★★ 11人参与 13.58万	4.60分 ★★★★ 281人参与 13.89万	4.25分 ★★★★ 3人参与 12.58万
M 品牌	N 品牌	O 品牌
4.59分 ★★★★ 31人参与 13.98万	4.09分 ★★★★ 56人参与 14.28万	4.39分 ★★★★ 112人参与 13.28万

(3)材料三

编号	品牌	评分	价格
1	A 品牌	4.13分 ★★★★ 4 人参与 空间 ★★★★★ 5 动力 ★★★★★ 5 操控 ★★★★★ 5 油耗 ★★★ 3 舒适性 ★★★★ 4 外观 ★★★★★ 5 内饰 ★★ 2 性价比 ★★★★ 4	14.10 万
2	B 品牌	4.38分 ★★★★ 199 人参与 空间 ★★★★ 4 动力 ★★★★★ 5 操控 ★★★★★ 5 油耗 ★★★★★ 5 舒适性 ★★★★ 4 外观 ★★★★★ 5 内饰 ★★★★★ 5 性价比 ★★★★★ 5	14.69 万
3	C 品牌	4.59分 ★★★★★ 242 人参与 空间 ★★★★ 4 动力 ★★★★★ 5 操控 ★★★★★ 5 油耗 ★★★★★ 5 舒适性 ★★★★★ 5 外观 ★★★★★ 5 内饰 ★★★★ 4 性价比 ★★★★★ 5	14.30 万

4	D 品牌	4.59分 ★★★★★ **211** 人参与 空间　★★★★☆ 4 动力　★★★★★ 5 操控　★★★★★ 5 油耗　★★★★★ 5 舒适性　★★★★★ 5 外观　★★★★☆ 4 内饰　★★★★☆ 4 性价比　★★★★★ 5	14.38 万
5	E 品牌	4.54分 ★★★★★ **394** 人参与 空间　★★★★☆ 4 动力　★★★★★ 5 操控　★★★★★ 5 油耗　★★★★★ 5 舒适性　★★★★★ 5 外观　★★★★★ 5 内饰　★★★★★ 5 性价比　★★★★★ 5	14.29 万
6	F 品牌	4.55分 ★★★★★ **176** 人参与 空间　★★★★★ 5 动力　★★★★★ 5 操控　★★★★★ 5 油耗　★★★☆☆ 3 舒适性　★★★★★ 5 外观　★★★★★ 5 内饰　★★★★★ 5 性价比　★★★★★ 5	13.99 万

7	G 品牌	4.52分 ★★★★· 57人参与 空间 ★★★☆☆ 3 动力 ★★★★★ 5 操控 ★★★★★ 5 油耗 ★★★★☆ 4 舒适性 ★★☆☆☆ 2 外观 ★★★★★ 5 内饰 ★★★★☆ 4 性价比 ★★★★★ 5	14.13 万
8	H 品牌	4.35分 ★★★★· 16人参与 空间 ★★★★★ 5 动力 ★★★☆☆ 3 操控 ★★★★★ 5 油耗 ★★★★★ 5 舒适性 ★★★★☆ 4 外观 ★★★★★ 5 内饰 ★★★★☆ 4 性价比 ★★★★★ 5	13.90 万
9	I 品牌	3.97分 ★★★★ 11人参与 空间 ★★★★★ 5 动力 ★★★★☆ 4 操控 ★★★★☆ 4 油耗 ★★★★☆ 4 舒适性 ★★★★☆ 4 外观 ★★★★☆ 4 内饰 ★★★★☆ 4 性价比 ★★★★☆ 4	14.29 万
10	J 品牌	4.61分 ★★★★★ 11人参与 空间 ★★★★★ 5 动力 ★★★★★ 5 操控 ★★★★☆ 4 油耗 ★★★★☆ 4 舒适性 ★★★★★ 5 外观 ★★★★★ 5 内饰 ★★★★★ 5 性价比 ★★★★★ 5	13.58 万

11	K 品牌	4.60分 ★★★★★ 281 人参与 空间 ★★★★★ 5 动力 ★★★★★ 5 操控 ★★★★★ 5 油耗 ★★★★ 4 舒适性 ★★★★★ 5 外观 ★★★★★ 5 内饰 ★★★★★ 5 性价比 ★★★★ 4	13.98 万
12	L 品牌	4.25分 ★★★★ 313 人参与 空间 ★★★★★ 5 动力 ★★★★★ 5 操控 ★★★★★ 5 油耗 ★★★★ 4 舒适性 ★★★★ 4 外观 ★★★ 3 内饰 ★★★★ 4 性价比 ★★★★ 4	12.58 万
13	M 品牌	4.59分 ★★★★★ 31 人参与 空间 ★★★★★ 5 动力 ★★★★★ 5 操控 ★★★★ 4 油耗 ★★★★★ 5 舒适性 ★★★★ 4 外观 ★★★★ 4 内饰 ★★★★★ 5 性价比 ★★★★★ 5	13.98 万

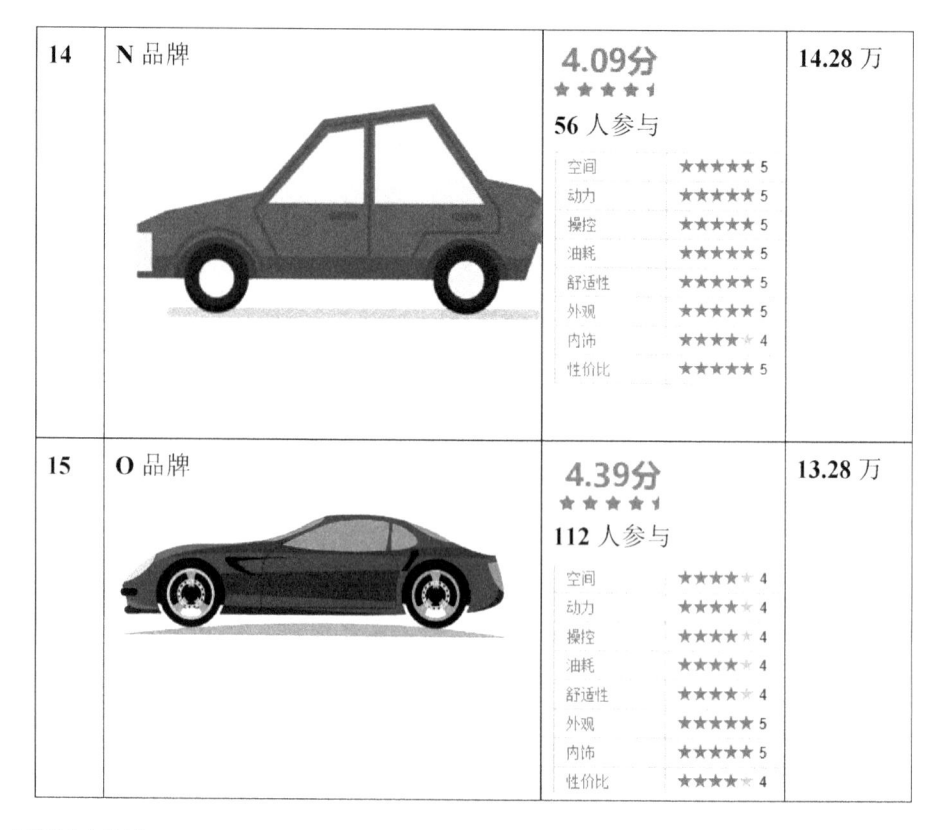

14	N 品牌	4.09分 ★★★★★ 56人参与 空间 ★★★★★ 5 动力 ★★★★★ 5 操控 ★★★★★ 5 油耗 ★★★★★ 5 舒适性 ★★★★★ 5 外观 ★★★★★ 5 内饰 ★★★★☆ 4 性价比 ★★★★★ 5	14.28 万
15	O 品牌	4.39分 ★★★★★ 112人参与 空间 ★★★★☆ 4 动力 ★★★★☆ 4 操控 ★★★★☆ 4 油耗 ★★★★☆ 4 舒适性 ★★★★☆ 4 外观 ★★★★★ 5 内饰 ★★★★★ 5 性价比 ★★★★☆ 4	13.28 万

【案例点评】

《帮我选辆车》案例点评

《帮我选辆车》项目学习案例驱动问题真实有效，和学生实际生活联系紧密。驱动问题是项目学习的起点和教学设计的切入点。好的驱动问题需要重点解决以下三个问题：1."谁"的问题。这个"谁"就是项目的主体，《帮我选辆车》项目主要是由学生来做，学生是该项目学习的主体。2."为谁"的问题。也就是我的项目为谁服务，这个项目的对象是谁。该项目学习是为学生的家庭服务。3."解决什么问题"。项目学习为解决真实问题服务。同时它非常符合新课标提出的要求"提升孩子在真实情境中综合运用知识解决问题的能力"。所以说该项目的驱动问题是一个现实性的问题，是一个真实性的问题，是跟学生的生活密切相关的问题。

任务一：初步确定购车意向。这个任务重点在于引导学生形成理性的思考方式，学会用数学的眼光看问题。新课程标准要求培养学生的"四能"，即发现问题、提出问题、分析问题、解决问题的能力。教师教学的重点在于引导学生提出理性的问题，购车这个问题情境来自于学生的日常生活，学生在回顾这个熟悉的生活情境时，需要重新梳理正确的思考路径。教师的引导非常关键，学生畅所欲言购车意向时会有各种因素，教师要适时地引导学生具备数学的眼光，从抽象、直观的角度去思考购车意向问题。教学难点：当教师敏锐地捕捉到学生答案中的"看评分"时，要及时回到数学学科的主线，从概率与统计领域思考购车问题。

任务二：细化购车评价维度。购买像汽车这样一个大宗商品时，仅仅一个平均评分不具有说服力。该任务重点在于培养学生会用数学的语言——数据，并感受数据在生活中的广泛应用。当我们从不同维度评价一辆车的好坏时，质性的描述总是不够精准的，数学语言的最大好处是量化的、可对比的，如何量化呢？就需要同学们回顾统计学的知识。该项目学习能够让学生深切体会到数学语言在实际生活中的实用价值以及便利性。教学难点：用数据的视角重新审视生活问题，塑造学生的理性思维。

任务三：制定个性化购车方案。几个任务环节环环相扣，该任务重点在于引导学生掌握用数学知识解决问题的一般路径。教师要引导学生体会到数学学科分析问题的逻辑性，解决问题的严谨性。具体在赋权重时，有的小组用了整数，有的小组用了小数，教师要适时引导学生体会数学的灵活性，用更简便的方式达到相同的目的。教学难点：权重的赋分和购车的综合选择，引导学生综合地思考问题。

总的来看，该项目学习和学生生活实际紧密贴合，三个任务环节步步相扣，全部指向大的驱动问题：如何根据自己的需求选购车辆？每一个任务线都有一个具体的知识线做支撑，学生感兴趣，教师好操作，上课效果良好，是培养学生的数据分析素养的一个很好的学习素材。